01 そろえておきたい定番の4着＋α

スーツの流行を追う前に、まずは押さえておきたいものをシャツ・タイとの合わせとともにご紹介します。

本文 4・5・6・7・11 章 参照

Four must-have basics plus extra.

Style 1

ミディアム～チャコールグレイの無地

1着目。大概の場面をこなせる文字通りの万能役者で、シャツやタイの色柄のみならず、着る人の肌や頭髪の色も選びません。白無地のシャツと濃紺地に白の水玉タイとの合わせは、飽きることのない永遠の定番です。

Style 2

紺～濃紺の無地

2着目。合わせるシャツやタイの色柄は意外に限られるものの、グレイ無地に比べ若々しく活動的な印象が前面に出ます。ブルーのハケ目柄のシャツと群青地の小紋タイによる、季節を選ばないグラデーション配色。

Four must-have basics plus extra.

Style 3

紺系のストライプ

3着目。ストライプ柄の入門としては、それがあまり目立たないものがお薦めです。白無地のシャツとエンジ系の小紋タイによるトリコロール配色は、欧米ではビジネスマンが勢いを示す際に多用する傾向にあります。

Style 4

グレイ系のストライプ

4着目。シャツやタイをあまり選ばないグレイ系のスーツは、ストライプ柄に限らず無地以外のものもあると便利です。ブルーのハケ目柄のシャツとスーツの色調と似た深緑系の小紋タイによる、落ち着きある組み合わせ。

01 そろえておきたい定番の4着＋α

Four must-have basics plus extra.

Style 5

ミッドナイトブルー無地のダブルブレステッド

＋αの1着目。チャコールグレイ無地でも可。少しかしこまってはいるものの、礼装までは求められない時に重宝します。ブルー地のホワイトカラーシャツにシルバー系のタイを合わせれば、華やかな式典に最適です。

Style 6

紺無地のブレザー

＋αの2着目。トラウザーズをチャコールグレイ無地にすれば、スーツと同様の印象になります。ブルー地のホワイトカラーシャツに淡い黄色地の水玉タイによる、補色とグラデーションの関係を生かした組み合わせ。

02 スーツに用いる生地の織り方

季節や用途により、スーツには様々な織り方の生地が用いられます。その代表例を見てみましょう。

本文 4章 参照

シャークスキン

濃色と白との鮫肌模様。
合い物に最適。

ギャバジン

サージに比べ綾目が急。
汎用性も高い。

サージ

最もお馴染み。
バリエーションも多数。

ポーラ

通気性が高い。
ハリとコシのある質感。

トロピカル

春夏向け代表。
薄くサラサラの風合い。

フランネル

秋冬向けの代表。
起毛感があり暖かい。

02　スーツに用いる生地の織り方

ウェストポイント

高級なチノクロス。
ギャバジンと似る。

ツイード

素朴な印象。産地による個性が際立つ。

バラシア

フォーマル度の高い生地。皺も出にくい。

コードレーン

盛夏向け。薄いが身の締まった風合い。

シアサッカー

盛夏向け。凹凸のシボを縦縞状に表現。

コーデュロイ

主に秋冬向け。
独特な起毛が心地良い。

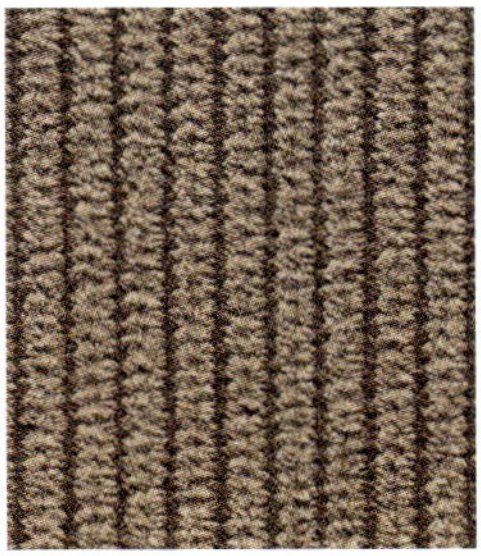

協力：マルキシ株式会社

03 スーツに用いる生地の柄

微妙な差であっても、柄の違いはスーツの雰囲気を大きく左右します。場に応じたものを選びましょう。

本文4·6章参照

チョークストライプ

チョークで引いた線を再現したボケ感。

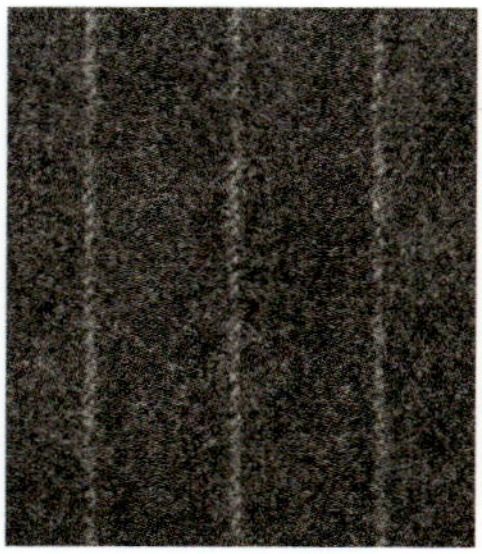

ペンシルストライプ

鉛筆で引いた線に類似したストライプ。

ピンストライプ

点と点とが細かく連なったストライプ。

ウィンドーペーン

他の柄と併用されることも多い窓格子。

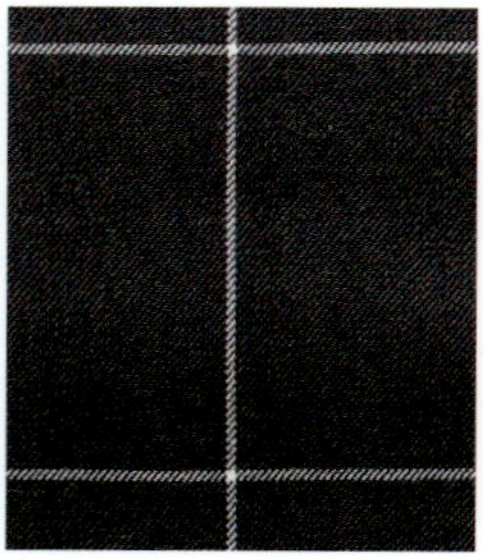

シャドウストライプ

生地組織を変化させストライプを出す。

オルタネートストライプ

複数の種類のストライプを交互に表現。

03 スーツに用いる生地の柄

ハウンドトゥース

格子の端に楔状の突起があるのが特徴。

シェパードチェック

格子は四角で 3色以上使い織る場合も。

ピンチェック

細かいので遠目にはほとんど無地に見える。

ヘリンボーンストライプ

フォーマルウェアにも用いる別名・杉綾。

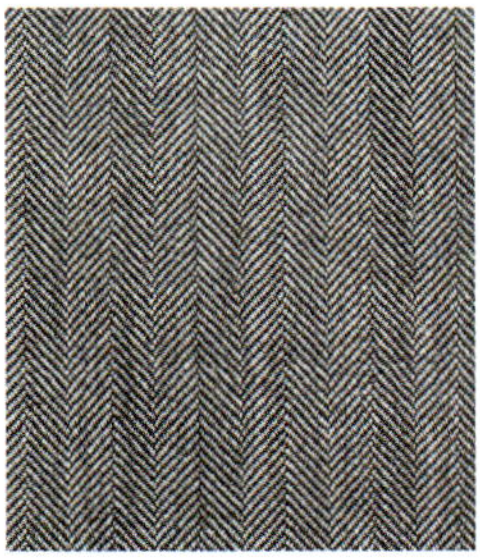

プリンス・オブ・ウェールズ

グレンチェック＋ウィンドーペーン。

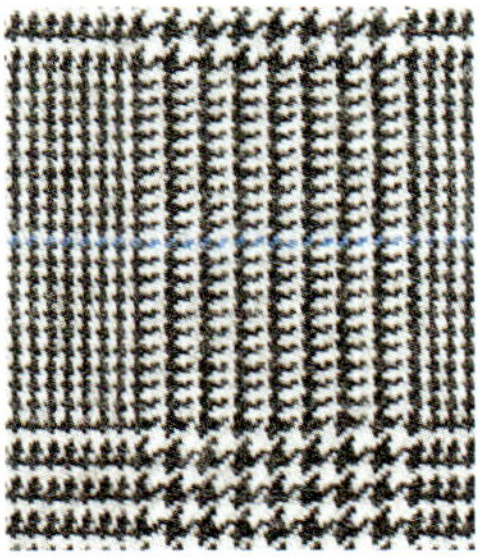

グレナカートプレイド

複雑な柄が目立つ通称グレンチェック。

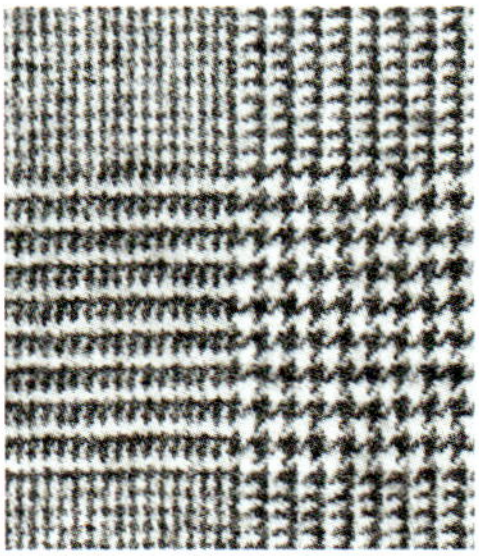

協力：マルキシ株式会社

04 ジャケットの中身を解剖する

表地と裏地だけだと考えるのは大間違い。本格的なスーツのジャケットには、目に見えないところでこれだけ多くの副資材が使われ、快適な着心地を生み出しているのです。

本文2·5·9·11章参照

An inside view of a jacket.

協力：ミユキソーイング株式会社

05 手縫いのビスポークスーツ

嗜好とフィット感の双方を最大限に満たせる「スーツの頂点」。その製作風景を少しだけ、ご覧いただきます。

本文 5・9・10・11 章 参照

Making of a hand-made bespoke suit.

Point 1

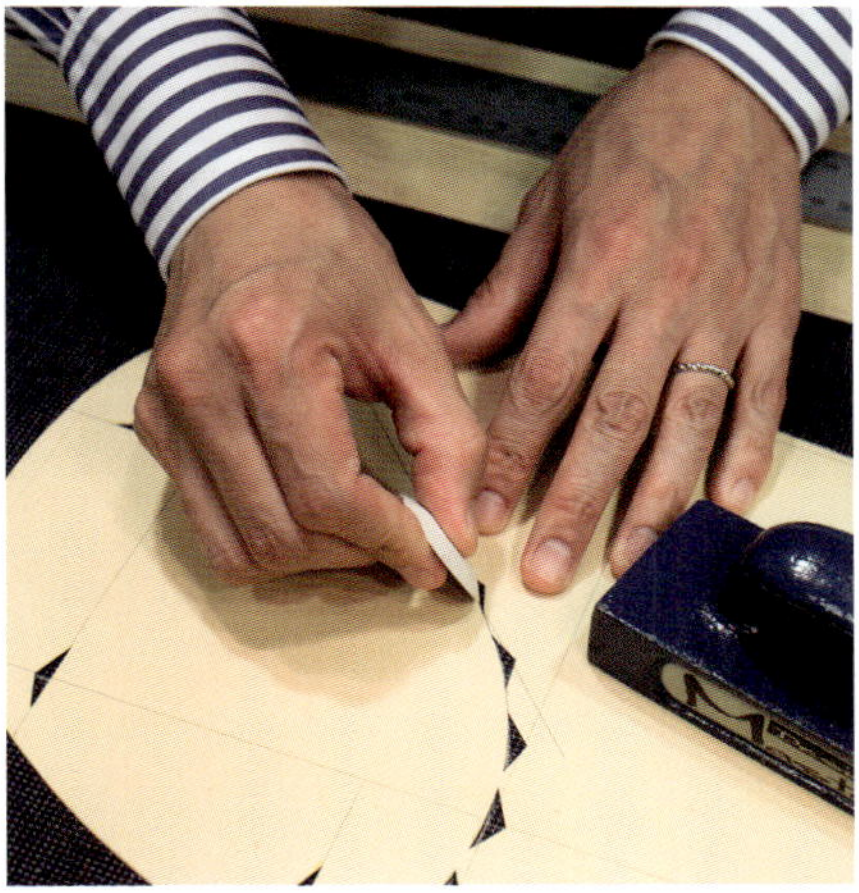

型紙を生地に転写する

顧客の身体データである型紙を、スーツを作成する生地にトレースします。こちらは着心地を大きく左右する袖とアームホールの部分。ミリ単位の正確さを出すべく、用いるチョークも事前に丁寧に削り込みます。

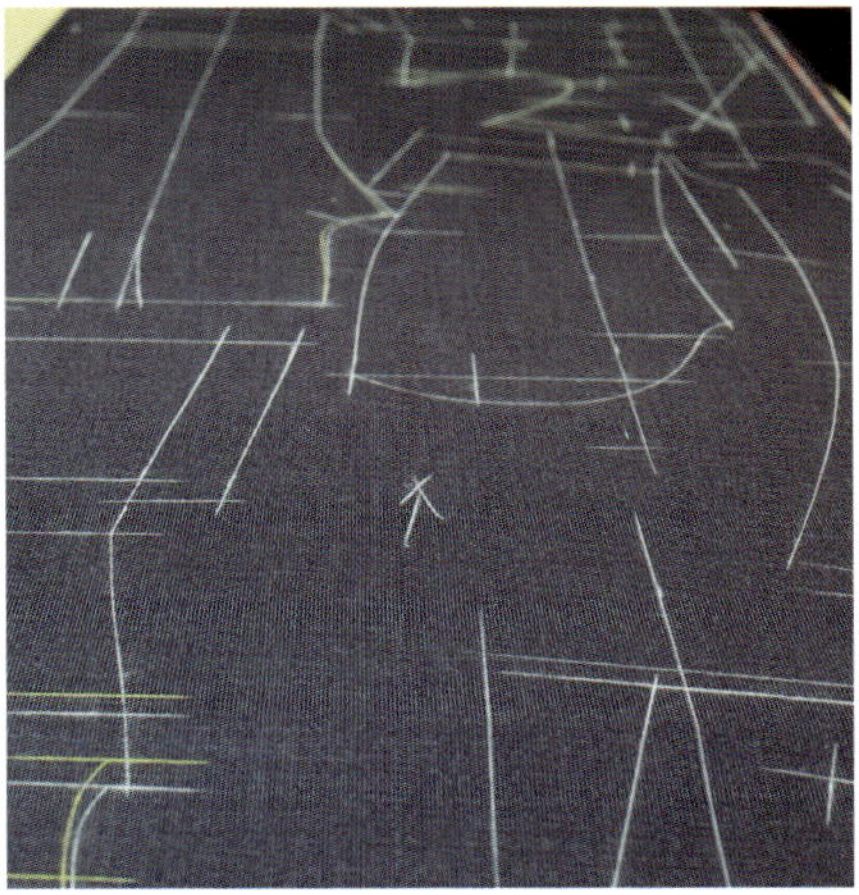

Point 2

レイアウト

一枚の生地のどの部分から、スーツのどの部分を作るか？ デザインや顧客の体形のみならず、生地の方向性まで慎重に考慮しつつ、整然と組み込まれたレイアウト。将来の「お直し」のことまで見据えた配置です。

協力: Bespoke Tailor Dittos.

Making of a hand-made bespoke suit.

Point 3

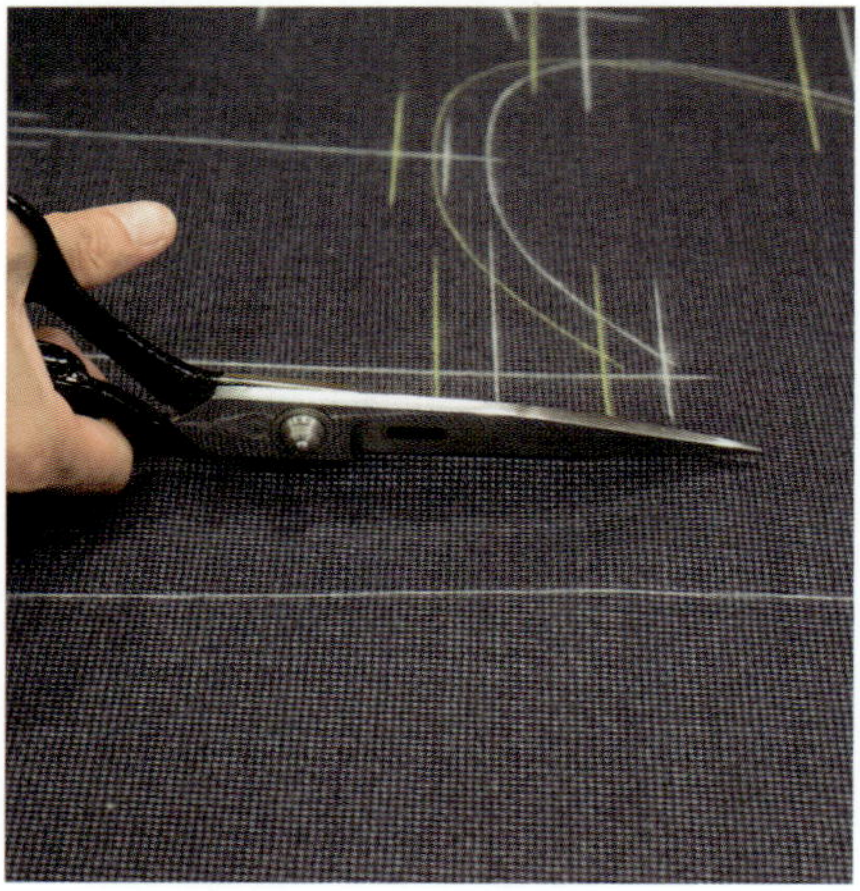

鋏によるカット

色違いのチョークで示された身体の左右差まで十分に考慮し、サーッと勢い良く、一気に切っていきます。柄の合わせが不可欠なストライプや格子の生地では、無地系のものよりさらに慎重な作業とならざるを得ません。

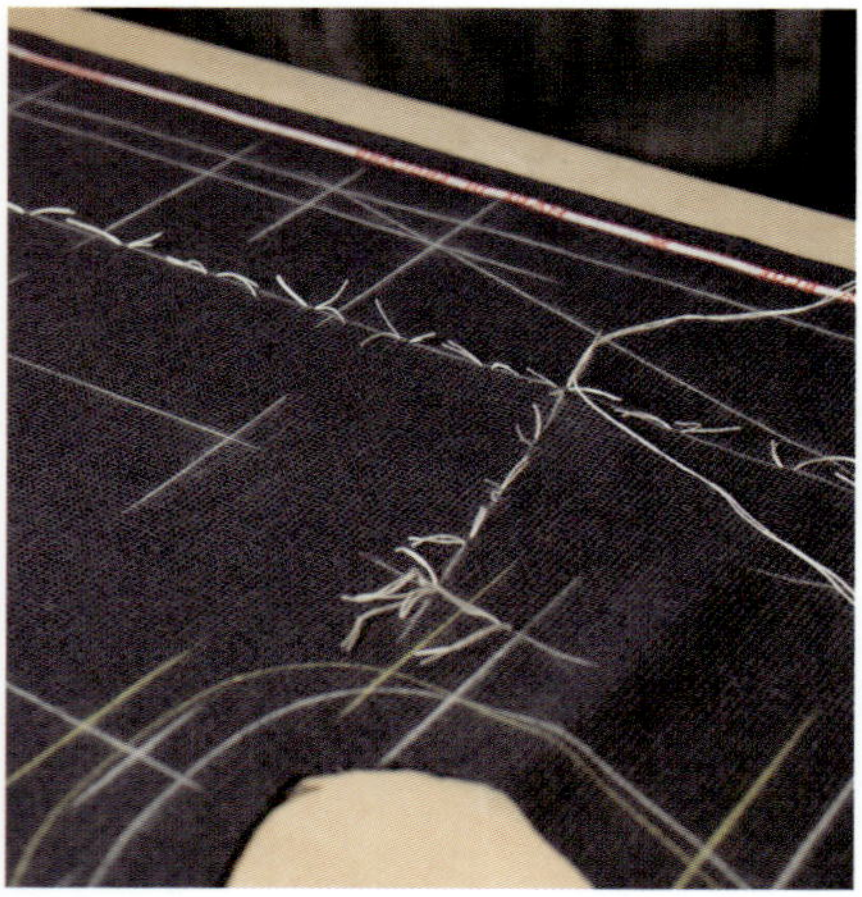

Point 4

切り躾

ジャケットの左半身向けに引かれた型紙の線を、右半身となる生地に躾け糸を用いて転写する、手縫いのビスポークならではの作業です。これで生地に示された糸の点線は、後々の工程の目安線にもなります。

05 手縫いのビスポークスーツ

Making of a hand-made bespoke suit.

Point 5

クセ取り

これは上襟の部分の生地。身体のカーブにより立体的に沿わせるべく、アイロンの熱と蒸気で上から下の状態に変形させます。縫い上がった状態でのみならず生地の段階からこれを行うのが、ビスポークならでは。

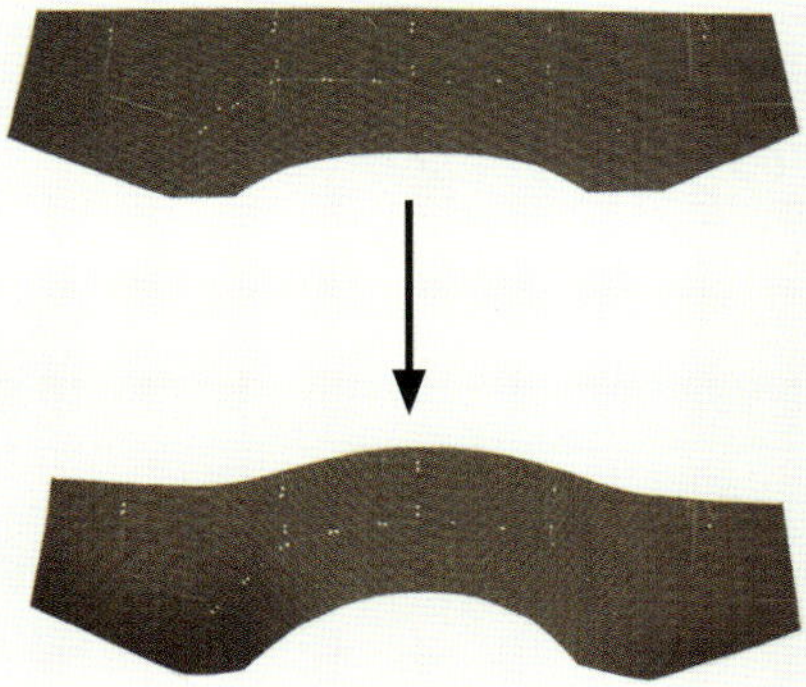

クセ取り後

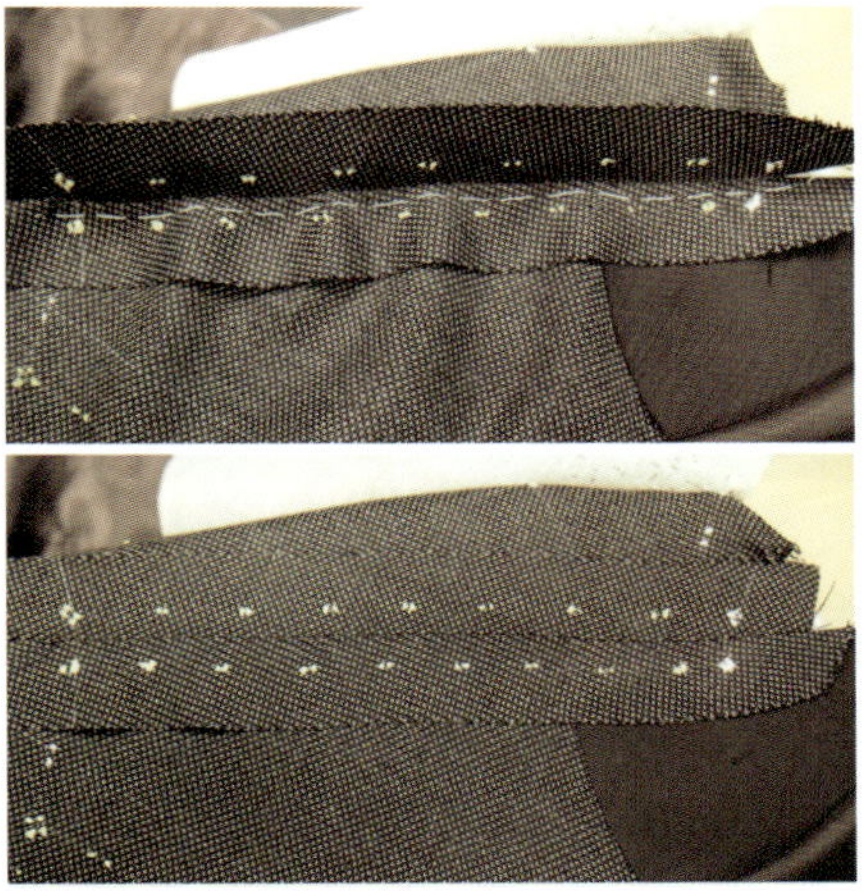

Point 6

イセ込み

肩の縫い目線を裏から。上の写真にある波打ちは、その前身頃部より後身頃の方が生地を多く縫い込んだ証で、肩から背中のカーブや動作に対応します。アイロンを駆使し仕上がりは下の写真のようにスッキリ！

協力：Bespoke Tailor Dittos.

05　手縫いのビスポークスーツ

Making of a hand-made bespoke suit.

Point 7

ジャケットの芯の構造

台芯・肩と胸の増芯・上襟芯・肩パッド……全て顧客の好みと生地の質感に応じて、個別に一つ一つ作り上げます。各芯を縫いつける「ハ刺し」と呼ばれる運針も、それぞれピッチ、方向、糸の種類をあえて変えています。

Point 8

完成！

ここで取り上げた技術をご披露していただいたBespoke Tailor Dittos.の水落卓宏さん。自らの手縫いによるスーツをご着用されています。心と身体に沿った美しい一着は、耐久性が高く飽きも来ず、長年の使用でこそ真価を発揮します！

紳士服を嗜《たしな》む

身体と心に合う一着を選ぶ

飯野高広

朝日新聞出版

装丁・口絵・本文デザイン　フォルマー・デザイン
イラスト　香川理馨子　二階堂ちはる（144、236ページ）
写真　小原雄輝（カバー・帯・本文）
水落卓宏（口絵11ページ、本文260ページ）
著者（本文256、260、263ページ）
図版作成　二階堂ちはる
取材協力　Bespoke Tailor Dittos.／OLD HAT／マルキシ株式会社／ミユキソーイング株式会社／水天宮メディカル整骨院

序にかえて

「結構大切な案件かも……」と感じた時、皆さんはどのような装いでその場に臨まれますか？　大抵の男性は真っ先に紳士服、つまり「スーツ」姿を思い浮かべるのではないでしょうか。このような例を出すまでもなく、スーツは20世紀初頭以来、男性の装いの主役格としての地位を、まだ一応保ち続けています。産業構造の変化が影響し、毎日着ている人こそ減ってはいるものの、重要な会議では国の内外を問わず、依然、スーツ姿が参加者の圧倒的多数です。また、ある程度以上の年齢に達した男性であれば、我が国では誰もが1着は所有している点からも、その地位はおのずと証明可能でしょう。

主役を維持できていたのは、恐らく、この服を構成する最も基本的な要素、すなわち、「ジャケット、トラウザーズ（パンツ、スラックス）、ウェストコート（ベスト）」が、同じ色柄の同じ素材で作られ、一揃いに組み合わされている点が、経済性や心理面など様々な点で合理的だと考えられてきたからでしょう。そしてその「合理性」が時代や地域によって微妙に異なっていたがゆえに、同じ「スーツ」と称してはいても、原型の誕生から約1世紀半の間に実に様々なものが登場してきた訳です。華やかなもの、落ち着いた印象のもの、軽快そうなもの、見るからに重そうなもの……服という枠を超え、その時・その場所の文化や教養に対して大きな影響を与えたものも、中には存在します。

ただ、21世紀に入ってからの状況を見ると、その種の「合理」が表層的で、小手先の意匠しかないスーツが従来以上に幅を利かせてしまっている印象も受けます。見た目の流行やコスト的な要望に溺れ、着心地や耐久性といったより本質的な機能を、むしろ作り手や売り手が退化させてしまったのではないか？　安価なもの以上に、世間に知られた有名なブランドもののほうにこそ、その種の後退感をより強く覚えるのです。ことさら我が国では、スーツ姿の男性が減少する大きなきっかけとなったクールビズの導入以降、歩調を合わせるかのように本質の劣化が一気に加速した感が強くあります。

また、スーツを身に着ける側にしても、「合理」にまで嗜好、もとい思考が及ばないばかりに、瞬間瞬間の浅はかなノリだけでスーツを買ってしまったり、ファッション雑誌やネット上に出てくる大量の情報を鵜呑みにしただけでそれを着てしまうケースを非常に多く見受けます。上辺だけの独善的な判断しかできておらず、自らの身体や心理、それに周囲の環境にまで深く考え抜いた上で購入・着用していない点では、双方のスーツへのアプローチは同根です。いや、同根というかともに根無し草状態であり、これでは自らの装いを揺るぎない幹＝「ことば」に育てることは到底無理というものでしょう。

スーツを取り巻くかように厳しい状況の中、少しでも多くの男性が、その合理性を深く思索できる環境を整えるとともに、自らと周囲に本当に快適な一着に巡り会えるきっかけとなるべく、前著『紳士靴を嗜《たしな》む』に引き続きこの本を著しました。具体的には、

・体に合ったスーツを着こなす
・目的に応じたスーツを着こなす
・嗜好を生かしたスーツを着こなす

の3点を主軸に据え、身体の構造からスーツに関わる近年の動向まで、11の項目に分けて詳しく・わかりやすく記載しました。なお、この本では紳士服＝スーツを、

・ジャケット
・トラウザーズ（パンツ・スラックス）
・ウエストコート（ベスト。ただし、ない場合も多い）
が、同じ色柄の同じ素材で作られ、一揃いに組み合わされた服

と定義した上で話を進めます。

巷《ちまた》のファッション雑誌では詳しく取り上げられがちな、具体的なメーカーやブランドの名称やその歴史などについては、あえてほとんど触れておりません。それよりももっと根幹の分野に多くのページを割きました。即効性のある内容ではないかもしれませんが、今後のスーツの選択に幅が広がると同時に深みも増すはずです。また、それが単に

身体の一部としてだけでなく、的確に自己を表現する「ことば」としても、より高次元に意識・活用できるようになれるかと思います。第1章から順にお読みいただく必要はなく、皆さんの関心のある章からかいつまんで読み始めていただいて構いません。

前作でも記しましたが、タイトルである「嗜む」には、一般的に用いる「愛好する」という意味だけではなく、

- **趣味などを学び身に付ける**
- **自らの行いに慎み気を付ける**
- **あらかじめ用意し心がける**
- **身なりをきちんと整える**

などの深い要素もあります。今日、服飾全般に外来語ばかりが頻繁に用いられ、「身嗜み」のような根をしっかり張れる日本語での表現をすっかり見なくなっています。この傾向は一見、装いのグローバル化が進展した証かもしれません。しかし同時に、今日の我が国の男性の装いが前述の要素を欠いた、いわば薄情で浮付いた自律性のない存在でしかない証拠でもあるのでしょう。

そしてその根本には、服を企画する側・売る側そして買って身に着ける側のいずれも大多数が、身嗜みを唯一絶対的に支配する「ルール」としてしかとらえていないがゆえに、それを反射的に敬遠している「幼さ」が潜んでいます。だからそれを「コワす」「ハ

ズす」ことでしか、個性を発揮できないのです。装いの個性化がしきりに叫ばれている昨今ですが、結局は個性の出し方が皆同じでかつ稚拙であることに、多くの方が気付けていません。そして、身嗜みをわきまえて装うことが今日非常に困難であるとともに、だからこそそれができれば最も個性的になることも、多くの方が全く理解できていないのです。

身嗜みとは本来、十分な思索を通じ、時と場に応じた最適解を導くための指針＝「マナー」の領域に属する感覚です。そう意識できれば、装いに「コワし」「ハズし」より大切なものがあることに気付けるでしょう。この本はあくまで指針の一つを、大まかに示したものであると考えていただければと思います。紳士服＝スーツとその周辺を見つめ直すのを通じ、それを皆さんが自らの身体の一部として、そして真の個性＝自らの「ことば」として溶かし吸収できる、正に「嗜む」きっかけになれましたら幸いです。

目次

第1部

身体に合ったスーツを着こなしたい人のために

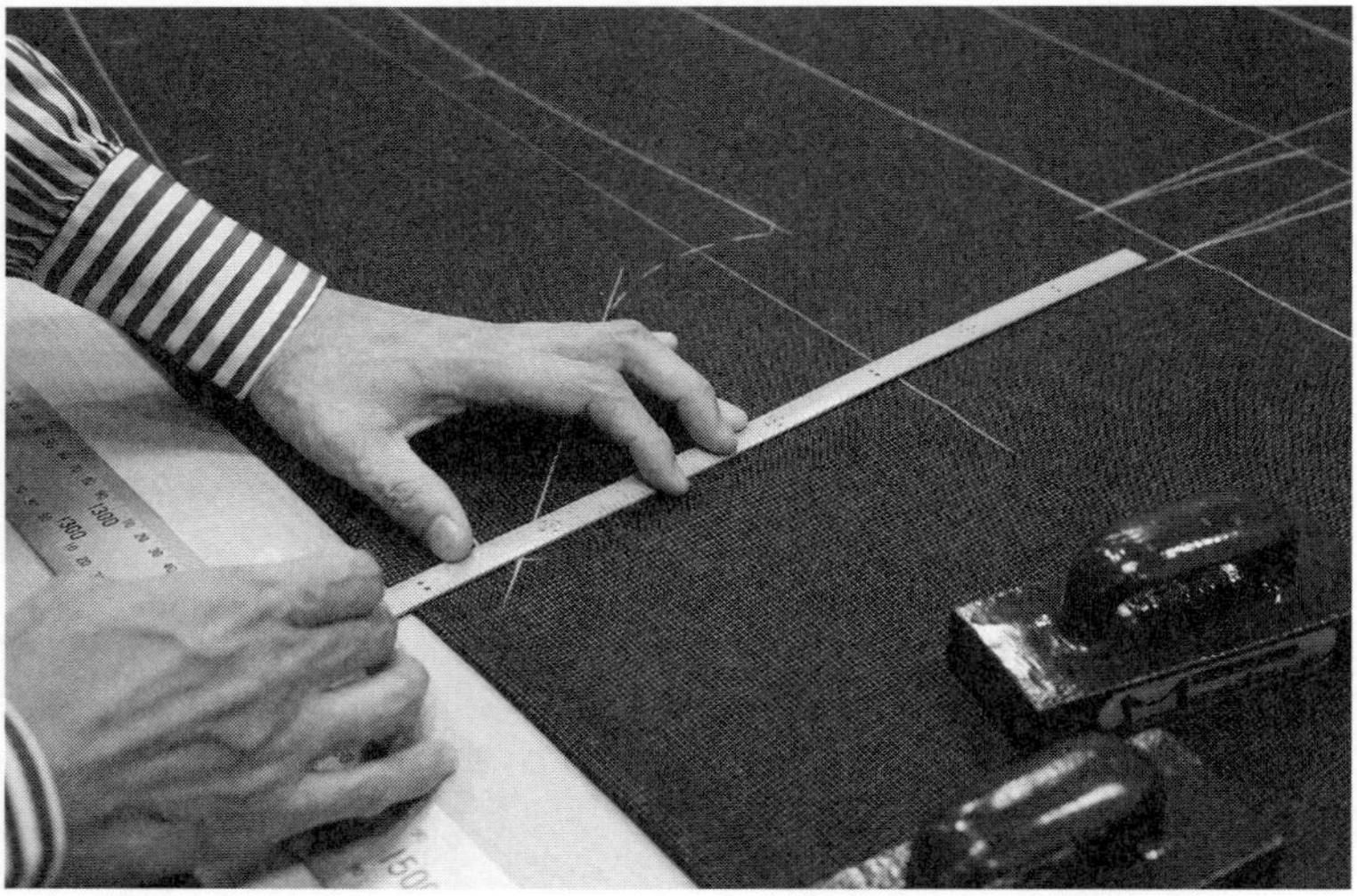

第1章

スーツ云々より前に、まずは自らの土台を知ろう！

この章では、スーツを着る際に最低限必要な骨や関節の基本的な構造について、各部位別に説明します。また、日頃の姿勢や過去の習慣、それにスポーツなどが影響し、スーツを着る際に起こり得る「違和感」についても、併せて考察します。同じようなサイズであるにもかかわらず、「あのスーツは着用しにくいのにこちらは着用しやすい」といった違いは、スーツそのものの品質以外に、各部位における身体とスーツの設計との相性の善し悪しに起因する場合があることも、知っておいて損はしません。そしてこれらを通じ、なぜスーツなる服がこの形になったのかを、科学的に考察する一助になりましたら幸いです。なお、この「違和感」については第3章もご参照ください。

1 骨盤

上部は脊柱に、下部は股関節を経て大腿骨《だいたいこつ》につながり、身体の上下方向の中心で全身を支える土台です。腸、泌尿器、そして生殖器を包み、これらを衝撃から守るのも重要な役割です［図1-1］。

A 骨の構成

骨盤は以下の骨から構成されます。生殖器を守る役割もあるためか、骨盤は骨の中で男女の差が最も大きく、男性のものは縦長で深い構造であるのとは対照的に、女性のものは横長で浅い構造になっています。「腰骨《こしぼね》が張っている……」との体型コンプレックスを持つ方が男性に比べ女性で圧倒的に多いのは、この構造の顕著な違いからくるところもあるようです。

a 寛骨《かんこつ》：腸骨（俗に言う「腰骨」）・恥骨・坐骨の3種類の骨が結合したものです。左右に1対備わり、前部は左右の恥骨が軟骨で、後部は腸骨と後述する仙骨《せんこつ》とが仙腸関節で結合することで、底の開いたすり鉢状の構造を形成します。

b 仙骨（仙椎）：脊柱の一部でもあります。こちらは脊柱の項で説明します。

c 尾骨（尾椎）：こちらも脊柱の一部でもあるので、その項で説明します。

B 骨盤の「傾き」と「ねじれ」

美容や体調の面で注目されることの多い骨盤の「傾き」や「ねじれ」が原因で、スーツを着た際にも見た目に支障が出る場合が多々あります。以下が複合的に生じている方も多く、脊柱など他の骨の形状にも大きな影響を与えます。

a 前後方向の傾き

これらは骨盤の「前傾」「後傾」という表現がなされます。これらがどのような影響を与えるかについては、後述する脊柱や胸郭《きょうかく》も関連するので、4で総合的にまとめます。

①前傾：骨盤の上部が通常より前方に押し出されている＝骨盤が膝より後方に追いやられている状態を指します。

②後傾：骨盤の下部が通常より前方に押し出されている＝骨盤が膝より前方に突き出ている状態です。

b 上下方向のねじれ

骨格全体図

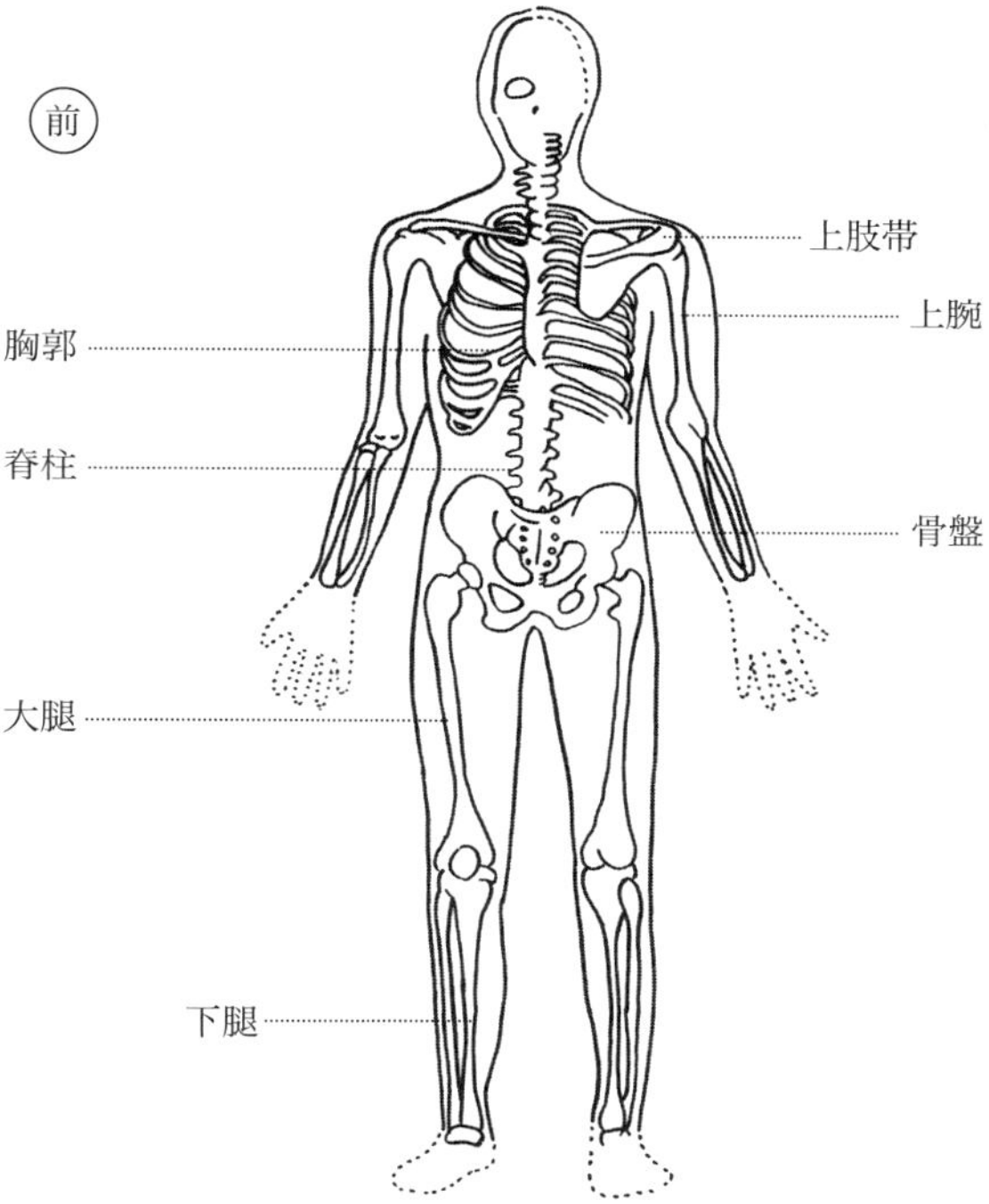

[図1-1] 骨盤(前方から)

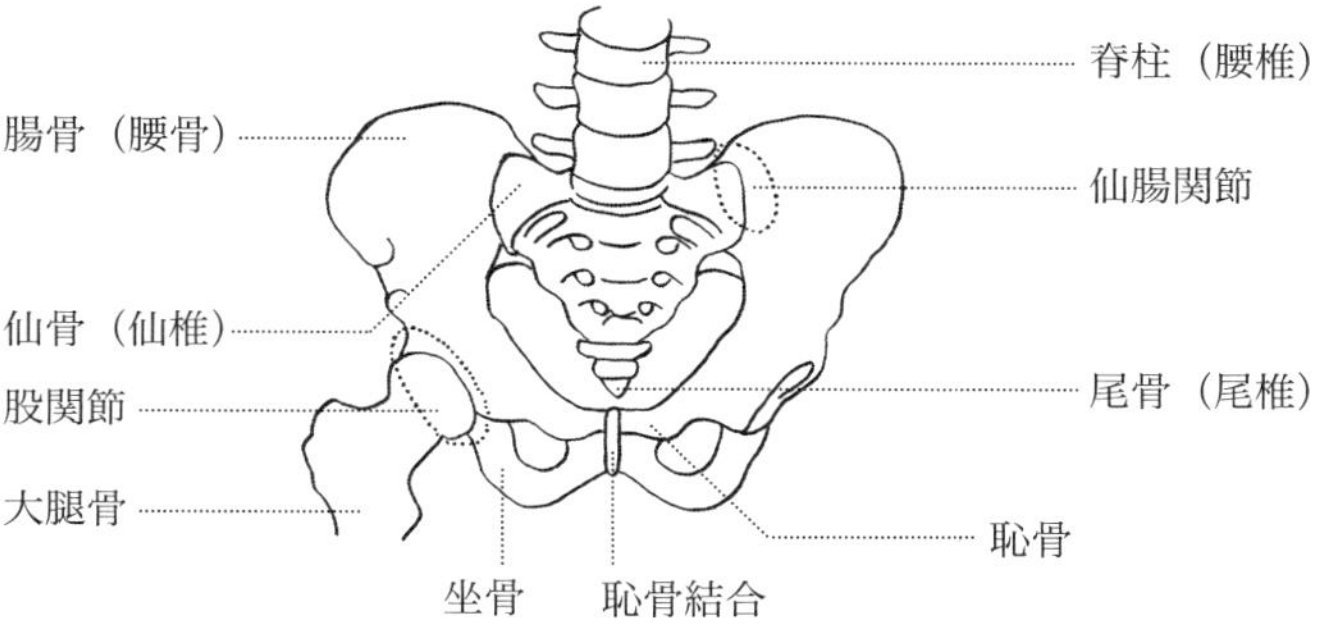

左半身と右半身とで骨盤の位置にズレが生じている場合は、ジャケットでは左右の肩先の上下方向の位置に差が生じたり、胸ボタンを閉めるとその周辺に不自然な斜め皺《じわ》が生じたりします。また、トラウザーズでは左右の股上の差に起因する脚長差が生じます。

c 前後(左右)方向のねじれ

意外と気付かないのですが、要は骨盤が真っすぐ正面を向いておらず、左右のどちらかの側が前方によじれている場合も相当あります。この場合は、ジャケットでは前方によじれている方が「見かけ上の前肩」状態になり、背面や袖に大きな斜め皺が生じることがあります。一方トラウザーズでは、その方の脚部のみが前方につかえ気味になったり、脇ポケットのみが開き気味になったりするなどの違和感が生じます。

2 脊柱

上部は後頭骨に、下部は骨盤へとつながる、身体の左右方向の中心として全身を支える柱です。神経の中軸である脊髄を包み、これらを衝撃から守るのも大きな役割です[図1-2]。

A 骨の構成

脊柱は、上から順に以下a・b・cの3種類合計24個からなる「椎骨《ついこつ》」と、骨盤も形成する仙骨と尾骨とで構成されています。

椎骨同士は靭帯で固定されているものの、多少の可動性があるため、上半身を前後左右そして上下に曲げたり伸ばしたりひねったりのような動作を可能にしています。また、人間の身体の中で相当な重量を占める頭を支えるべく、全体として緩やかなS字カーブ＝生理的彎《わん》曲を描いており、衝撃や重量を分散させる一種のサスペンション機能を果たしています。

a 頸椎《けいつい》：7個。頭部を連結しそれを支えます。側面から見ると全体としてはわずかに前彎《わん》、つまり前方に緩いカーブを描いています。容易に首を曲げられるように、他の椎骨に比べ可動域が大きいのが特徴です。なお、一番下にある第七頸椎は背中側に長く突出しており、首と胴体との境界線として採寸の際に活用されます。

b 胸椎《きょうつい》：12個。肋骨と胸骨と共に胸郭を形成します。側面から見ると全体としては緩く後弯、つまり後方に緩いカーブを描いているのが特徴です。

c 腰椎《ようつい》：5個。脊柱の中で最も大きな負荷のかかる部位であるため、他の椎骨に比べ大きいのが特徴です。側面から見ると全体としては緩く前弯しています。

d 仙骨：5個の仙椎が癒合し1枚の分厚い板状の骨となったもので、前方から見ると逆三角形をしています。側面から見ると緩く後弯しています。女性に比べ男性の方が幅狭で、後弯もきつい特徴があります。

e 尾骨：3~5個の尾椎が癒合し1つの骨となったものです。

B 脊柱の「歪み」

骨盤と同様にこちらも耳にすることが多く、骨盤の傾きやよじれと同期して、複合的に生じている場合もあります。

a 前後方向の歪み

脊柱は本来、側面から見ると全体として緩やかなS字カーブ（＝生理的弯曲）を描きますが、それに不具合の生じている場合も多々見られます。骨盤や胸郭との関連もあるので、具体的には4で総合的にまとめます。

b 左右方向の歪み［図1-3］

脊柱は、本来左右方向に歪みません。しかし、これが左右どちらかに歪んでいる（＝側弯している）場合は、ジャケットでは左右の肩先の上下方向の位置に差が生じたり、胸ボタンを閉めるとその周辺に不自然な斜め皺が生じたりします。また、トラウザーズでは左右の股上の差に起因する脚長差が生じます。これは骨盤が上下方向によじれている場合と同様であるとともに、双方が併発している場合も多々あります。

3 胸郭

心臓と肺の双方を収めると共に、脊柱と上肢帯《じょうしたい》とを間接的に結び付ける上半身の要となるエリアがここです。下に向かって徐々に広くなる構造になっています［図1-4］。

A 骨の構成

「胸郭」とは胸部を構成する骨

の総称です。2で紹介した胸椎以外には以下の骨からなり、身体の全ての活動の動力源である心臓と肺を守るべく、籠状の堅牢な構造になっています。

a 胸骨：胸の前方中心部に上下に走る扁平な骨です。

肋軟骨を介して肋骨と、また胸鎖関節を介して鎖骨とつながっています。

b 肋骨《ろっこつ》：心臓や肺を取り囲むように左右で12対、合計24本からなる弯曲した骨です。

全て胸椎とはつながっていますが、胸骨と直接・間接につながっているのは上の10対のみで、下の2対は途中で浮遊した状態になっており、心肺の動きに柔軟性を確保しています。

4 骨盤・脊柱・胸郭が相互に絡む「微妙な違和感」

これまでご紹介した3部位の複合的な異常が、スーツの着用時にどのような「違和感」として表出するかについて、主要なものをまとめます。詳しくは第3章をご覧下さい。

原因

頭部や内臓のような上半身の重量によって、身体には当然ながらそれなりの重力が下へ下へとかかってきます。そこに日頃の姿勢や過去の習慣、運動などの影響が加わり、その重力に耐え得るべく骨盤・脊柱・胸郭に絡む筋肉などのバランスが崩れる結果、これらの形状や位置関係に異常が生じることが往々にしてあります[図1-5]。スーツを着る際には、それが以下に挙げる見た目の「微妙な違和感」につながるわけです。なお、以下の4つが全てのケースに当てはまるとは限りませんし、その他の違和感が出る場合もあり得ますので、その点はご注意願います。

A 「凹円背」の状態

・骨盤が必要以上に前傾している。
・脊柱のうち腰椎が過度に前弯し、胸椎は主にその中央部を頂点に過度に後弯、頸椎が過度に前弯している。

この場合、ジャケットでは屈身や猫背、トラウザーズでは出尻などの違和感が出る場合が多いです。

［図1-2］脊柱（側面から）

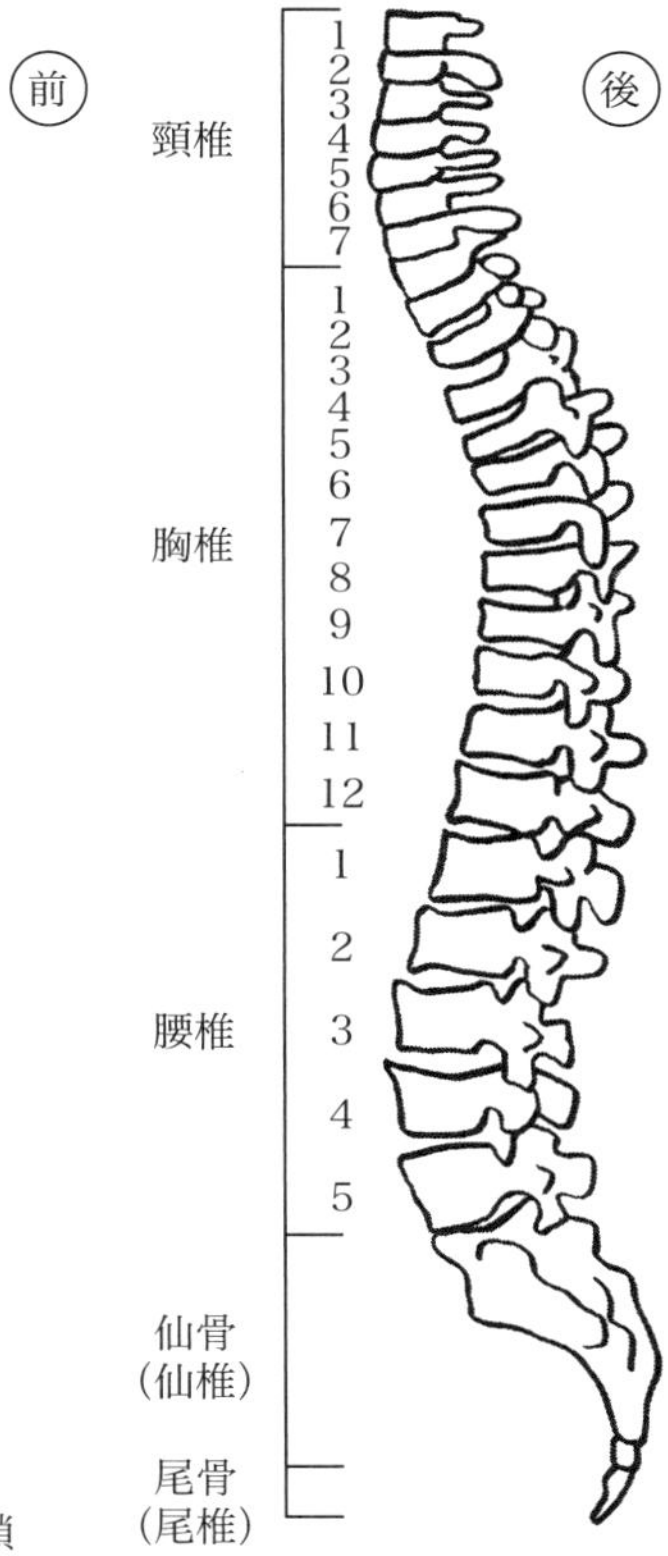

［図1-3］脊柱の左右方向の歪み（後方から）

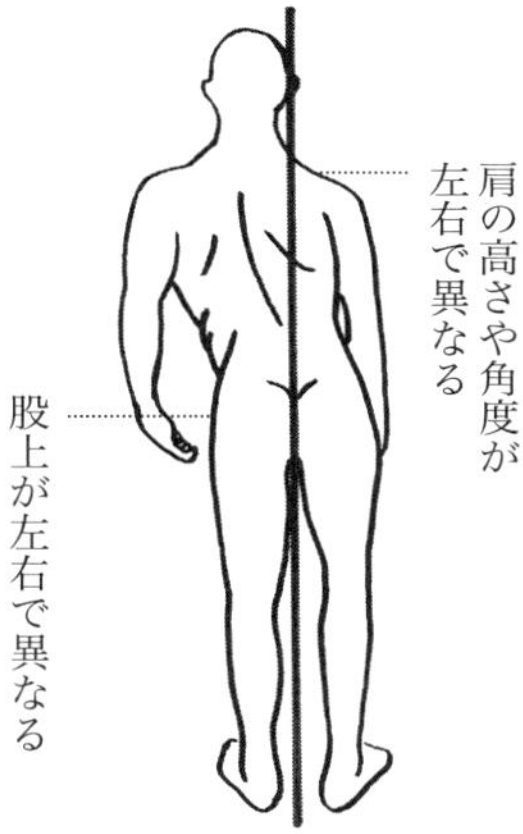

［図1-4］胸郭・上肢帯・上腕（右肩前方から）

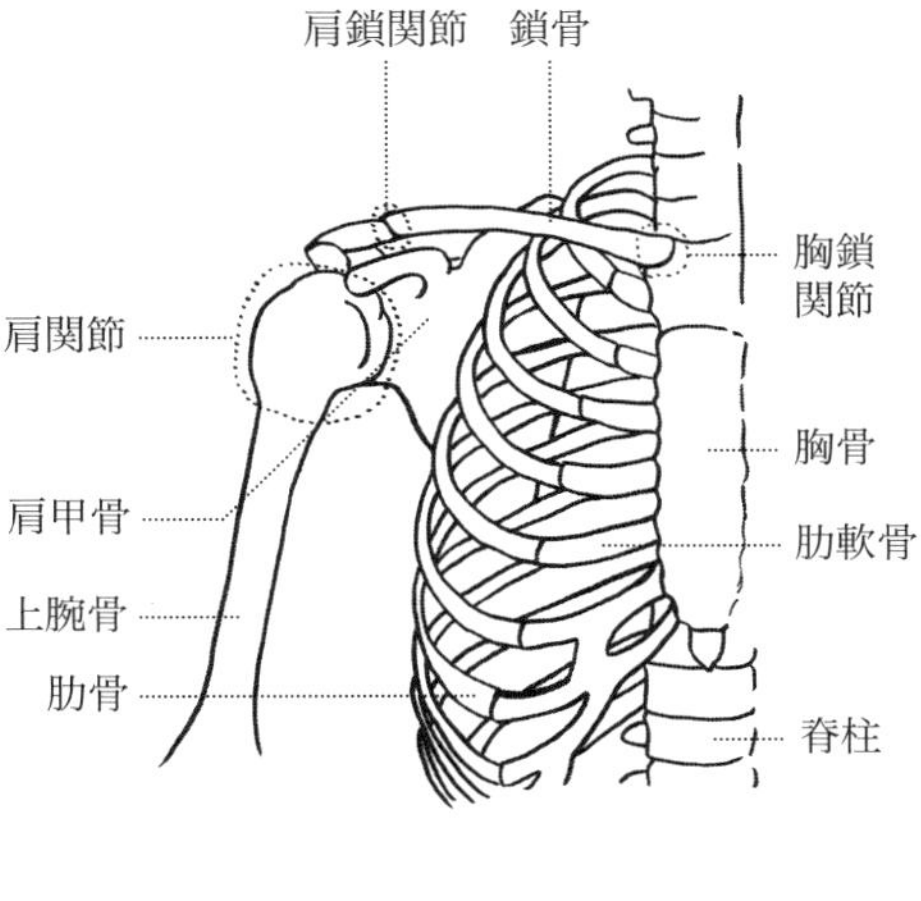

B「凹背」の状態

・骨盤が必要以上に前傾している。

・脊柱のうち腰椎が過度に前弯する一方で、胸椎の後弯と頸椎の前弯は少なく、胸郭の肋骨が過度に前方向に発達する。

この場合、ジャケットでは反身や鳩胸、トラウザーズでは出尻等の違和感が出る場合が多いです。

C「円背」の状態

・骨盤が必要以上に後傾している。

・脊柱が全体的に過度に後弯、特に胸椎がその中央部もしくはやや上部を頂点に過度に後弯する一方で、頸椎の前弯が少ない。

この場合、ジャケットではS字体（S字屈身）や猫背、トラウザーズでは送り腰（前腰）などの違和感が出る場合が多くあります。

D「平背」の状態

・骨盤が必要以上に後傾している。

・脊柱のS字カーブ＝生理的弯曲そのものが、全体として少ない。

この場合、ジャケットでは反身、トラウザーズでは平尻などの違和感が出る場合が多いです。

5 上肢帯と上腕

当たり前過ぎてあまり意識されませんが、ここは人体で最も可動性に富んだ部位と言えます。構成される骨の形状と関節を通じたそれぞれのつながり方が、それを可能にしています[23ページ図1-4]［図1-6］。

A 骨の構成

骨はわずか3種類のみですが、これだけで肩の周辺や上腕部の動きを支えていることには驚かされます。

a 鎖骨：胸郭の上に左右1対、ほぼ水平に横たわる骨です。緩いS字カーブを有しており、胸鎖関節を介して胸骨と、肩鎖関節を介して肩甲骨《けんこうこつ》とつながっています。

b 肩甲骨：胸郭の後ろ側で、ちょうど肋骨の後方と胸椎とを覆うように、左右1対存在する骨です。イチョウの葉のような平板な形状であるものの、いくつ

[図1-5] 骨盤・脊柱・胸郭のバランス

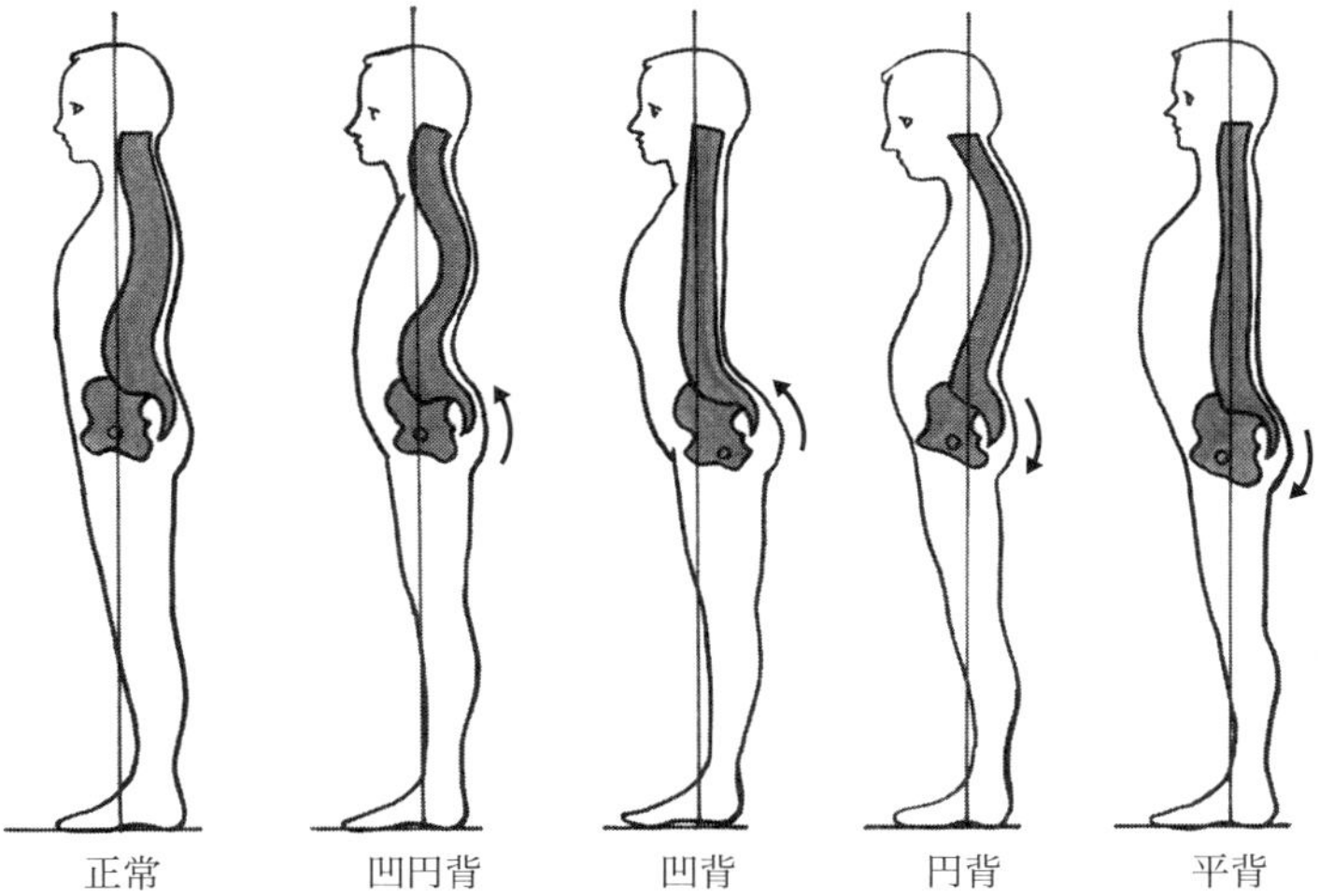

[図1-6] 上肢帯・上腕（右腕上方から）

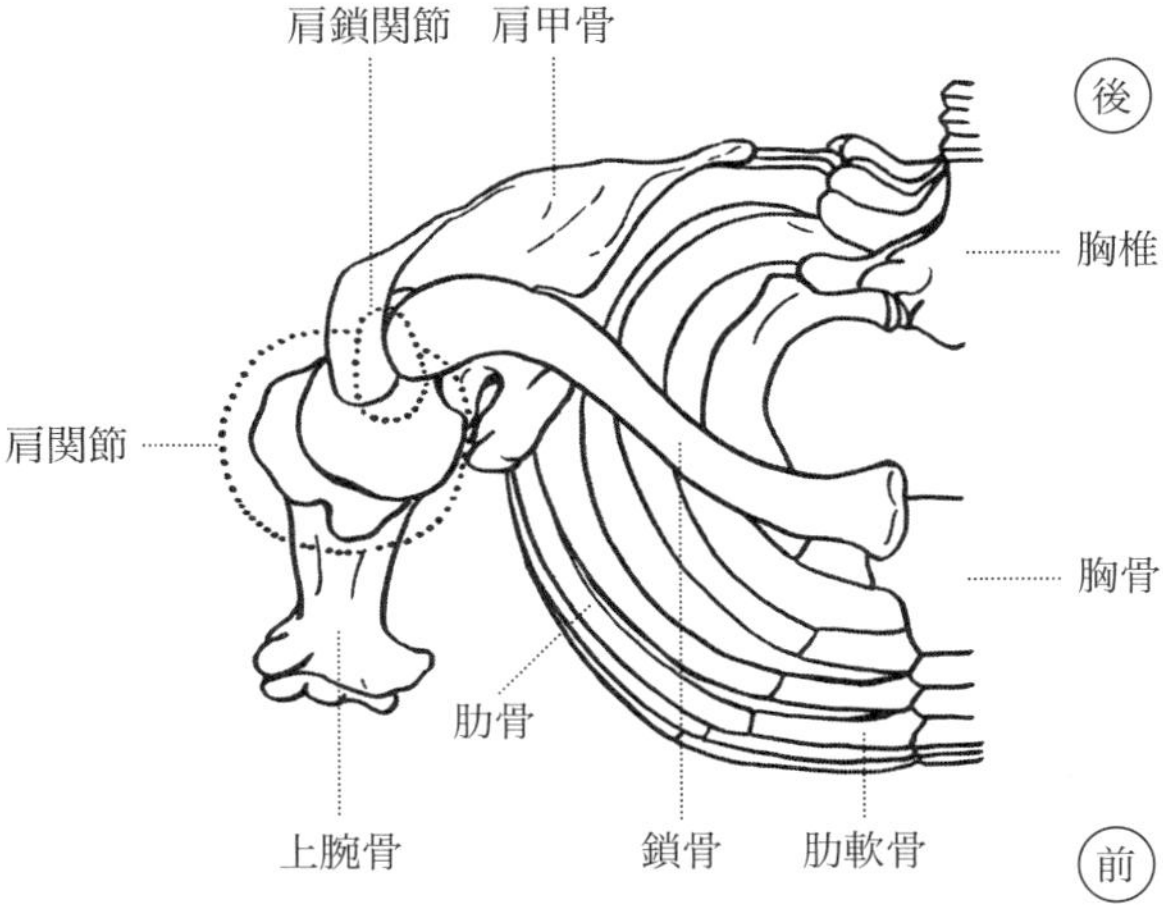

かの独特な突起もあり、肩関節を介して上腕骨とつながっています。

c上腕骨：要は「二の腕」を構成する骨です。

d肩関節：肩甲骨と上腕骨とがつながる部分＝肩先です。

肩甲骨側が、小さめな凹状であるのとは対照的に、上腕骨側は大きめな凸状で、これが上腕部の自在な動きの源になっています。

B 上肢帯と上腕の「傾き」

これらは鏡を見るなどの日常の行為を通じ、他の部位の変質に比べ既に意識なされている方も多いのではないでしょうか。

a前後方向の傾き

肩関節の位置が本来よりも前方に傾いてしまっている場合、ジャケットで前肩の違和感が生じます。

周辺の筋肉のバランスだけでなく、骨盤の傾きの異常や脊柱の歪みが間接的に影響している場合もあります。

中度以上の前肩になると肩甲骨の後方への隆起も激しくなるので、「前」肩の名とは対照的に、後身頃のその周辺にもツキ皺に似た横皺が入ります。

b上下方向の傾き

周辺の筋肉の影響などで、鎖骨を軸に首から肩先にかけての上下方向の傾斜が通常より鋭い場合はジャケットで撫《な》で肩、逆に緩い場合は怒り肩の違和感が生じます。

これらが左右不均等に起きてしまう場合もあります。

6 大腿と下腿《かたい》

上部は股関節を通じて骨盤と、下部は距腿《きょたい》関節により足へとつながる、人類最大の特徴である直立二足歩行を可能にしている部位です［図1-7］。

A 骨の種類

立つだけではなく歩くことにも適した骨と関節の構成になっています。

a大腿骨：骨盤から上をしっかり支える、人体の中でも最大の骨です。クッションの機能も果たすべく、外（小趾《しょうし》）方向並びに前方向にごくわずかに弯曲しています。

b脛骨《けいこつ》：下腿部の内側＝母趾側にある大腿骨に次いで大きな骨です。

[図1-7] 大腿・下腿（右足前方から）

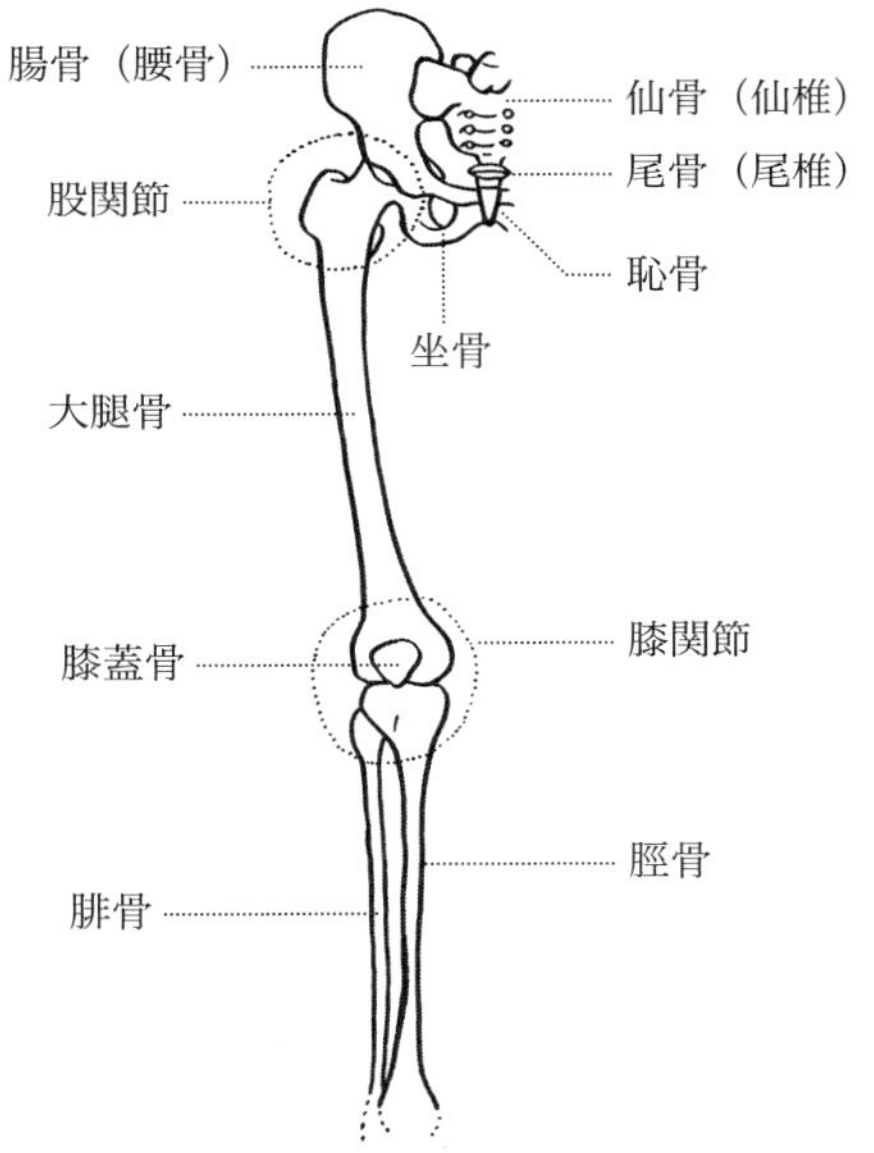

c 腓骨《ひこつ》：下腿部の外側＝小趾側にある比較的細い骨です。膝関節の構成には関わっていません。

d 膝蓋骨《しつがいこつ》：俗に言う「膝頭（膝小僧）」です。周囲の筋肉が大腿骨と擦れて裂けるのを防ぐ役割があります。

e 股関節：骨盤と大腿骨とを結節し、脚部の様々な動きの基点となる関節です。骨盤より上の荷重に耐えうるべく、肩関節などに比べると安定性を重視した構造になっています。

f 膝関節《ひざかんせつ》：厳密には大腿骨と脛骨とで構成される脛骨大腿関節と、大腿骨と膝蓋骨とで構成される膝蓋大腿関節に分かれます。前者の中には軟骨＝半月板が組み込まれ、ショックアブソーバー的な役割を果たします。

B 大腿と下腿の「傾き」

ここにまつわる違和感は、意識のある方とない方との差が、案外激しいと言えるかもしれません。

この部位単体での問題としてではなく、骨盤の傾きやよじれに脊柱の歪みと同期して、またそれらの周辺の筋肉の不具合と同期して起こる場合も多々あります。

a 左右方向の傾き

大腿骨と脛骨とは、実は膝関節（脛骨大腿関節）では一直線＝180度にはつながっていま

［図1-8］O脚

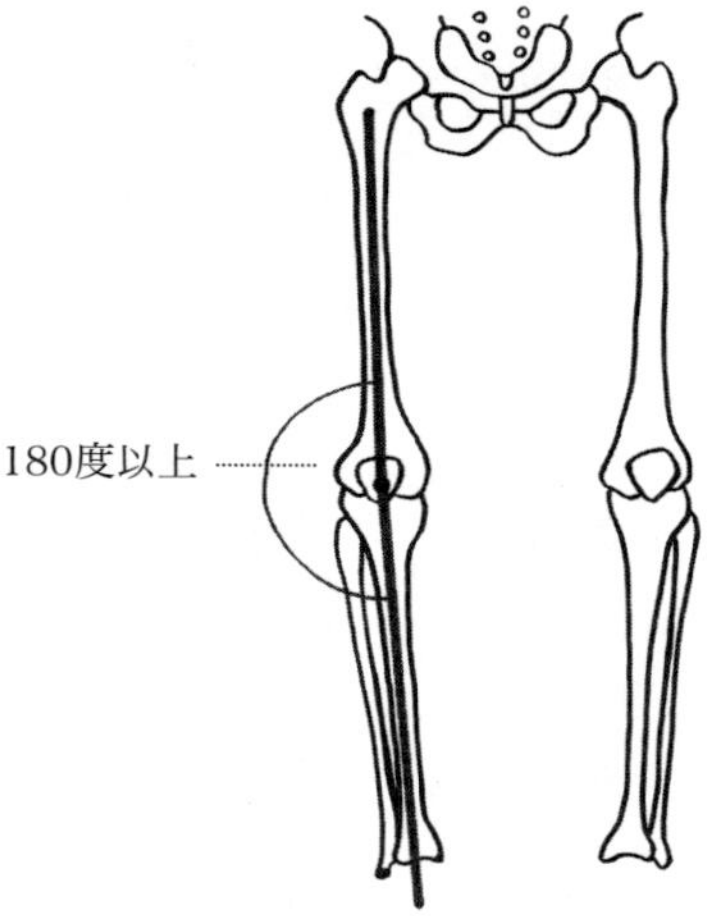

［図1-9］X脚

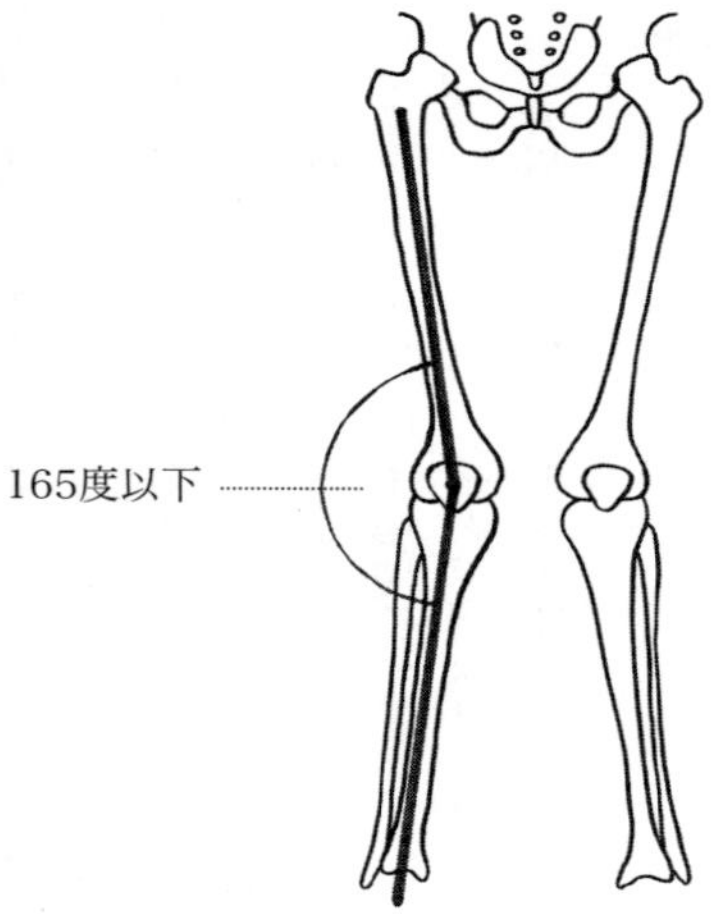

せん。

通常は左右方向でわずかに折れ込んだ状態、つまり小趾側から測るとおよそ170～175度の角度を持ってつながることで、それより上の身体の加重を支えます。

しかし、何らかの理由により、この角度が保てなくなってしまった場合には、トラウザーズに以下の違和感が生じてきます。

①角度が180度以上…O脚（内反膝）［図1-8］

②角度が165度以下…X脚（外反膝）［図1-9］

b 前後方向の傾き

脛骨と腓骨に付く筋肉が何らかの理由で後方に異常に発達すると、特に下腿部が細いトラウザーズを穿いた際に、コムラ部に不自然な出っ張りが生じます。

第2章

パーツを知るのが、スーツ理解の基本のキ！

この章では表地や各部の芯地、裏地など、スーツが基本的にどのようなパーツからできあがっているのかを、見えない部分も含めて紹介します。また、身体やスーツ自体を採寸する際の用語も紹介します。表から見れば「一着」のスーツですが、その中身は結構多くのパーツから構成されていることに驚かれる方も多いのではないでしょうか。また、それだけ「人手」の多くかかる衣服であることもご認識いただけますと幸いです。なお、寸法やフィッティングについての詳細は第3章を、各所のディテールの詳細については第5章もご参照願います。

1 エリアを示す用語

ここではまず、スーツの「表面に見える部分」の用語をまとめます。知っているようでいざ指そうとすると的確な言葉が出てこない部分かもしれません。

A ジャケット・ウエストコート

［図2-1］を基に、各エリアごとに説明します。

a 前身頃

その名の通り、ジャケットやウエストコートの胴体部の前半分のことです。そのうち、胸ボタンのボタンホールが付くほうを「上前」、ボタンそのものが付くほうを「下前」と称します。紳士服のジャケットでは上前は、心臓のある左胸側になるのが常です。

b 胸ダーツ

aの両胸部などに見られる「つまみ縫い」のことです。本来の英語では「フロントダート(Front Dart)」ですが、左右1対になる場合がほとんどだからか日本では慣用的に複数形で呼びます。スーツの登場時には付いていなかったもので、着心地の改善、すなわち胸回り（チェスト）を立体的にし胴囲のダブツキを解消するとともに、ジャケットの重さを分散させるために施された工夫です。

c フロントカット

ジャケットの前裾の線のことを指します。シングルブレステッドのものでは多かれ少なかれカーブをつける一方で、ダブルブレステッドのものでは直角に仕上げるのが通例です。

d 襟

起源としては首と胸を守るべく学生服のような立ち襟でしたが、快適性を求め胸部を内側から開いた結果、今日のような形状になったものです。そのため首部にまとわりつく部分を「上襟（カラー）」、まとわりつかない部分を「下襟（ラペル）」と区別して呼びます。また両者の境界線の縫い目のことを「ゴージライン」と称します。

e 見返し

aの裏の前端部に見られる、裏地ではなく表地を用いた部分のことです。袖口裾の裏の部分もそう呼ばれることがあります。

f 襟みつ

上襟と後述するkとがつながる部分、すなわち上襟とkとの

［図2-1］ジャケット・ウェストコートのエリアを示す用語

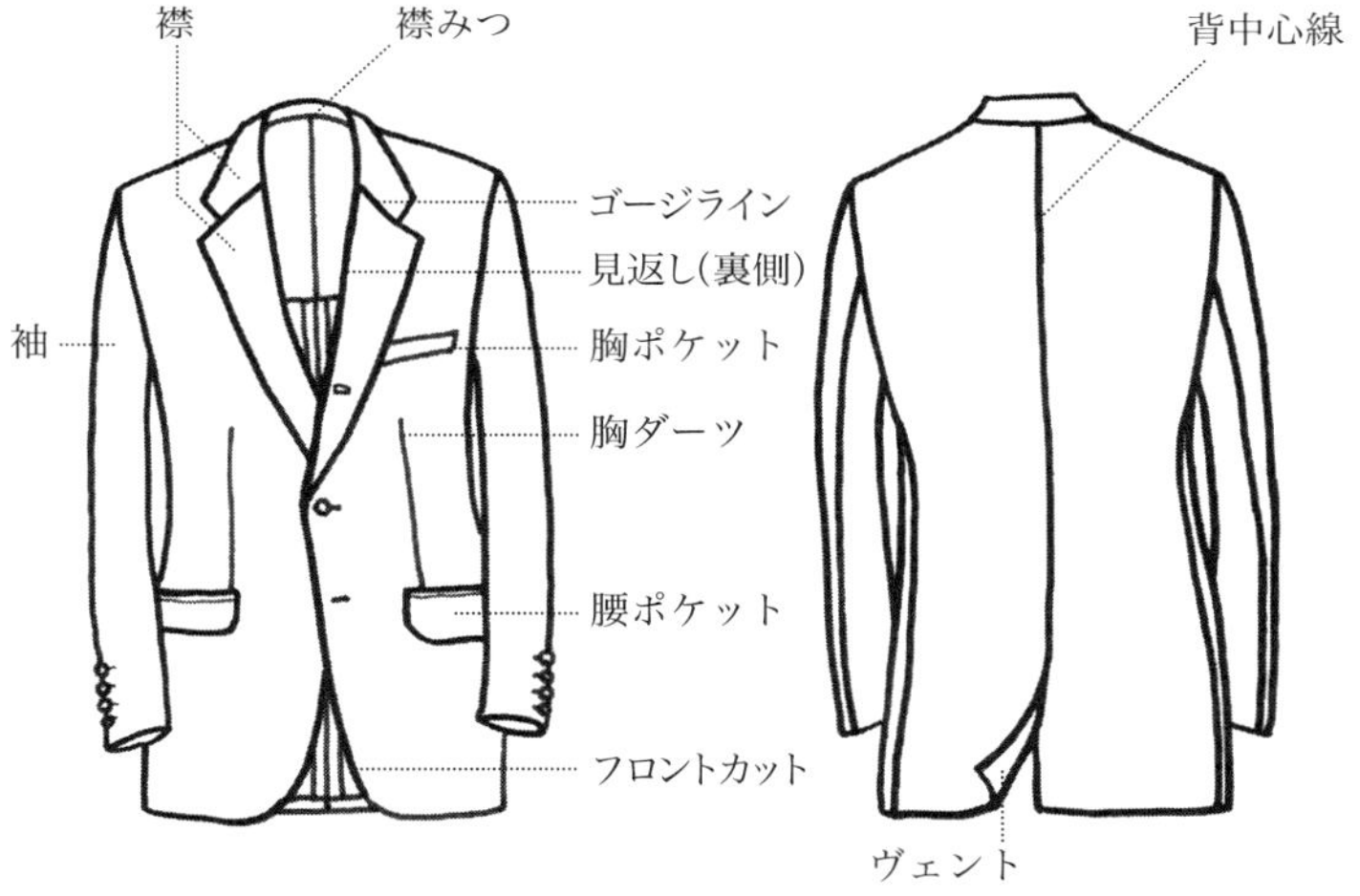

前身頃　　**後身頃**

境目のことです。ここが着用者の首回りにきれいに吸い付くか否かも、ジャケットの着心地を判断する大きなカギです。

g 胸ポケット

文字通りジャケットやウェストコートの胸部にあるポケットを指します。スーツの登場時には付いていなかったものですが、実用性を踏まえて追加されたようで、ウェストコートはともかくジャケットのそれは、今日ではごく一部の例外を除いて左胸のみに付きます。なお、ここに入れるべきものはポケットチーフの類のみです。

h 腰ポケット

ジャケットやウェストコートの腰部にあるポケットを指します。種類は様々で、この形状の違いがスーツの用途の違いにも直結する傾向にあります。ただし、現在ではここには極力ものを何も入れないのがマナーであり、デザイン的な要素が強まっています。

i 内ポケット

ジャケットの内側にあるポケットの総称です。これも後から付け加えられた意匠のようで、代表的な胸部の内ポケットのみならず、「ペンポケット」「タバコポケット」など特定のものを入れるために考え出されたものもあります。

j 袖

腕部を包む袖は、通常2枚の布で構成され、その外側の領域を「外袖」、内側の領域を「内袖」と称します。用いる布の幅としては現在は外袖>内袖が主流ですが、かつては双方を同じ寸法で製作していました。

k 後身頃

aとは対照的にジャケットの胴体部の後半分のことです。大抵の場合、脊柱に沿った縫い目線（これを「背中心線」と言います）を伴います。

l ヴェント

着用時の運動性を確保するのを目的に、kの裾に施された切り込みのことです。大抵の場合は背中心線に沿って1本設けるか、後身頃の両脇の縫い目の下部を開けて2本設けられますが、中には全くこれがないものも存在します。

B トラウザーズ

［図2-2］を基に、各エリアごとに説明します。

a 前身頃

ジャケットと同様にトラウザーズにも前後の区別があります。また前身頃も同様に上前・下前に分けられ、すなわち着用時に上側に来る方が上前で、下側となるのが下前です。

b ウェストバンド

腹部と腰部の押さえをより確実に行う目的で大抵のトラウザーズの上端に付く、身頃の表地と垂直に交わる帯状の別布のことです。簡単に言うと、ベルトループが付いている箇所のことを指します。「おび」とか「ウエスマン」なる別名もあります。

c サイドシーム

トラウザーズの左右両脇に付く縫い目線のことです。トラウザーズの脇丈（全長）を測る際の基準になる箇所です。

d インシーム

トラウザーズの内股側にある縫い目線のことです。トラウザーズの股下は、この線の長さを上から下まで、すなわち後述するfから裾口まで計測した値となります。

e 前立て

「フロント」とも称する、ジッパーやボタンが配置される前身頃の開閉部のことです。

f 小股

トラウザーズの股部の付け根、すなわちaの上前と下前、それに後身頃が連結される箇所を指します。トラウザーズはもとよりスーツ全体においても前後左右の生地が全てつながる唯一の場所で、何気なくも穿き心地を左右する重要ポイントです。

[図2-2] トラウザーズのエリアを示す用語

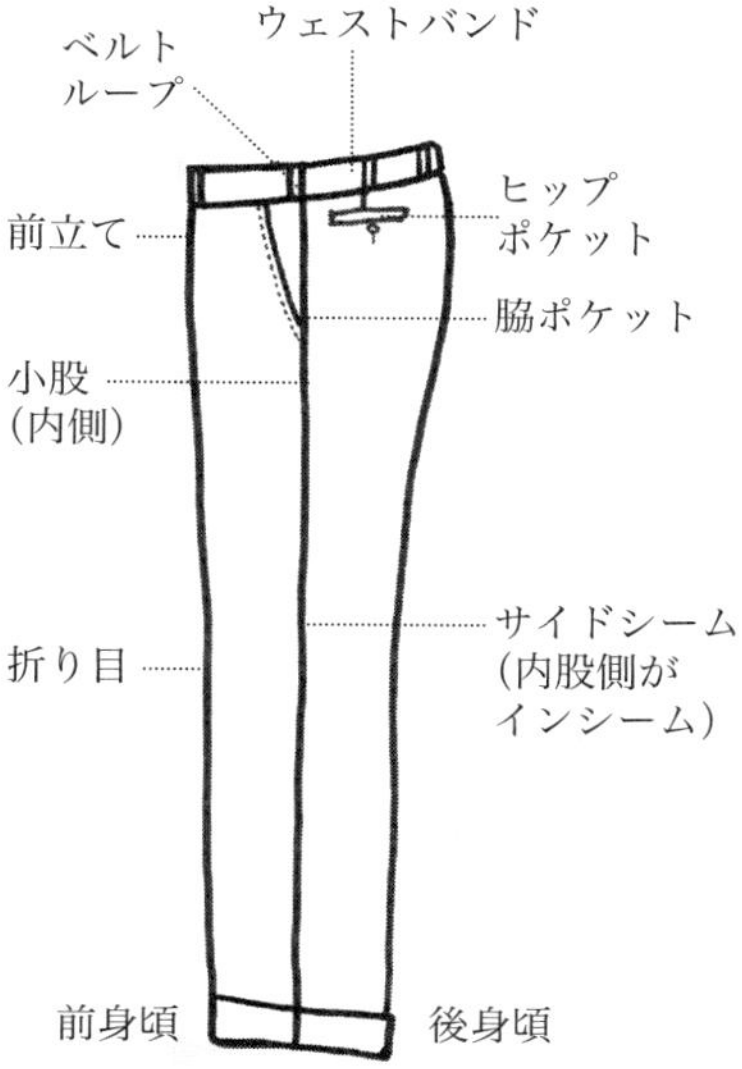

g 脇ポケット

トラウザーズの脇部にあるポケットを指します。英語では「サイドポケット」と称し、ジャケットのhと同様にこの形状の違いがスーツの用途の違いに直結する傾向にあります。なお、この中には極力何も入れないほうが、着心地もシルエットも維持されます。

h ヒップポケット

こちらは尻部にあるポケットを指します。使うか使わないかの違いが人によりはっきり分かれるようです。日本ではなぜか「ピスポケット」とも呼ばれます。着心地と見栄えを両立させたい場合は、ここにはなるべく、ハンカチ程度の薄さのものしか入れないようにしましょう。

i 折り目

トラウザーズの筒の中央部に上から下へと付けるもので、英語では「クリース」と呼ばれます。今日ではこれをアイロンでしっかり付けるのが身嗜みの基本とされているものの、もともとは特段付ける必要のなかったものです。これが「身嗜みのバロメーター」に変化するきっかけは、19世紀後半のファッションリーダーでスーツの普及にも大きな役割を果たしたエドワード7世の偶然の所作とも言われていますが、真相は定かではありません。

2 構造を支える部品の用語

ここでは主に、スーツの「基本構造」に関連するパーツの用語をまとめます。表には出てこないものが多いですが、スーツの着心地やシルエットを決定付けるものばかりです。

A ジャケット・トラウザーズ・ウエストコートに共通のもの

a 表地

これがなくては全てが始まりません。スーツを構成する皮膚や筋肉になる大切な存在で、詳しくは第4章で解説します。

b 縫い糸

スーツの各パーツを接続する、これもなくてはならない存在です。絹糸・麻糸・ポリエステルの糸など、どこをどう縫い上げるかで素材も太さも異なります。

c 裏地

着用時の滑りを良くし、保温性や吸湿性を高め、内部に据え付ける芯地等を隠すなど、意外と大きな役割を果たします。

d ボタン

ジャケットやウエストコートの前身頃やトラウザーズのヒップポケットなどを開閉するための必需品であるとともに、スーツ全体の表情を引き締めるスパイスの役割も果たします。スーツの表地や雰囲気に合わせて水牛の角（ホーンボタン）・タグワ椰子の実（ナットボタン）・白蝶貝や黒蝶貝のようなシェルボタン、それにプラスチックなど様々な素材が用いられます。

B ジャケット・ウエストコート

名称の下に★印のついているものは、巻頭の［口絵04］もご参照願います。

a 身頃芯

表地を皮膚や筋肉に例えるならば、芯地はいわば骨格です。様々なバリエーションがあるものの、今日のいわゆる「総毛芯」と呼ばれるものは、表地側から裏地側に向かって順に台芯・肩増芯・胸増芯の三層、もしくはそれにフェルト芯を加えた四層で積み上げるのが基本です。

①台芯★：読んで字の如く、下襟（ラペル）も含めた前身頃全体の土台となる芯地です。主にウール、コットン、リネン、それにレーヨンやポリエステルなどの化学繊維を混紡もしくは交織《こうしょく》して作られます。変わったところではキャメルヘアやアルパカなど、いわゆる獣毛の毛を用いる場合もあります。

②肩増芯★：肩の周囲をより構築的に成型するための芯地です。かつては経糸《たていと》にウール、コットン、リネンそれにホースヘアなどを配し緯糸《よこいと》に馬の尻尾の毛を交織した通称「バス（馬巣）芯」が主流でしたが、今日ではウール、コットン、レーヨンの混紡や交織のものも多いです。

③胸増芯★：胸の周囲をより構築的に成型するための芯地です。こちらも肩増芯と同種の素材が用いられます。

④フェルト芯：肩から胸にかけて厚みを増し、型崩れを防ぐ目的で付け加える場合があります。通常はウールですが、まれにコットンが用いられることもあります。

⑤補強テープ★：不要な伸び縮みや型崩れを防ぐべく適宜用いられます。

b 肩パッド★

肩の周辺の形状を保持するための一種の詰め物です。主にコットンやポリエステルの綿を不織布で軽く補強したものが、ジャケットのデザインや大きさに合わせて様々な厚みや形状に加工され用いられます。

c 裄綿《ゆきわた》★

「垂れ綿」という別名もある袖用の芯地のことで、その形状や硬さを整える役割を果たします。ウールにバス芯を合わせたものなどが主に用いられ、こちらもジャケットのデザインや大きさに合わせて様々な厚みや形状に加工され用いられます。

d上襟芯★

上襟の形状を保つための芯です。素材は基本的にはリネンですが、ウールやコットンを交織したものもあります。

eカラークロス

上襟の裏側に据え付けられる布です。通常はウール製で、表地と似た色のものが用いられますが、まれに表地と同じものが使われることもあります。

fポケット地★

ポケットの内側の生地です。通常はコットンもしくはポリエステルの混紡のものが用いられます。

軽くかつ通気性の改善を狙い、ポリエステルニットのメッシュ地が使われる事例も昨今では多く見かけます。

g袖芯★

袖口の形状を保つための芯地です。主にウールやリネン、コットン製のものが用いられます。

hフロントスレーキ★

胸ボタンの縫いやボタンホールを補強するとともに、前身頃のフロントカットの形状を保持するために芯地のように用いられるコットン製の布です。スレーキとは、元々はコットンの比較的密に織られた綾織物を指し、語源は英語で「滑らかな」を意味するスリーク（sleek）だと言われています。なおこのスレーキは、トラウザーズの腰裏やウエストコートの前裏、それにfにも用いられる場合があります。

i胴裏

前身頃と後身頃を包む裏地のことです。より厳密には、前身頃に付く「前裏」と後身頃に付く「背裏」とに分かれます。据え付け方や素材は、表地の種類やどの季節に着るか、それにコストにより多様に変化します。

かつてはシルクやアルパカ（実際にはアルパカと綿の交織）それにレーヨンなどが好んで用いられましたが、今日ではキュプラやアセテート、さらにはポリエステルなどが主流です。

j袖裏★

袖の周囲を包む裏地のことです。iと同じ素材や色柄のものを用いる場合もあれば、それとはまったく異なるものを使う場合もあります。

C トラウザーズ

aウェスト芯［写真2-1］

トラウザーズの上端部の形状

を保持し、不要な伸びや型崩れを防ぐのみならず、腹部へのサポートを高めるべく、ウェストバンド部の表地と後述するbの間に据え付けられる芯地です。英語で「インナーベルト」と呼称するのに由来するのか、我が国ではこれを略して「インベル」とも呼ばれます。かつてはウールやリネン製が主流でしたが、今日ではナイロンやポリエステルなどのものが主流です。

[写真2-1] ウェスト芯

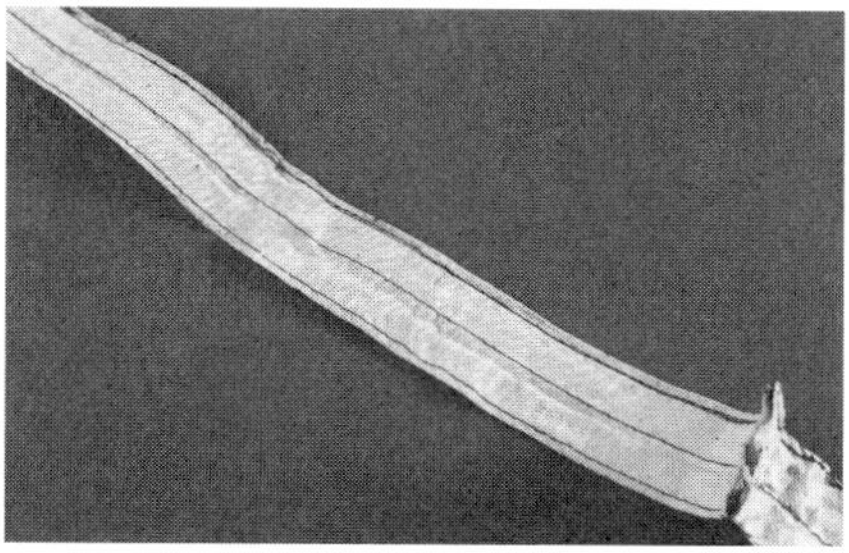

b 腰裏［写真2-2］

　腹部へのサポートを柔らかくかつ確実なものにするとともに、シャツのはみ出しを防ぎ、aを隠す目的で上端部に付けられる一種の裏地です。素材はコットンのスレーキの他にジャケットの袖裏地・胴裏地、カジュアルなものでは表地を用いる場合もあれば、最近ではより柔らかな感触を狙いシャツ地に近い薄さのコットンも用いられます。

[写真2-2] 腰裏とポケット地

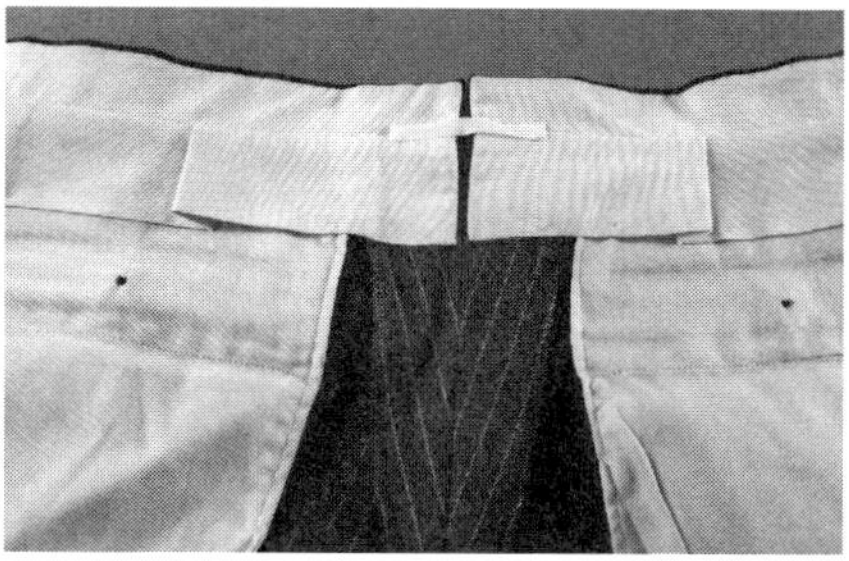

c 膝裏

　主に前身頃の脚部に付けられる裏地で、トラウザーズを穿く際に脚部の滑りを改善するとともに、表地が直接脚部に触れる不快さを解消し汗によるダメージを防ぐなど、様々な目的をもちます。日本のトラウザーズは、特にビジネスユース以上のものについてはこれが付くのが半ば当然であるのに対し、欧米のものではたとえ表地がツイードのようにゴワゴワした質感のものであってもこれが付かないケースが主流です。

dポケット地［写真2-2］

ジャケットのものに比べ使用する頻度が高いために、トラウザーズのポケットの内側の生地には、それより厚めのものを用いるのが一般的です。

3 採寸用語

ここからは、スーツを選ぶ際に「自分のサイズ」を見極めるのに必要な場所とその呼称を解説します。着用者の身体のその箇所の数値はともかく、スーツのそれは体型のみならず好みやデザイン、それに流行で大幅に変動する点にはくれぐれもご注意願います。

A ジャケット

［図2-3］を基に、各エリアの採寸について説明します。

a肩幅

背中心線上の上襟と後身頃との付け根、つまり身体では第七頸椎のある点から、肩先の袖付け根（ここを「袖山」と呼びます）までを直線で左右別々に測り、それらを合計した距離です。一般的には人体ではこの距離は左右でほぼ同じですので、既製品ではこの値は左右同寸です。ただしスポーツや日頃の生活習慣が影響し、左右で異なる人も決して珍しくはないので、注文服の場合は必ず左右別々に測って合計します。

bチェスト(胸囲)

「上胴」とも言い、胸部の頂点と脇下それに肩甲骨を経由し胸回りを水平に一周して測った距離です。当然ながらジャケットのチェストは、着用者のそれより若干の余裕代（一般的には約11～18㎝）が必要です。

c胸幅・背幅

左右の脇下の真中を境にbを分割し、前者はその前半分、後者はその後半分を指します。たとえbの数値が同じであったとしても、この両者のバランスは人によりだいぶ異なります。一般的に日本人は、欧米人に比べ、胸幅より背幅の占める比率がより高くなる傾向にあります。

d胴囲

「中胴」とも言い、腹部の最も出っ張っている付近を水平に一周して測った距離です。大概の人は臍《へそ》～臍の5㎝程度上を測る

［図2-3］ジャケットのサイズを知るにはここを測ろう

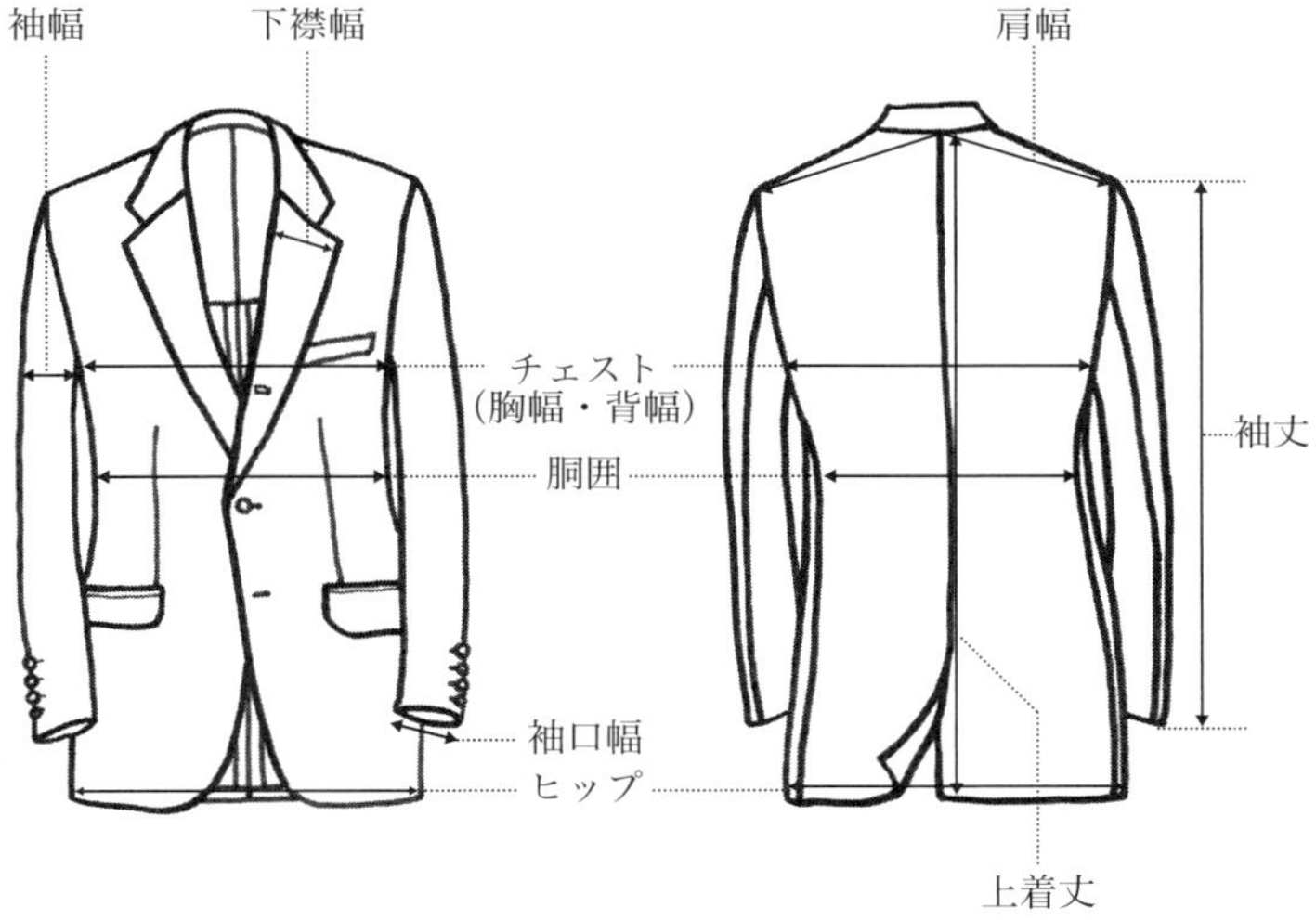

ことになりますが、下腹が出っ張っている人はその最も出っ張っている付近を測ることになります。後述するトラウザーズのaと混同されがちですが、似て非なる位置並びに数値となり得るので注意が必要です。当然ながらジャケットの胴囲は、着用者のそれより若干の余裕代（一般的には約13〜17㎝）が必要になります。

eヒップ（尻囲）

尻部の最も出っ張っている付近を水平に一周して測った距離です。当然ながらジャケットのヒップ＝蹴《け》廻《まわ》しは、着用者のそれより若干の余裕（一般的には約10〜20㎝）が必要です。

f下襟幅［写真2-3］

単に「襟幅」とか「ラペル幅」

[写真2-3] 下襟幅は8.0cm

とも言います。下襟が表面にクルッと返る線に定規を垂直にあて、それが下襟の先端にぶつかる地点での幅で表します。

着心地と言うよりスーツの時代性を如実に反映する値で、シングルブレステッドのノッチドラペルの場合、狭い時で6・5cm以下、広い時で12cm以上と流行次第で大きく変化します。一般的には7・5～8・5cm程度が時代を超えて好まれます。

g 袖幅

ジャケットの身頃と袖がつながる脇下部分の袖の幅、つまり身体ではちょうど二の腕あたりの幅を指します。

h 袖口幅

その名の通り袖口、つまり袖から手首が出る箇所の袖幅を指します。

ジャケットの袖口幅は、一般的な形状のものでは、不思議と14cm前後に収束する傾向にあります。

i 総丈

背中心線上の上襟と後身頃との付け根から、素足の時の足底までを直線で測った距離です。ジャケットのみならず、スーツ全体の上下方向の様々な長さを決定付ける基準となる、大切な数値です。

j 上着丈

背中心線上の上襟と後身頃との付け根から裾までを、その線に沿って直線で測った距離です。上部の起点を上襟の頂点から測り始める誤りが非常に多く見受けられるので、くれぐれもご注意願います。昨今は相当短い丈が定着しているものの、大まかな目安としては以下の3点を知っておいて損はしません。

①総丈の半分

②尻部と大腿部との境界の位置(尻部がほぼ隠れるということです)

③親指の第一関節が身頃裾に触れる位置

k 前丈

前身頃・後身頃と上襟との交点（ここを「ネックポイント」と呼びます）から前身頃裾までを

直線で測った距離です。通常は気にする必要のない箇所ですが、第3章で解説する「屈身」または「反身」の場合は、ジャケットのこの箇所の調整が見栄えの改善の要所の1つとなります。

Ｉ 袖丈

肩先の袖付け根（袖山）から袖口までを直線で測った距離です。腕の長さは左右で異なる人が多いので、必ず左右別々に測ります。腕を自然に下におろした際、ちょうど手首にある骨の突起付近にまで長さがあるのが理想で、この位置だとサイズの合った長袖シャツのカフスの前端部が約1・5㎝見えます。

[図2-4] トラウザーズのサイズを知るにはここを測ろう

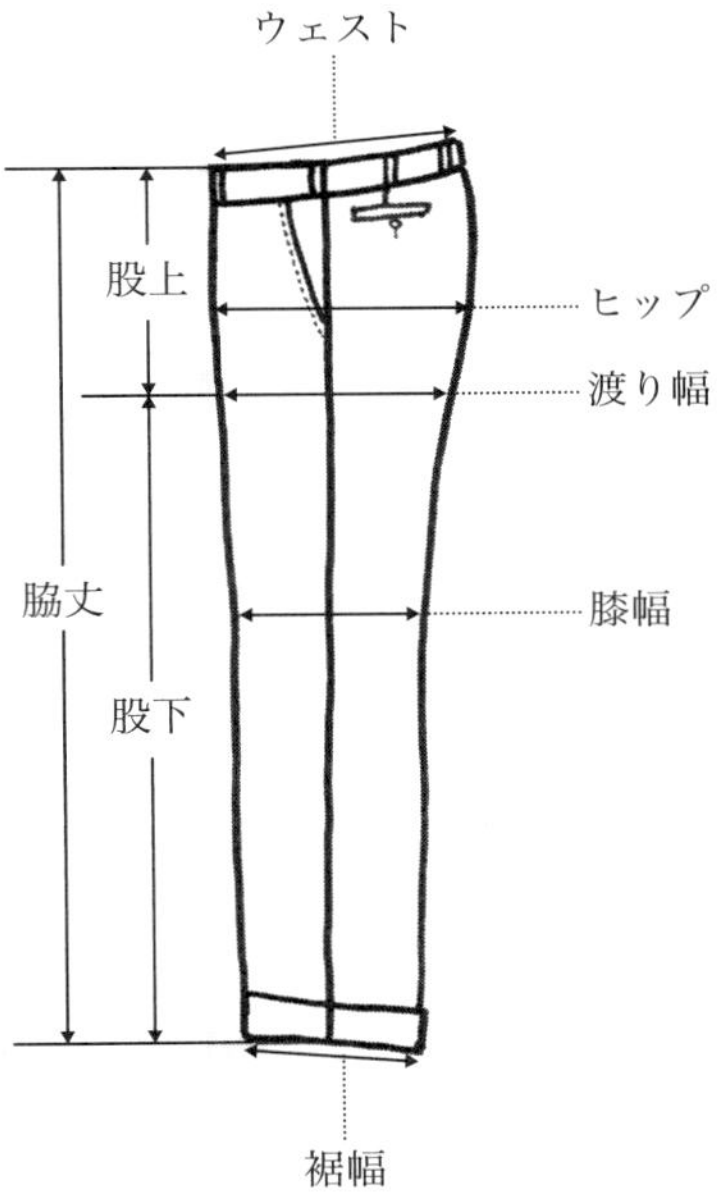

B トラウザーズ

［図2-4］を基に、各エリアの採寸について説明します。

a ウェスト（腰囲）

着用者がそのトラウザーズを穿く際に最上段、つまりベルトを締めると思われる付近を水平に一周して測った距離です。後述するgが密接に絡むため、前述したジャケットのdとは数値が似て非なるものになり得ます。

トラウザーズ自体のそれを測る際は、ジッパーやボタン等を全て閉じた状態で、その本体・最上段の左端から右端まで測った値を2倍します。

b ヒップ（尻囲）

ジャケットのeと同じく尻部

の最も出っ張っている付近を水平に一周して測った距離です。当然ながらトラウザーズのヒップは、着用者のそれより若干の余裕代（前身頃にプリーツを付けるか否かで値は大幅に変化するものの、一般的には約3・5～15㎝）が必要になります。

c渡り幅

トラウザーズの小股部で前の折り目線から後ろのそれまで水平に測った距離です。bと密接に絡む数値で、快適に穿けるための大まかな目安としては「着用者のbの1/3＋対になるプリーツの数」程度の値が必要とされます。

例えばヒップ96㎝の方がフォワード1プリーツ（イン1タック）のトラウザーズを穿く場合、その渡り幅には96÷3＋1＝33㎝程度が必要になります。

d膝幅

後述するhの中間点、つまりトラウザーズの「小股から裾までの中間点」から5㎝上を、前の折り目線から後ろのそれまで水平に測った距離です。

e裾幅

トラウザーズの裾口の前端から後端までを水平に測った距離です。

後述するhと密接に関連し、この値が太めのものが流行の時はhが長くなり、逆にこの値が細めのものが流行の時はhが短くなる傾向が顕著です。

f脇丈

トラウザーズのサイドシーム上を、その最上端から裾口まで測った距離です。直接は計測・採寸できないgを算出する際の基準となります。

g股上

fからhを差し引いた値です。ここの数値は相対的に「短い・長い」ではなく「浅い・深い」という表現が用いられ、浅い場合は腰回りのシルエットはタイトなものに、深い場合はそれがゆったりしたものとなる傾向にあります。

h股下

トラウザーズのインシーム上を最上端から最下端まで、すなわち小股から裾口まで測った距離です。

eと密接に関連する数値で、この値が長めのものが流行の時はeが太くなり、逆にこの値が短めのものが流行の時はeが細くなる傾向が顕著です。

c ウェストコート

［図2-5］を基に、各エリアの採寸について説明します。

なお、チェストや胴囲についてはジャケットと測る場所は同じですが、数値はより着用者の身体の値に近くなります。

a 後丈

ジャケットのjに相当する数値で、ウェストコートの首上端に付く布（襟みつ布）と後身頃との背中心線上での付け根から裾までを、その線に沿って直線で測った距離です。

ウェストコートの裾は、合わせるトラウザーズを穿いて立った状態で、そのウェストバンド下端より約5cm下に設定するのが通例です。

b 前丈

ジャケットのkに相当する数値で、ウェストコートの首上端に付く布（襟みつ布）と後身頃との背中心線上での付け根から、ネックポイントを経由し上前と下前との交点の最下端（★）までをグルッと測った距離です。★は合わせるトラウザーズを穿いて立った状態で、ベルトのバックルの下端に設定するのが通例で、つまりウェストコートを着用する際にはベルトのバックルを見せてはいけないわけです。もっと言うと、その際には、トラウザーズはベルトではなくブレーシス（サスペンダー）で吊るのが暗黙のお約束となります。

［図2-5］ウェストコートのサイズを知るにはここを測ろう

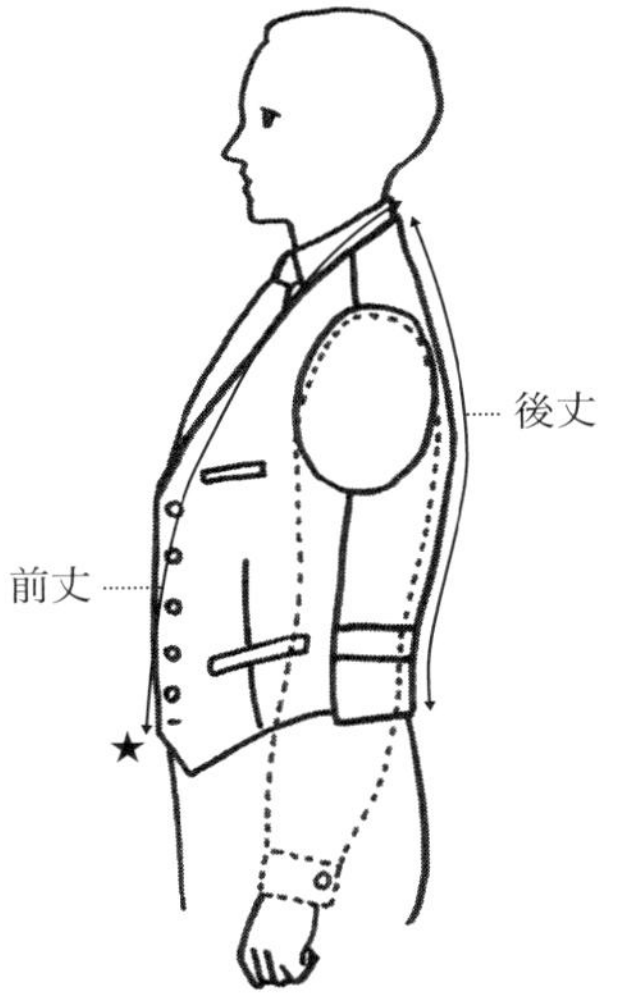

第3章

身体に合う・合わないの差は、一体何だ？

この章ではまず、スーツのサイズや各部分の大きさの目安について解説します。自分に適合するサイズが一体どれなのか、どこまでの大きさが許容範囲なのかを知っているか否かでは、特に既製品のスーツを購入する際に、着心地はもとより見映えも大きく変化します。また、後半では「大きさ以外」の様々な違和感についても取り上げてみました。個々人の身体が持つ「クセ」にスーツが適応し切れない場合、サイズ自体が合っていても不自然な皺《しわ》が各所に露出します。その原因を、症状別に探ります。

1 スーツの「サイズ表記」

カジュアルシャツのようなSMLのサイズ表記ではあり得ないのが、スーツのスーツたるゆえんです。ここでは既製品のサイズの表記について、代表的な3種類を取り上げます。

A UK／USサイズ

イギリスやアメリカのスーツ・ジャケットに見られる表記で、該当する着用者のチェスト（胸囲）を、ヤード・ポンド法のインチを基準に示したものです。奇数もありますが、既製品ではもっぱら偶数で用いられます。ちなみにこの値から6を引くと、この表記でのトラウザーズのウェストとなり、ジーンズのサイズ

[図3-1] イギリス・アメリカサイズの表記

体型区分	チェスト (cm)	ウェスト (cm)	チェストーウェスト (cm)
32	81	66	
34	86	71	
36	91	76	
38	97	81	
40	102	86	いずれも15〜16
42	107	91	
44	112	97	
46	117	102	
48	122	107	
50	127	112	

身長区分	身長 (cm)
Ex Short	163未満
Short	163〜173
Regular	173〜183
Long	183〜193
Ex Long	193以上

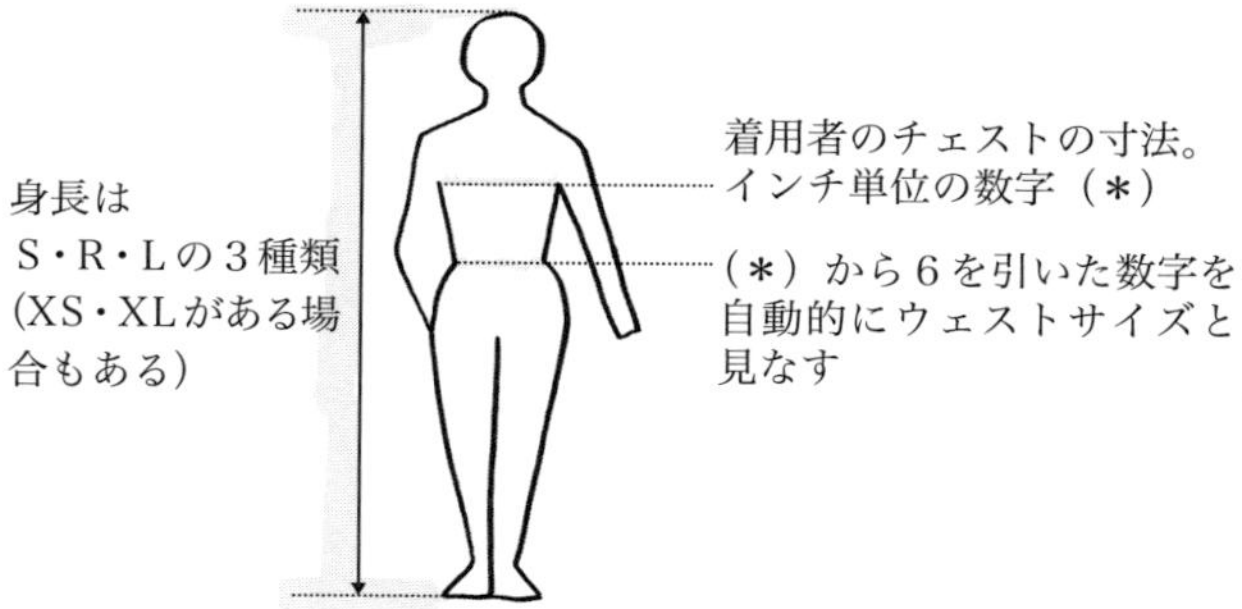
身長は
S・R・Lの３種類
(XS・XLがある場合もある)
着用者のチェストの寸法。インチ単位の数字（＊）
（＊）から６を引いた数字を自動的にウェストサイズと見なす

表記としてお馴染みです。

身長については各サイズとも、おおよそ173cm（5フィート7インチ）未満の方向けのS（Shortの略）、173～183cmの方向けのR（Regularの略）、183cm（6フィート）以上の方向けのL（Longの略）の3種類が用意され、ブランドによってはExtra ShortやExtra Longも用意されています［図3-1］。

例：36S、40Rなど

B ヨーロッパサイズ

もともとはイタリアなどヨーロッパ大陸のスーツ・ジャケットに見られる表記ですが、近年では日本でも、主にセレクトショップで販売されるスーツやジャケットに多く採用されていま

［図3-2］ヨーロッパサイズの表記

体型区分1	チェスト（cm）
42	84
44	88
46	92
48	96
50	100
52	104
54	108
56	112
58	116
60	120

体型区分2	チェスト－ウェスト（cm）
Drop 8	16
Drop 7	14
Drop 6	12
Drop 4	8
Drop 2	4
Drop 0	0

身長区分	身長（cm）
Corto	171未満
Regolare	171～178
Lungo	178以上

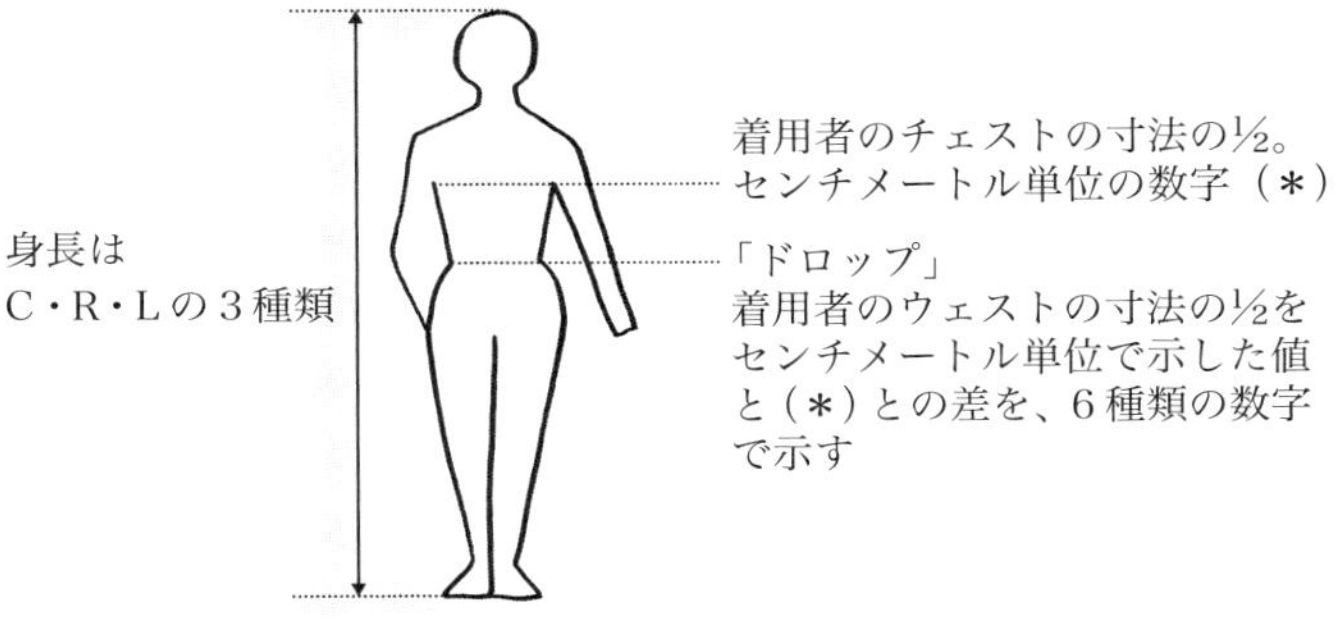
身長は
C・R・Lの３種類
着用者のチェストの寸法の½。
センチメートル単位の数字（＊）
「ドロップ」
着用者のウェストの寸法の½を
センチメートル単位で示した値
と（＊）との差を、６種類の数字
で示す

す。該当する着用者のチェストの半分を、メートル法のセンチを基準に示したもので、「半分」なのはジャケットの型紙は半身で作図するためです。ちなみにこの値から10を引くと、UK／USサイズに大まかに置き換えることが可能で、これと同様に、既製品ではもっぱら偶数で用いられます。

　また、その下にドロップ(Drop)なる表記がある場合が多いのも特徴で、これは該当する着用者の「『チェストの半分』と『トラウザーズのウエストの半分』との差」を意味します。それが大きいものから小さいものへとほぼ2cm刻みに8・7・6・4・2・0の6通りが用意されており、8ではその差が8cm、7は7cm……2は2cm、0では両者の差がない方向けとなります。単純にいえば、8に近いほど痩せ型、0に近いほど肥満体型で、標準的なのは差が6cmの6となり、これはすなわちチェスト－ウエスト＝12cmとなります。

　身長についても各サイズとも、おおよそ171cm未満の方向けのC（イタリア語のCortoの略）、171〜178cmの方向けのR（同・Regolareの略）、178cm以上の方向けのL（同・Lungoの略）が用意されています［図3-2］。

例：46-8-C、50-6-Rなど

C 日本（JIS）サイズ

　我が国のスーツ・ジャケットに見られるJIS規格での表記は、該当する着用者のチェストと「チェストとウエストとの差」、それに身長とを記号化して組み合わせたやや複雑なものです。

　まずチェストは、メートル法のセンチを基準にそのまま示したもので、既製品ではもっぱら偶数で用いられるのは他の表記と同様です。

　次にチェストとウエストとの差は、それが大きいものから小さいものへとほぼ2cm刻みにJ・JY・Y・YA・A・AB・B・BB・BE・Eの10通りが用意されており、Jは差が20cm、JYは18cm……BEは4cm、Eは両者の差がない方向けとなります。簡単に言うとJに近いほど痩せ型、Eに近いほど肥満体型で、標準的なのは差が10cm台前半のYA・A・AB辺りです。

　最後に身長ですが、160cm相当を3、165cm相当を4と

5cm刻みに高くなればなるほど大きな値としています。すなわち5なら170cm相当、8なら185cm相当です。

このような方式ですので、既製のスーツやジャケットでは、理論上は他のサイズ表記に比べ遥かに膨大な数のサイズが存在することになります。しかし実際には、日本の各メーカーやブランドでは、その中から購買層の多いものに限って製造・販売しているのが実情で、この表記方法が生かされているのは、むしろイージーオーダーの分野といえます［図3-3］。

例：92YA5、98A7など

★A・B・Cいずれの場合も、基準となるチェストやウェストは、

［図3-3］日本（JIS）サイズの表記

体型区分	チェスト－ウェスト（cm）
J	20
JY	18
Y	16
YA	14
A	12
AB	10
B	8
BB	6
BE	4
E	0

身長区分	身長（cm）
2	155
3	160
4	165
5	170
6	175
7	180
8	185
9	190
10	195

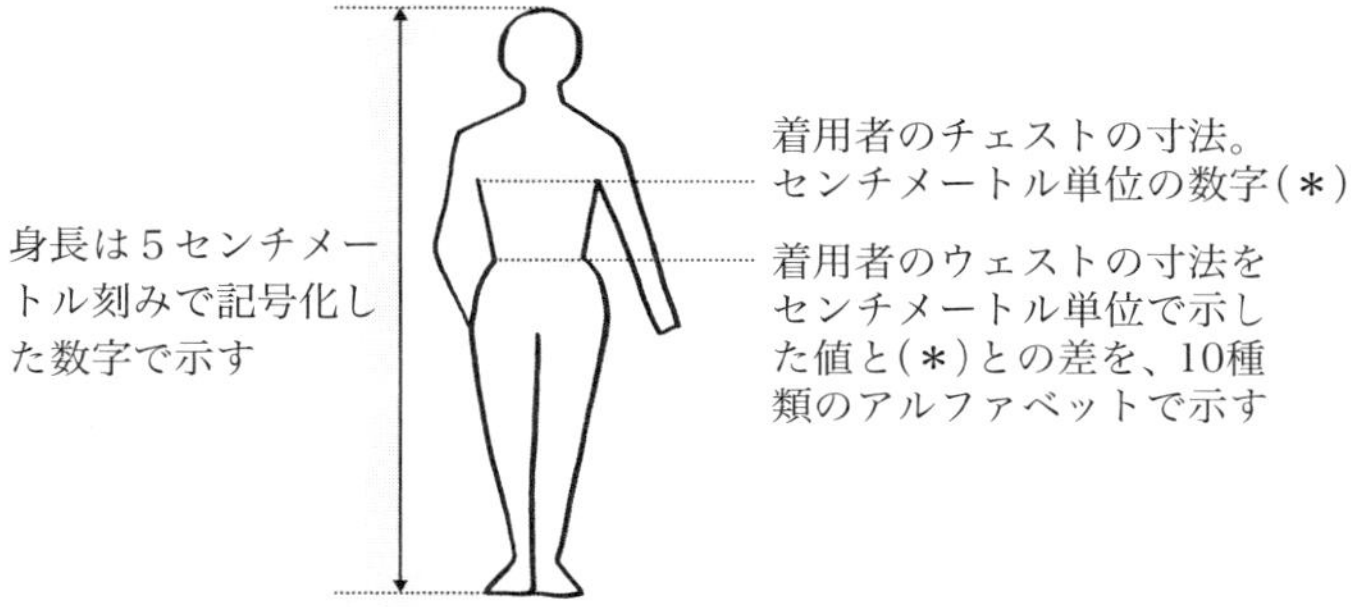
身長は5センチメートル刻みで記号化した数字で示す
着用者のチェストの寸法。センチメートル単位の数字（＊）
着用者のウェストの寸法をセンチメートル単位で示した値と（＊）との差を、10種類のアルファベットで示す

「着用者」を基準にしたもの＝「ヌード寸法」である点にご注意願います。完成したスーツやジャケットなどのその部分の寸法＝「仕上がり寸法」ではありません。身体の可動域を確保するため、後者には多かれ少なかれ、基準となる人体の寸法に必ず「ゆとり」を加えて作られます。

2「身体に合っている」のチェックポイント

ここでは主に「服の大きさ」＝サイジングを判断する目安を取り上げます。第2章の3もご参照願います。なお、身体の角度や傾斜などより細かい項目＝フィッティングが絡む見分け方については、この章の3で詳しく記します。

A ジャケット

今から挙げる項目のうち、最も肝心なのは肩～胸・肩甲骨にかけてが合っているかです。特に肩はお直しの利きにくい領域なので、試着時に慎重にチェックしましょう［図3-4］。

a 肩

袖山、つまり外袖と前身頃・後身頃が合わさる周囲に、着用者の肩が自然に収まっている必要があります。ジャケットの肩先が外側に折れていては明らかにサイズが大き過ぎで、逆にそこが内側（首側）に食い込んでいるようでは小さ過ぎです。

b 首回り

襟みつ（後身頃と上襟とがつながる部分）を中心に、上襟が着用者の首回りにきれいに収まっている必要があります。そこからシャツの身頃が見えてしまうのが「抜き衣紋《えもん》」と呼ばれる現象で、ジャケットのその部分が着用者よりも大き過ぎる状態です。逆に上襟が曲がりそうなくらいに食い込んでいる状態は「猪首《いくび》」と称し、着用者より小さ過ぎる状態です。

c チェスト

着用者の胸付近を緩くもキツくもなく覆っている状態が最適です。ジャケットのこの部分が大き過ぎると、その中で着用者の胸回りが不必要に「泳ぐ」状態になり、胸を包み込むようなきれいな皺ではなく、緩くかつ大きな縦皺が目立ち、ジャケットがペシャッと潰れたような平面的な印象に映ります。一方、V

［図3-4］ジャケットの大きさのチェックポイント

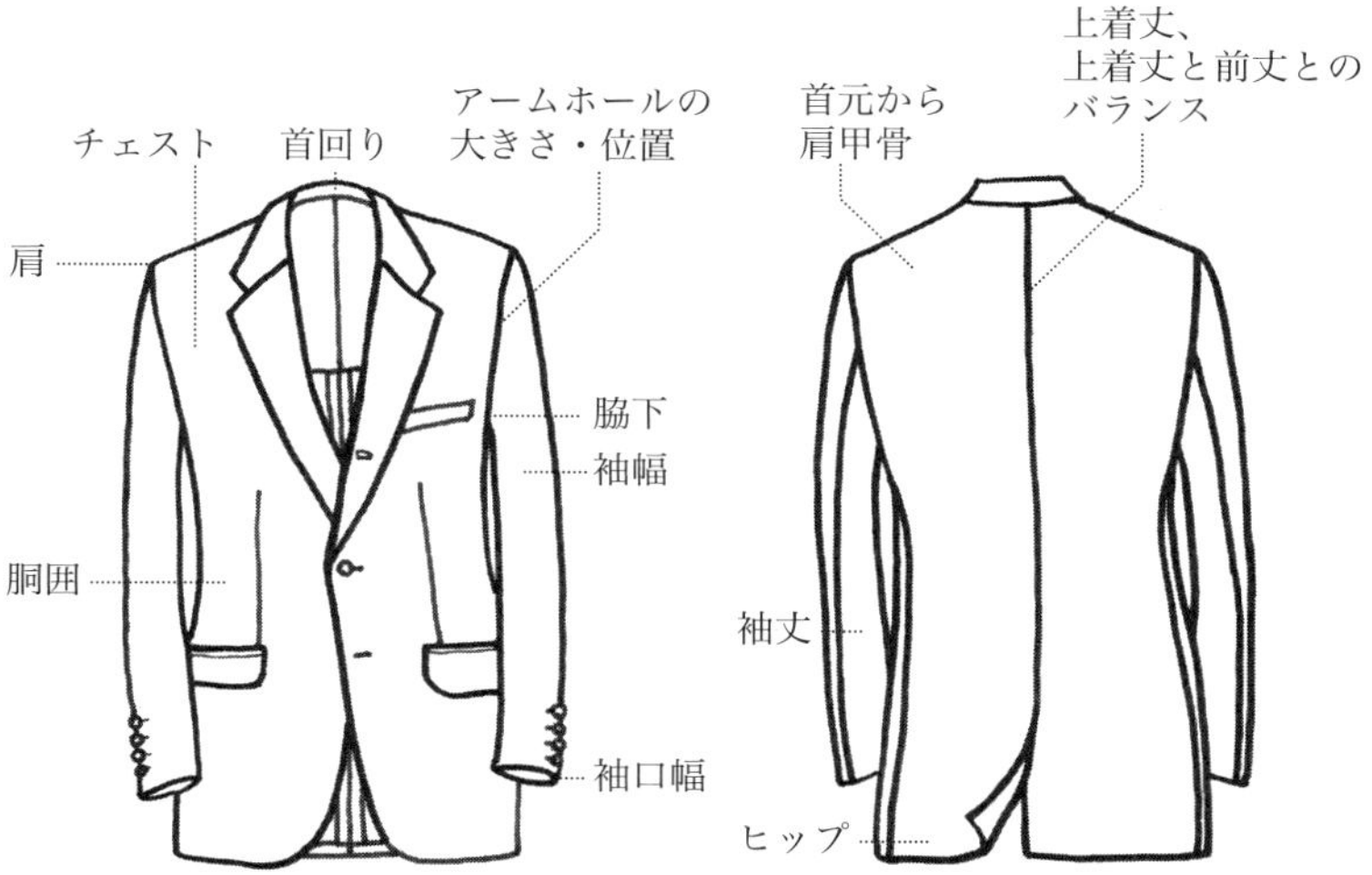

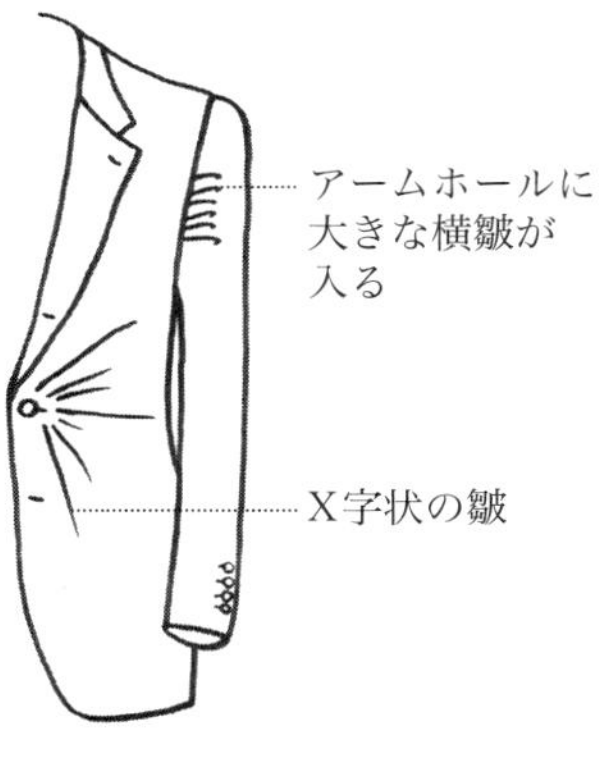

小さ過ぎるジャケット

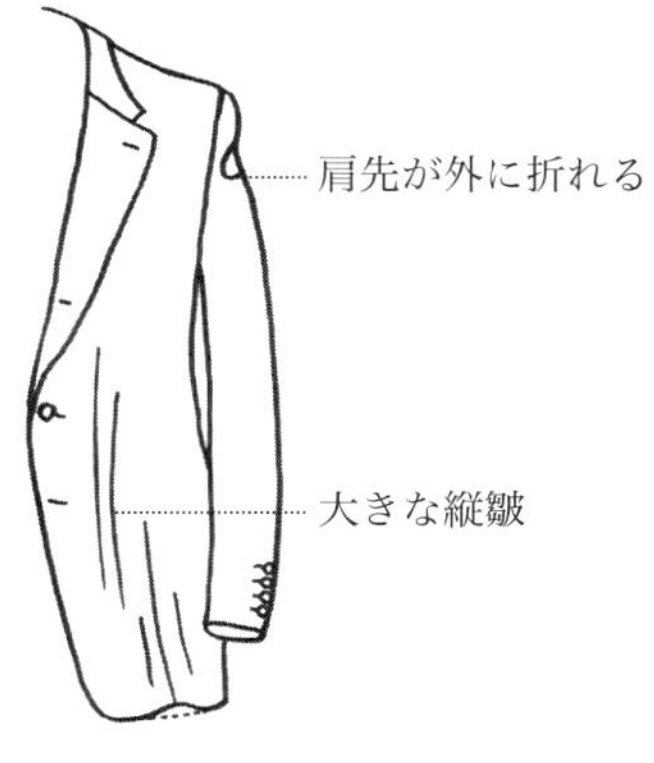

大き過ぎるジャケット

ゾーンの端が弓状に立体的に隆起していたり、脇の下周辺と袖の二の腕付近に大きめな横皺が出ていれば、着用者より明らかに小さ過ぎる信号です（袖の二の腕付近の大きな横皺は、着用者の腕や肩よりアームホールが小さ過ぎる場合も生じます）。

d首元から肩甲骨付近

ここも、着用者を緩くもキツくもなく覆っている状態が最適です。着用者に比べ、ジャケットのこの周辺の横幅＝背幅や肩幅が足りない場合、それに着用者が前肩や怒り肩、反身の場合、ここに「ツキ皺」と呼ばれる大きな横皺が入ります。

e胴囲

ここも着用者を自然に覆っている状態が最適です。かつては、胸ボタンを閉じた際に、握り拳一個くらい入る余裕が必要といわれていましたが、今日の基準ではそれでは緩過ぎます。一方、そこを閉じた際に、胸ボタンを中心にX字状・放射状の皺が大きく出ている場合は、着用者に比べ小さ過ぎる証拠です。

fヒップ

着用者を緩くもキツくもなく覆う状態が最適です。着用者に対してここが大き過ぎると、身頃裾の周囲に大きな縦皺が入ります。一方、小さ過ぎるとヴェントが開いたままになったり、腸骨（腰骨）周辺の背中側に大きな横皺が入ります（反身や出尻など、大きさ以外の要因でこの現象が起こる場合もあります）。

gアームホールの大きさ

過度の食い込みは禁物ですが、ここは着用者の脇部分にある程度しっかり食い込んでいたほうがよい領域です。ここが緩過ぎると、例えば吊り革を摑むような動作をした時にジャケットの胸部から上が持ち上がり、襟みつが着用者から大きく離れ、非常に不快な着心地になります。一方、ここがキツ過ぎると、袖の二の腕付近に大きな横皺が入ります（着用者に比べジャケットのチェストが小さ過ぎる場合も同様の皺が発生します）。

hアームホールの位置

ジャケットに比べ着用者の肩の「前後方向の傾斜」が著しく異なる場合、袖の二の腕付近に大きな斜め皺が入ります。具体的には、着用者が前肩の場合は袖山の上・前方向から二の腕の下・後方向に、逆に胸板の厚い人（チェストに対する胸幅の比率がより高めの人）の場合は袖山の上・後方向から二の腕の下・前方向に深い斜め皺が入ります。前者は胸板の厚い人向けに欧米で企画・製造された既製服のジャケットを逆の体型、すなわち前肩体型の多い日本人が着用すると頻発する皺です。

i 脇下

目が行きにくい箇所ですが、前身頃のこの周辺で、袖の二の腕付近と連なる形で大きめの横皺が出ていれば、ジャケットのチェストが着用者より明らかに小さ過ぎる信号です。なお、ここに縦長に斜めの皺が入る場合は大きさではなく、ジャケットと身体の一部との傾斜が合っていない状態です。例えばジャケットに比べ着用者が撫で肩の場合は、前身頃・後身頃の双方のこの周囲から首に向かって斜めの皺が入ります。前屈み（＝屈身）の場合、後身頃のみこの周囲から首に向かい斜めの皺（ダキ落ち皺）が入ります。逆に反身の場合、前身頃ではここから首元に向かい上昇系の斜め皺が入り、後身頃はこの周囲から身頃の裾に向かい布が余っているかのような下降系の斜め皺が入ります。

j 袖幅

緩過ぎるのも禁物ですが、腕の可動性を高めるためにはここに適度な余裕は必要です。キツ過ぎるとチェストがキツ過ぎる時と同様に、二の腕の部分に横皺が発生します。なお、ここに斜めの皺が大きく入る場合は、「前肩」などジャケットと着用者の肩の前後方向の位置が大きく異なる状態です。

k 袖口幅

デザインや時代により幅が変化する箇所ですが、着用した長袖シャツのカフスが自然に収まるくらいがちょうどよい加減で、一般的には14㎝前後にすることが多いようです。

l 上着丈

着用者の手足の長さや腸骨（腰骨）の位置、それに流行次第で模範の値が大きく変化するのがここです。が、大まかな目安としては以下の3点を知っておいて損はしません。

①総丈(第七頸椎から素足の時の足底までの直線距離）の半分

②尻部と大腿部との境界の位

置（尻部がほぼ隠れるということです）

③親指の第一関節が身頃裾に触れる位置

m上着丈と前丈とのバランス

胸ボタンを閉じた際に「足底から前身頃裾までの距離（1）」＝「足底から後身頃裾までの距離（2）」がほぼ同じであるのが理想です。（1）＜（2）の状態はジャケットが想定以上に前方に傾いている状態で、着用者がその設計よりも屈身である可能性が高いです。これは、前から見た際にフロントカットが必要以上にΛ《ラムダ》字状に広がり、お辞儀気味になる点からも判断できます。その一方、（1）＞（2）の状態はジャケットが想定以上に後方に引っ張られている状態で、着用者がその設計よりも反身である可能性が高いです。これは、前から見た際にフロントカットが妙にV字状に塞がり気味になる点からも判断できます。

n袖丈

長過ぎても短過ぎても、印象を一気にだらけたものにしてしまうのがこの部分です。

腕を自然に下におろした際、ちょうど手首にある骨の突起付近にまで長さがあるのが理想です。この位置だと、サイズの合った長袖シャツのカフスの前端部が約1・5㎝見えます。

B トラウザーズ

今から挙げる項目のうち、最も肝心なのはヒップが合っているかどうかです。他の箇所に比べ、後からの調整が行いづらい場所なので、試着時に入念にチェックしましょう［図3-5］。

aウエスト

本来は、ベルトやブレーシス（サスペンダー）を用いなくても、トラウザーズが下にずり落ちることもなく、また腹部を強く圧迫されることもなく、立ったり座ったり歩いたりが自然にできる状態が理想的です。後述するbに比べ、出し・詰めが比較的容易な場所なので、そちらを優先しここは後で微調整するほうが得策です。

bヒップ

試着時に前・側面・後いずれも不要な皺が出ない状態が最適です。脇ポケットやヒップポケットを用いる方（シルエットを壊す要因にもなるのであまりお薦めはしませんが……）は、そこにいつも入れるものを収めた状態で確認して下さい。
着用者に対してここが大き過ぎると、後身頃を中心に大きな横のたるみ皺が生じます。一方小さ過ぎると、股の付け根に食い込むような皺が放射状に発生したり、空き部分のポケットの口がカパッと開きっ放しになります（平尻や出尻など、大きさではなく骨盤の傾斜の要因でこの皺が起こる場合もあります）。

c 小股（股の付け根）から膝

つまり、トラウザーズの渡り幅～膝幅を測る領域です。流行に左右されがちですが、着用者のこの付近を緩くもキツくもなく覆っている状態が最適です。
着用者に対してここが大き過ぎると、全体に大きな縦の余り皺が生じます。一方小さ過ぎると、全体が張り詰め、いかにも窮屈な印象になり、特に小股周辺の寸法、つまり渡り幅が足りない場合は、前半身・後半身ともにその箇所に大きな横皺が入ります（大きさではなく大腿部の傾斜が原因で同種の皺が入る場合もあります）。

d 膝から裾

こちらはトラウザーズの膝幅～裾幅を測る領域です。ここも流行に左右されがちですが、着用者のこの付近を緩くもキツくもなく覆っている状態が最適です。なお、トラウザーズのこの部分に対し下腿部＝ふくらはぎ

［図3-5］トラウザーズの大きさのチェックポイント

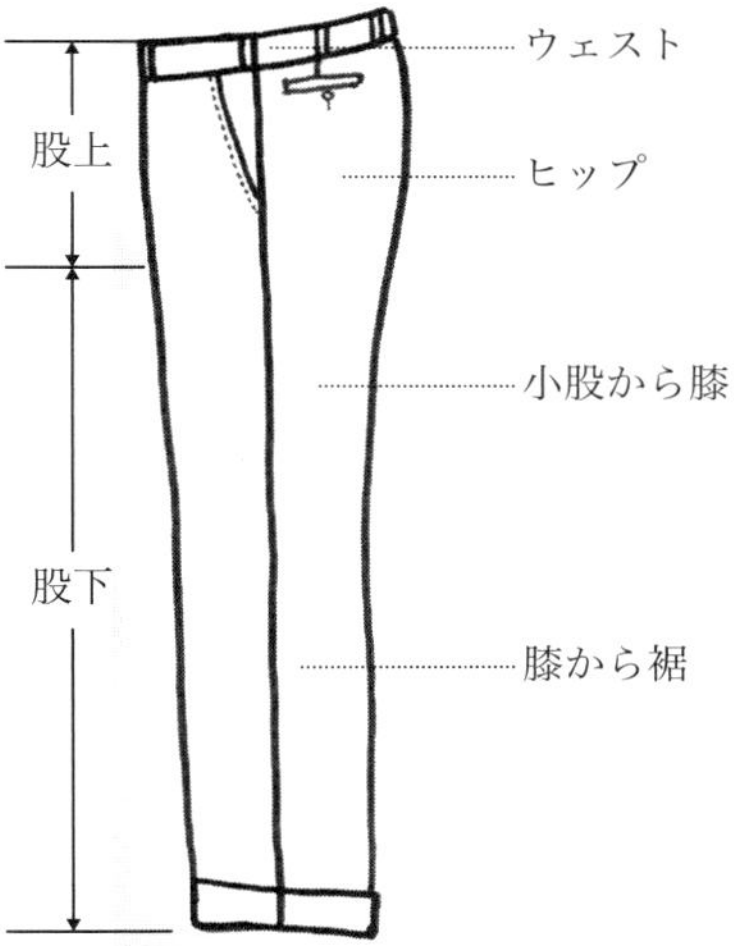

の後方の一部が過度に出っ張っている場合は、そこから膝・裾双方に向かう縦に長い斜め皺が発生します。

e股上(ライズ)

流行や嗜好で大きく変化する部分ですし、後から調整の極めてしにくい箇所でもあるので、ここは大まかには「お好みに合わせて考えて下さい」と言わざるを得ません。

ただし、左右で腸骨（腰骨）の上下関係の位置が異なる方は注意が必要です。このような方が、ミドルライズのもの、すなわち腸骨の周辺を覆うのを通じ、トラウザーズ全体を固定するものを穿くと、どちらか高いほうの腸骨から小股に向かい、大きな斜め皺が出る場合もあるからです。

f股下(レングス)

ここの理想解はトラウザーズ全体のシルエットに大きく左右され、当然ながら流行や嗜好でも大きく変化し得る部分です。原則的には裾幅が細ければ股下は短め、太ければ逆に長めと考えれば問題ありませんが、いずれも限度があります。靴下が丸見えになるくらいに短過ぎたり、逆に裾を地面に引きずってしまうくらいに長過ぎたりするのは禁物です。

足の甲部で、トラウザーズの裾が、どの程度折れ曲がるか、「ノーブレイク」「ハーフブレイク」「フルブレイク」の中から全体のシルエットと動きやすさ、それに合わせる靴とのバランスを考慮した上で設定しましょう。

C ウェストコート

チェストや胴囲などについては、原則ジャケットの考えと同じです。

ここでは上下方向の大きさでチェックしたい箇所について述べます［図3-6］。

a後丈

合わせるトラウザーズの股上次第で寸法が大きく変化する箇所です。すなわちその股上が浅いとこちらは長く、逆に深いと短くなります。

大まかな目安としては着用時にその下端が、合わせるトラウザーズのウェストバンド下端より4～5㎝下にあれば、立っている際も着座時も違和感なく着用できます。

ここが不足していると、脇の下から前身頃に向かって下降する斜め皺が側面に発生します。

b 前丈

後丈と同様に、ここも合わせるトラウザーズの股上次第で寸法が大きく変化し、その股上が浅いとこちらは長く、逆に深いと短くなるのも全く同様です。

シングルブレステッドの場合は上前と下前との交点の最下端、ダブルブレステッドの場合は一番下のボタン位置が、合わせるトラウザーズのウェストバンドの下端にあるのが理想です。

ここが不足していると、脇の下から後身頃に向かって下降する斜め皺が側面に発生します。

［図3-6］ウェストコートの大きさのチェックポイント

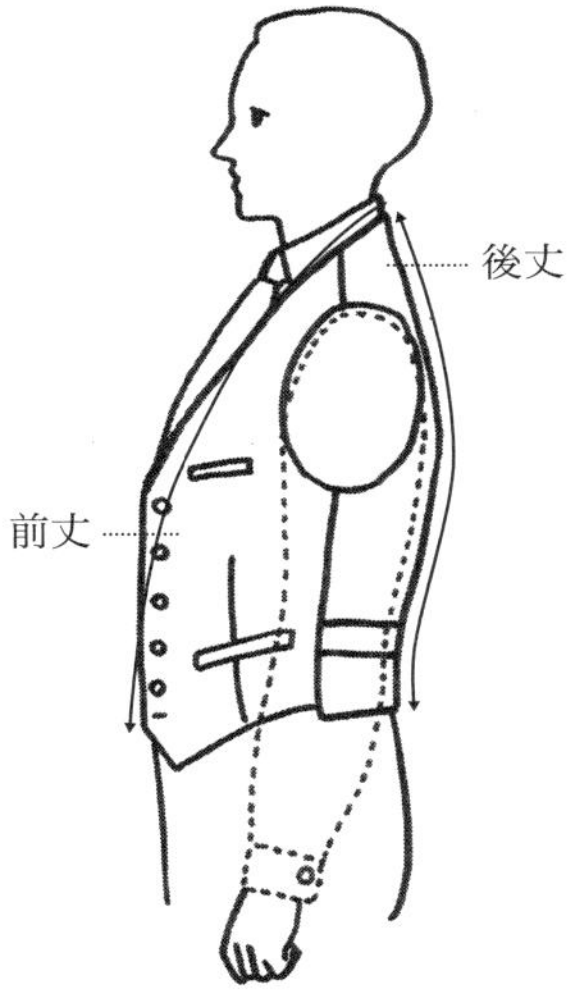

3 フィッティング（スーツと身体との微妙な違和感）

「サイズは合っていると思うのだけど、なんか着心地に違和感が……」。既製品のスーツでそのような経験をお持ちの方も多いのではないでしょうか。スーツが想定している体型と実際の着用者のそれとの間に「大きさ」だけでは示せない微妙な相性の悪さ、具体的には、着用者の身体の各部位が持つ角度や傾斜が想定とは前後・左右・上下の各方向で異なると、この種の微妙な違和感が生じます。そしてそれは多くの場合、不要な「皺」として表出します。ここではそんな「大きさ以外」の違和感の

［図3-7］ 屈身の皺（点線は通常の状態を示します）

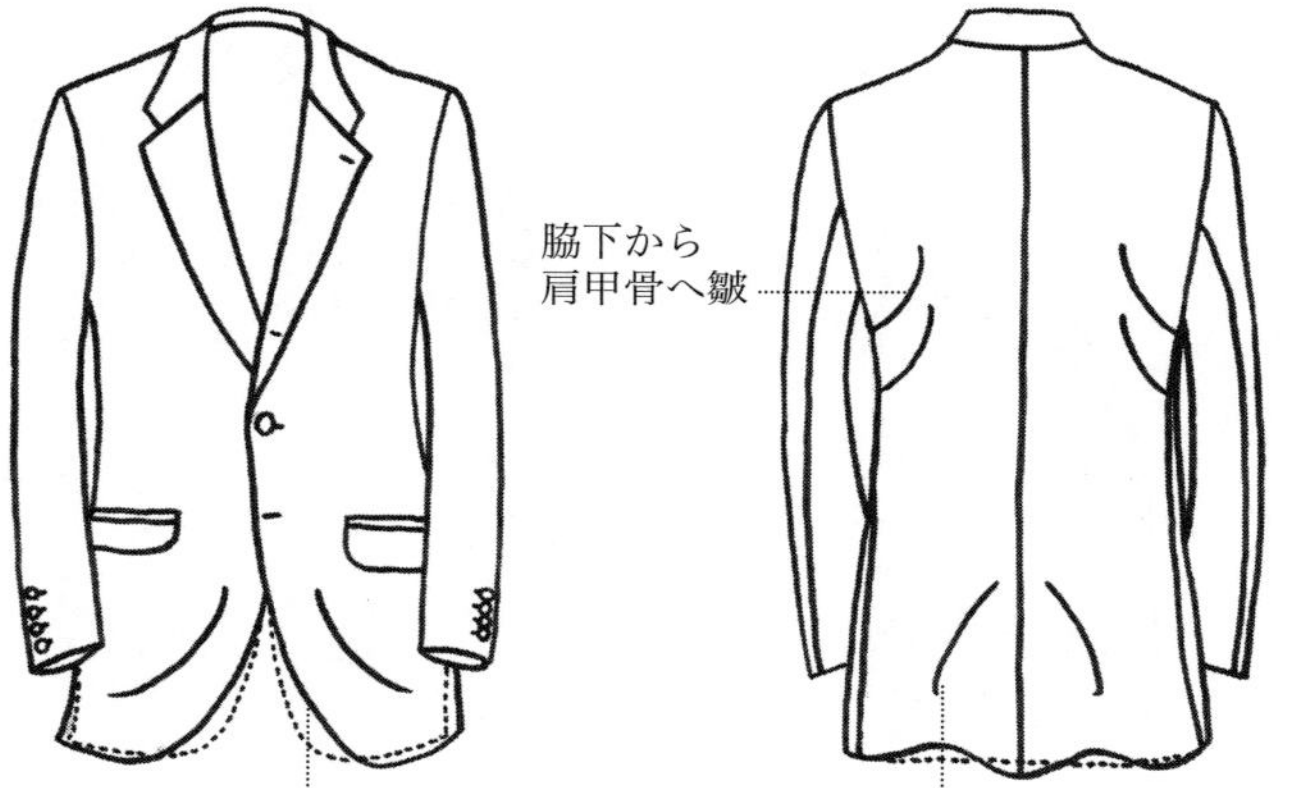

代表例と、皺によるそれらの見分け方について探ってみましょう。なお、根本的な原因については第1章もご参照願います。

A ジャケット・ウェストコート

a 屈身［図3-7］

身体の特に上半身が、通常もしくはジャケットの想定に比べ、前方向に屈んでいる状態を指します。

数値はあくまで目安ですが、後半身の首元と肩甲骨付近との前後方向の位置の差が6㎝以上ある場合をこう指すようです。脊柱の頸椎から腰椎にかけての前後方向の弯曲具合と骨盤の前後方向の傾斜とのバランスや、その周辺の筋肉のバランスが影響して生じます。「凹円背」の方に多く見られます。

［図3-8］反身の皺（点線は通常の状態を示します）

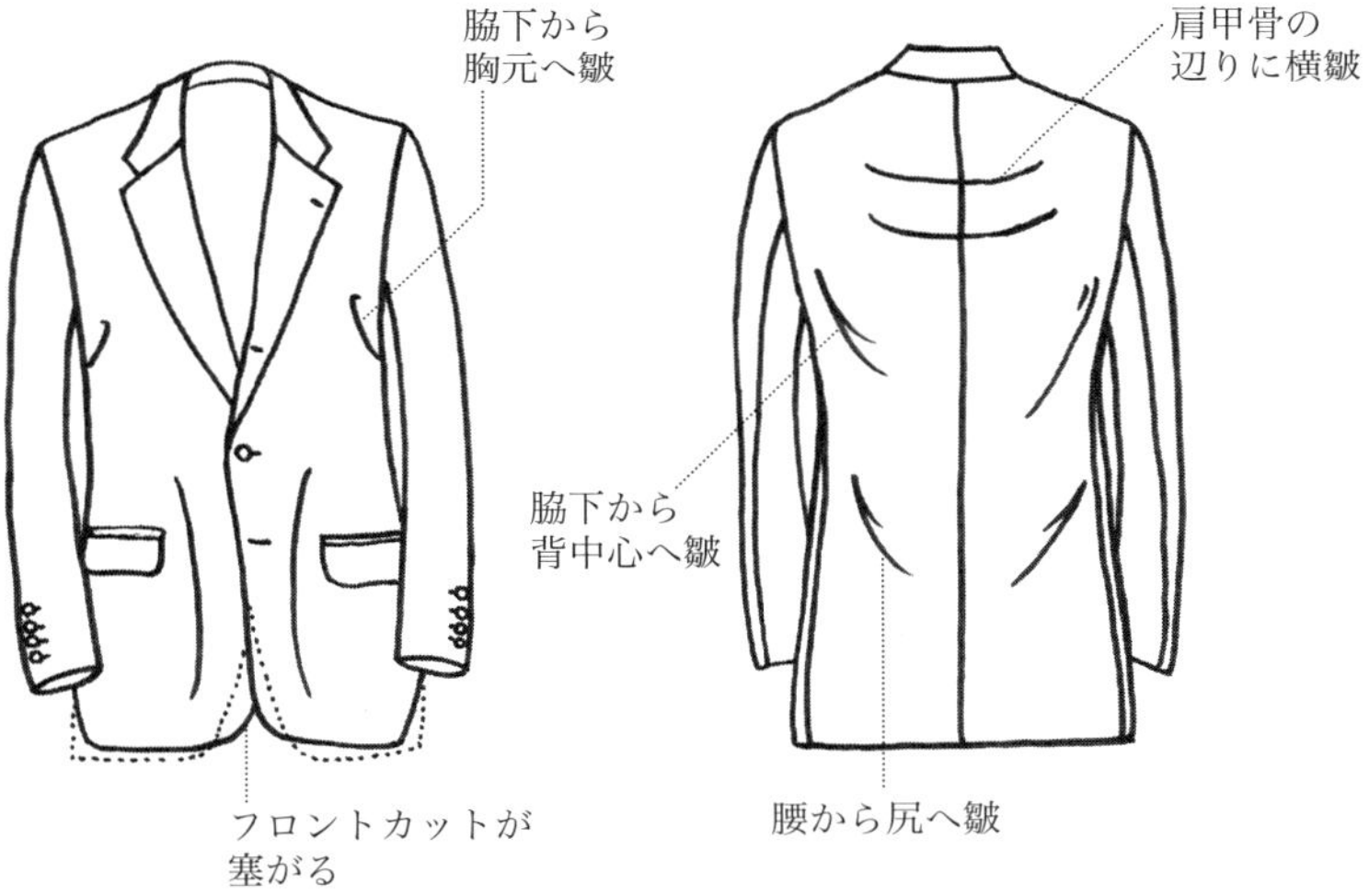

★チェックポイント

・前身頃のフロントカットが必要以上にΛ字状に開きお辞儀気味になる。

・後身頃の脇下から肩甲骨に向かい斜め上に皺が入る。

・後身頃の裾から背中心線に向かい、吊り上がるような斜め皺が入る。

・襟から首が抜ける。

・側面から見ると身頃の裾が地面と平行ではなく、後身頃↓前身頃へと下降する。

b 反身［図3-8］

aとは対照的に、身体の特に上半身が、通常もしくはジャケットの想定に比べ後方向に反っている状態を指します。こちらは後半身の首元と肩甲骨付近との前後方向の位置の差が6㎝以下の場合をこう指すようです。脊柱と骨盤との前後方向の位置や、その周辺の筋肉のバランスが影響して生じるのはこちらも同様です。「凹背」や「平背」の方に多く見られます。

★チェックポイント

・前身頃のフロントカットが必要以上にV字状に塞がり気味になる。

・前身頃の脇下から胸元に向かい斜め上の皺が入る。

・後身頃の肩甲骨周辺に、ツキ皺に似た袋状の横皺が入る。

・後身頃の脇下周囲から背中心線に向かい、斜め下の余り皺が入る。

・後身頃の腰部から尻部にかけて、生地がつかえているような強い斜め皺が入る。

・襟が首の後部につかえる。

・側面から見ると身頃の裾が地面と平行ではなく、前身頃↓後身頃へと下降する。

c S字体・S字屈身［図3-9］

aのうち骨盤が通常よりも後傾している結果、その下部が通常より前に押し出されている＝骨盤が膝より前方に突き出ている状態を伴うものを、特にこう呼びます。

側面から見るとaが上半身でほぼ一直線に前傾姿勢だとすれば、こちらは尻部でくの字状に前方に折れ、大腿部に向かい微妙に後方から前方へと投げ出された状態です。「円背」の方に多く見られます。

★チェックポイント

・前身頃のフロントカットが必要以上にΛ字状に開くとともに、お辞儀気味ではあるものの気持ち跳ね上がった印象になる。

・後身頃の脇下から肩甲骨に向かい斜め上に皺が入る。

・後身頃が腰の一点でのみ吸い付いているような印象で、裾に泳いでいるような横方向の余り皺が入る。

・襟から首が抜ける。

・側面から見ると身頃の裾が地面と平行ではなく、基本的には後身頃↓前身頃へと下降するが、前方により折れ曲がった印象になる。

d 猫背［図3-10］

aやcとしばしば混同されがちですが、服の場合は、背中の肩甲骨より上部がジャケットの想定よりも前方向に丸まり、結果的に肩や首も通常より前方向に突き出ている状態を指します。

［図3-9］S字体・S字屈身の皺（点線は通常の状態を示します）

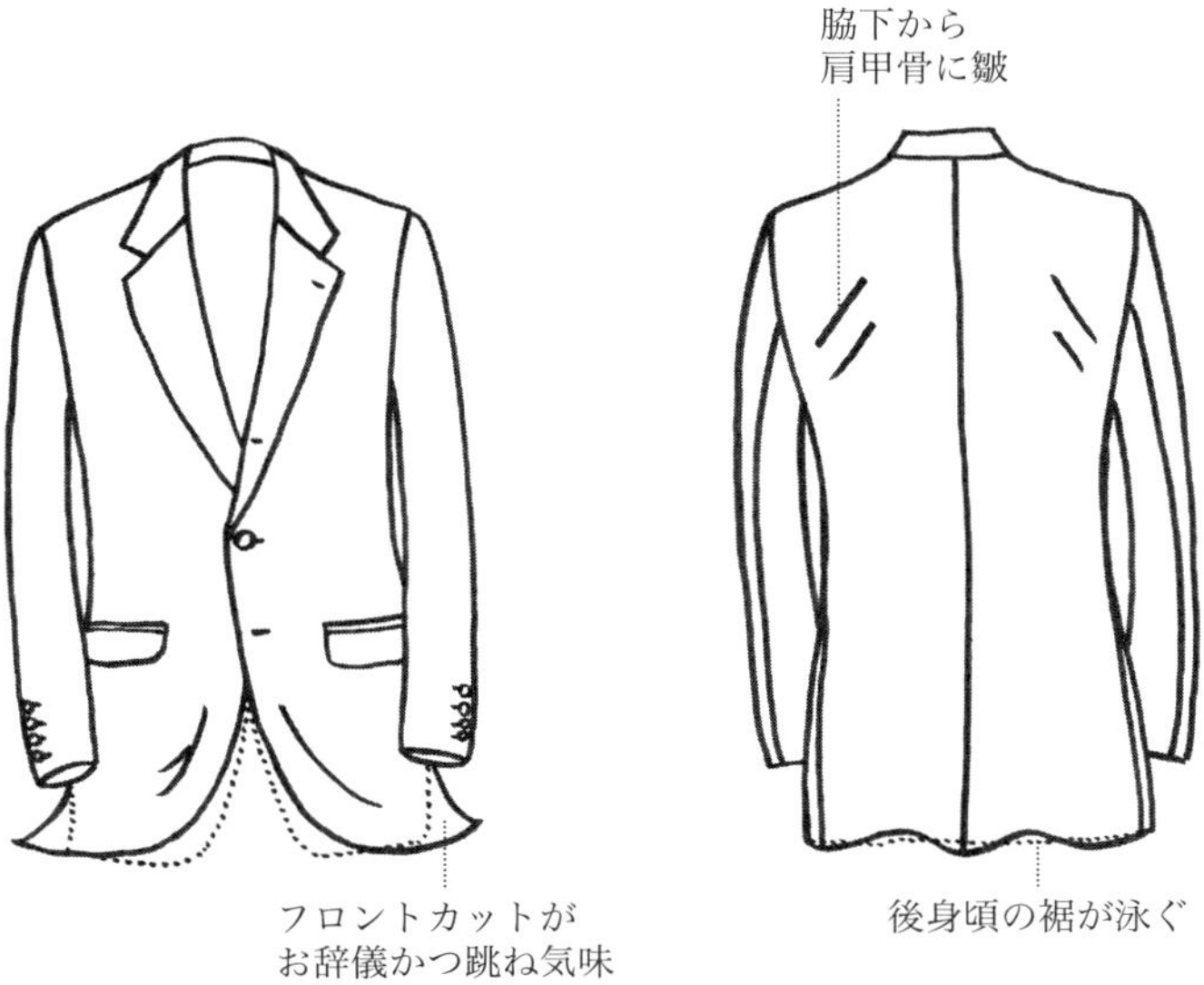

より厳密には、背中の丸み（胸椎の後弯）の頂点が脇の下の延長線上にある場合（凹円背の状態）と、それよりも上にある場合＝首猫背（円背の状態）とに分けられ、後者の場合は数値的に太っている・いないにかかわらず、お腹が突き出た状態＝出腹を併発しがちです。

★チェックポイント

・後身頃の脇下の周囲から首に向かい斜め上に皺が入る。
・後身頃の裾が跳ねる。
・襟から首が抜ける。

e鳩胸［図3-11］

bと混同されがちですが、服の場合は、胸郭の肋骨や胸骨、それにその周囲の筋肉が通常もしくはジャケットの想定よりも前方向に突き出ている状態を指します。

チェスト（胸囲）の数値の大小にかかわらず、特に前方向に「胸板が厚い」状態で、「凹背」の方に多く見られます。

★チェックポイント

・Vゾーンが弓状に浮く。

・前身頃の脇下からVゾーンに向かい斜め上に皺が入る。

・前身頃のフロントカットが必要以上にV字状に塞がり気味になる。

[図3-10] 猫背の皺（点線は通常の状態を示します）

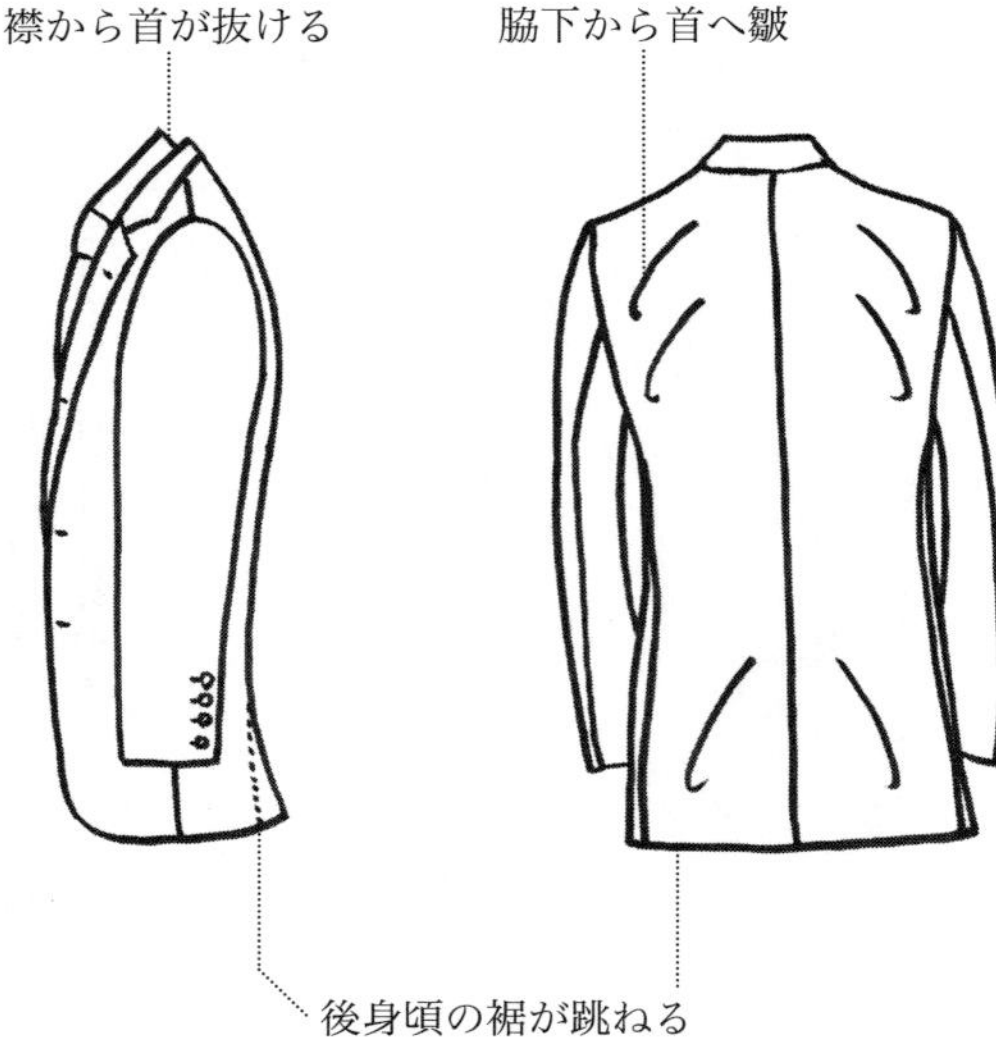

・後身頃の腰部から尻部にかけて、生地がつかえているような強い横皺が入る。

f 撫で肩［図3-12］

鎖骨を軸に首から肩先にかけての上下方向の傾斜が、標準的な体型もしくはジャケットの想定に比べて鋭い状態を指します。数値はあくまで目安ですが、首の付け根と肩先との高さの差が5㎝以上ある場合をこう指すようです。単に鎖骨や胸郭などの周辺の骨格の要因だけではなく、首から背中にかけて存在する僧帽筋が発達している場合もこの状態になりやすいため、立派な体格の方やスポーツマンに多く見られます。

★チェックポイント

・前身頃・後身頃の双方で、脇下から肩先に向かい上昇する斜め皺が入る。

・前身頃のフロントカットが想定より多く重なる。

・後身頃の裾が左右方向に余り泳ぐような横皺が入る。

g 怒り肩［図3-13］

fとは対照的に、鎖骨を軸に首から肩先にかけての上下方向の傾斜が、標準的な体型もしくはジャケットの想定に比べて緩い状態を指します。首の付け根と肩先との高さの差が5㎝以下の場合をこう指すようです。こちらも単に鎖骨などの要因だけではなく、僧帽筋があまり発達していない場合になりやすいため、細身の方にしばしば見られます。また日本では女性に多く見られます。

［図3-11］ 鳩胸の皺（点線は通常の状態を示します）

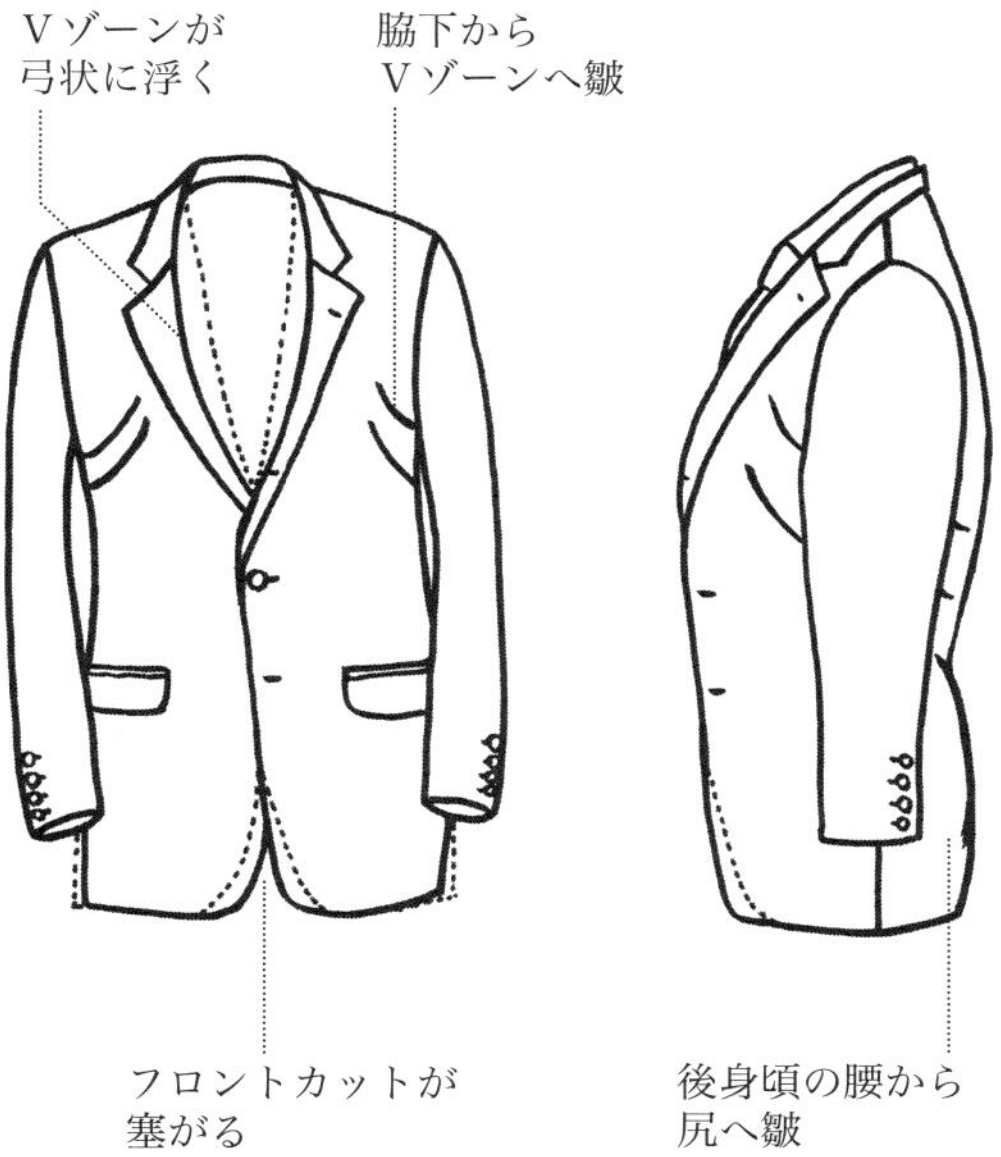

★チェックポイント

・前身頃の鎖骨周辺の襟元が浮き、肩先が上につかえたような感覚になる。

・後身頃の首の付け根の直下に横皺＝ツキ皺が入る。

・前身頃のフロントカットが想定より開き気味になる。

・後身頃の裾が左右方向に不足しヴェントが開き気味になる。

h 左右の肩の上下方向の位置差

例えば「左肩のみ撫で肩で、右は通常」のように、左右の肩の

[図3-12] 撫で肩の皺(点線は通常の状態を示します)

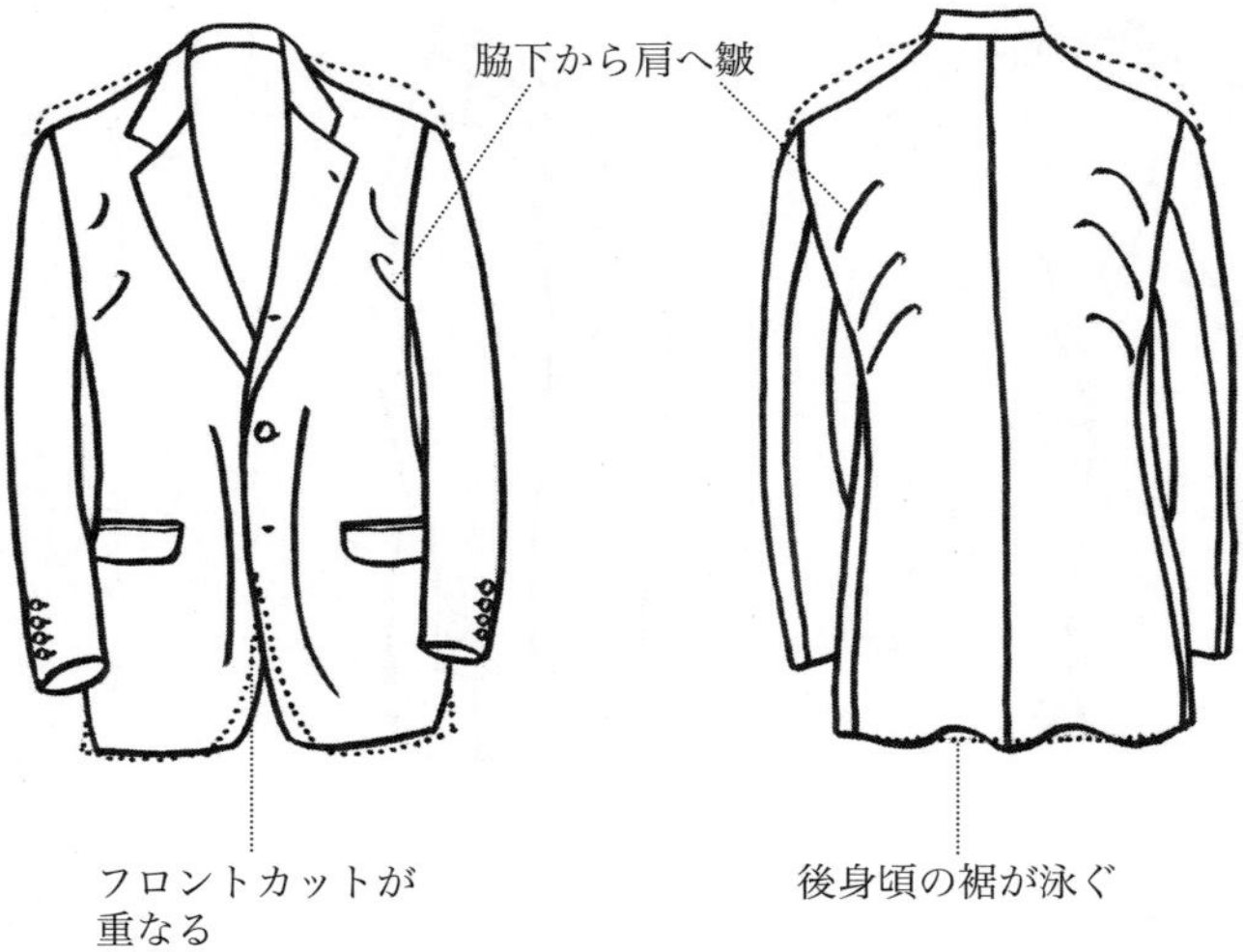

傾斜の度合いが異なるとともに肩先の上下方向の位置も異なる場合も散見されます。日頃の生活習慣や姿勢、或いは過去の怪我などが骨盤や脊柱などの骨格や筋肉のバランスに影響を与えている結果です。

★チェックポイント

・胸ボタンとそれに対応するボタンホールの上下位置が一致せず、胸ボタンを閉じるとその周辺に斜めの皺が入る。

・特にダブルブレステッドの場合は、上下方向では同じ位置にあるはずの左右の胸ボタンが地面と平行に揃わず、肩先の高い方から低い方に傾斜して見える。

i 前肩 [図3-14]

標準的な体型もしくはジャケットの想定に比べ肩先、そして

［図3-13］怒り肩の皺（点線は通常の状態を示します）

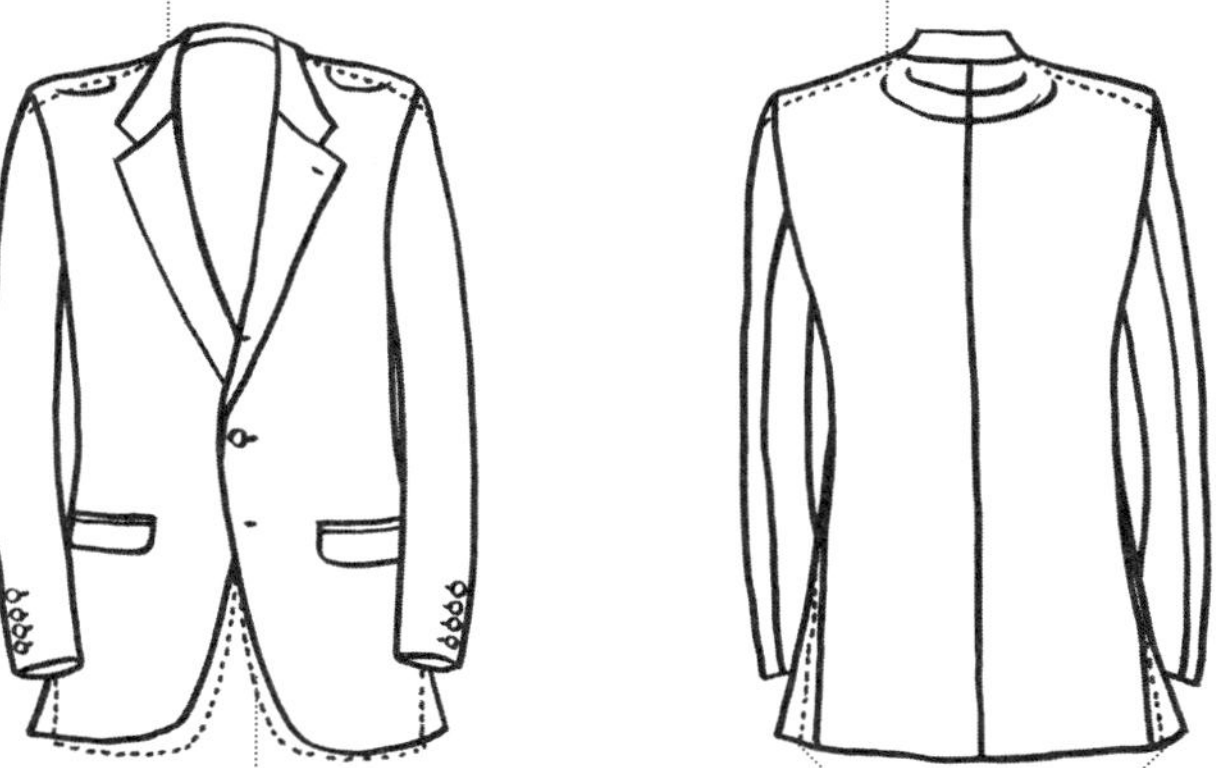

上腕部が前方に付いている状態を指します。前方＝鎖骨や肋骨の周辺に比べ、後方＝脊柱や肩甲骨周辺のほうが骨格や筋肉が相対的に発達している状態とも言えます。程度の差こそあれ日本人には多く見られるため、我が国の既製品のジャケットではこの傾向を考慮して作製されたものが多いです。一方それに配慮していないもの、例えばその周囲の骨格や筋肉のバランスが私たちとは正反対の人が多い欧米で企画されたジャケットを、この体型の方が着用すると、以下の不具合が頻発します。

★チェックポイント

・肩先が前身頃に不自然にぶつかる。
・肩線に生地がねじれるような

皺（タスキ皺）が入る。

・肩先が袖山の前で不自然にぶつかり、その後方が凹む。

・外袖の袖山から二の腕付近に、肩先前方から肘後方への斜め皺が入る。

・中度以上の前肩は肩甲骨の後方への隆起が激しくなるので、後身頃のその周辺にツキ皺に似た横皺が入る。

なお、骨盤が前後方向によじれてしまっているがために、前方によじれてしまっている側のみが「見掛け上の前肩」になっている場合もあるので、注意が必要です。

また、bとeとを併発している方の中には、脊柱、特に胸椎と肩先との前後方向の相対的な位置関係により前肩状態になっている場合も見られます。

[図3-14] 前肩の皺

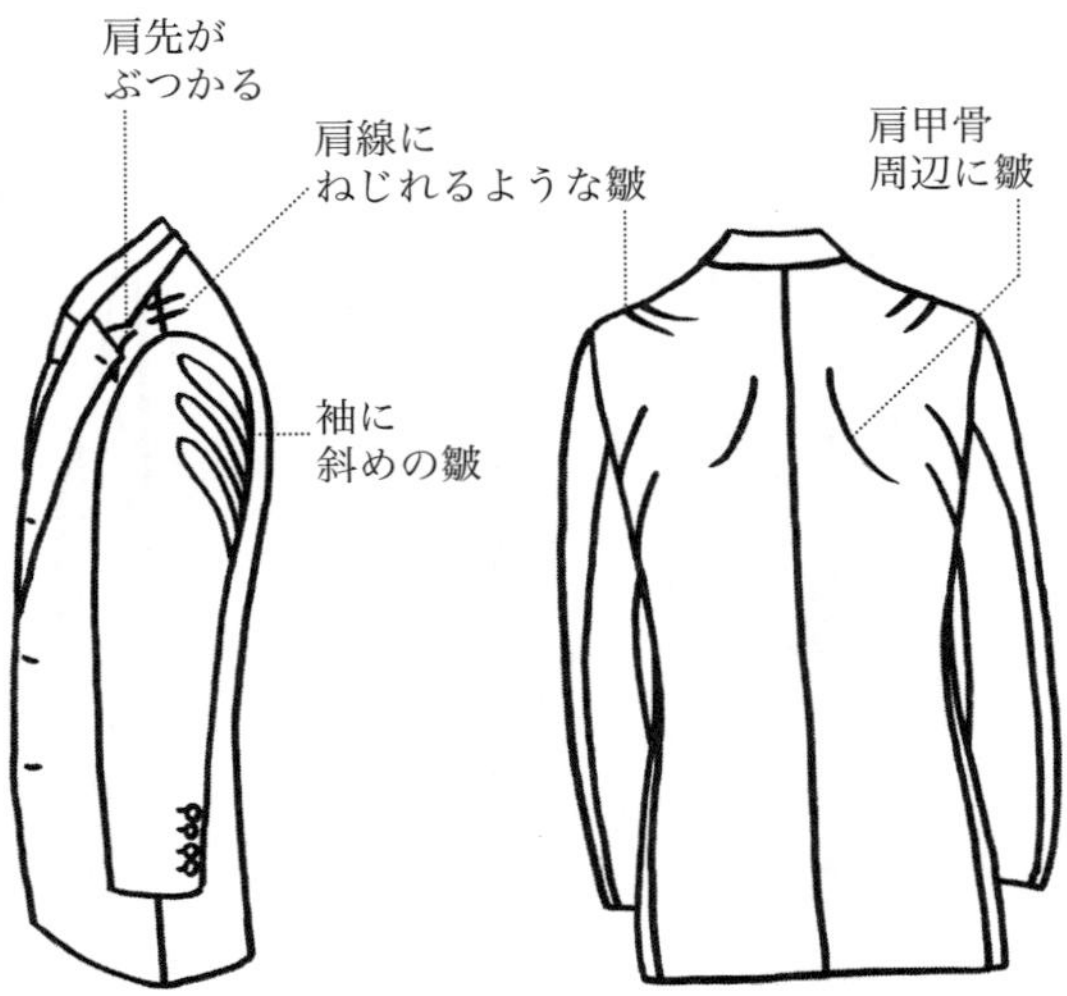

B トラウザーズ

a 出尻 [図3-15]

ヒップ（尻囲）の数値の大小にかかわらず、尻部全体もしくはその一部が、通常もしくはトラウザーズの想定よりも後方向に突き出ている状態を指します。骨盤が前傾していたり尻部周辺の筋肉のバランスが影響して生じます。「凹円背」や「凹背」の方に多く見られます。

第3章

［図3-15］出尻の皺

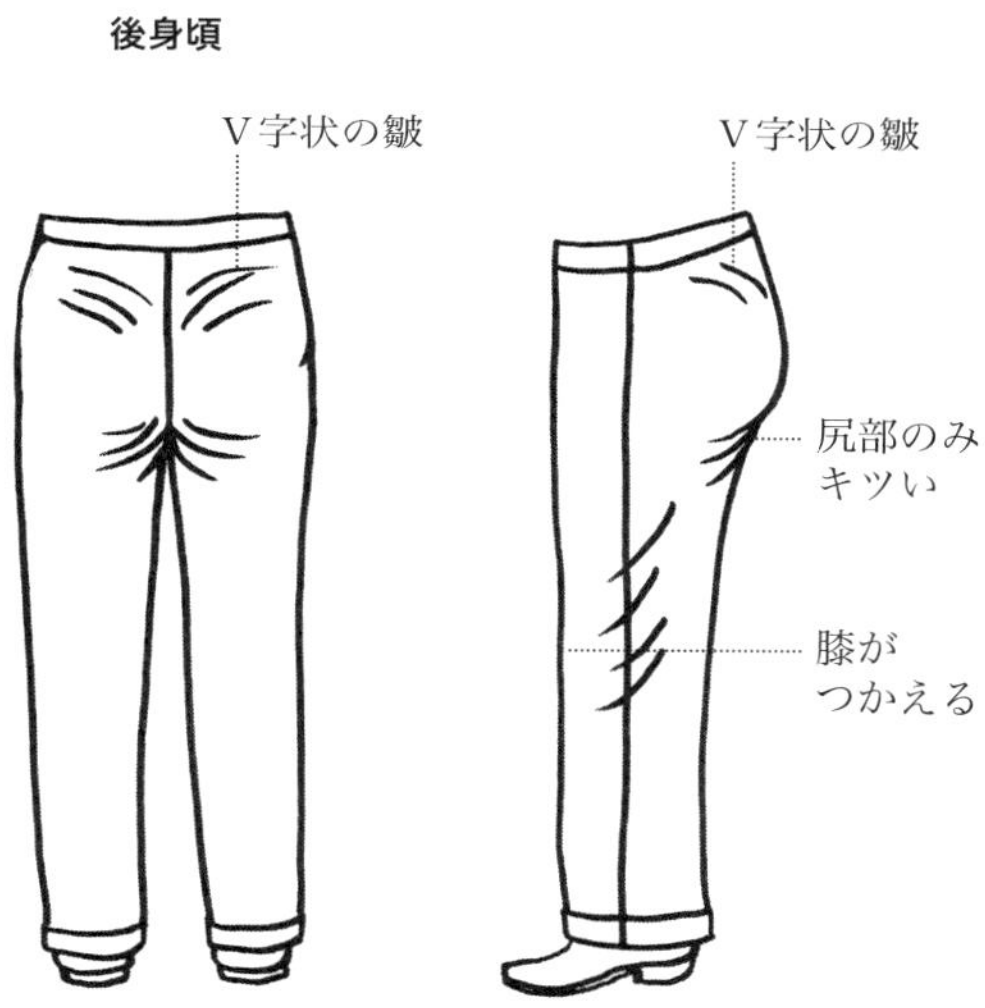

★チェックポイント

・小股や鼠蹊部《そけいぶ》には比較的余裕があるのに、尻部のみキツく感じる。

・後身頃の尻部の出っ張っている箇所からトラウザーズの左右上端に向かい、V字状の皺が入る。

・足を上げると膝が不自然につかえる。

b 平尻［図3-16］

aとは対照的に、ヒップの数値の大小にかかわらず、尻部全体が通常もしくはトラウザーズの想定よりも後方向に突き出ず平らな状態を指します。

骨盤の形状や尻部周辺の筋肉のバランスが影響して生じます。「平背」の方に多く見られます。

★チェックポイント

・尻回りに余裕があり、後身頃の尻部の下部を中心に、泳いでいるような横方向の余り皺が入る。

c 尻の食い込み

一見、aと見間違いがちですが、こちらは尻部の頂点ではなく、割れ目の部分が、通常もしくはトラウザーズの想定よりも、後方向に突き出ており、トラウザーズに食い込んでいる状態です。

［図3-16］平尻の皺

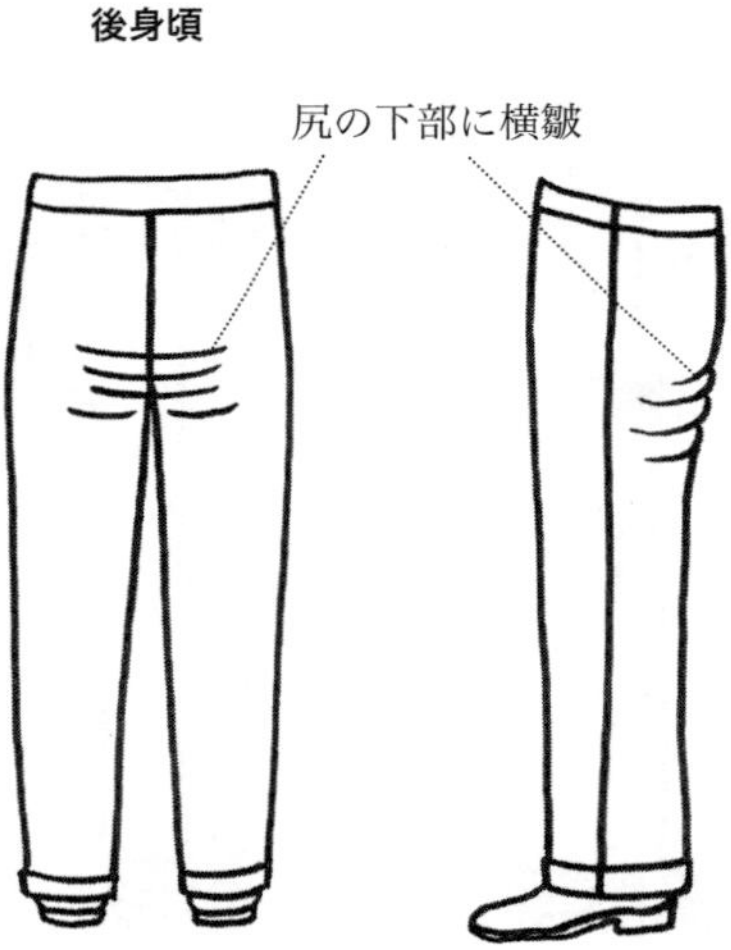

★チェックポイント

・後身頃の尻部の割れ目周辺に食い込むような縦皺が入る。

d送り腰（前腰）［図3-17］

簡単にいうと、bのうち骨盤が通常よりも後傾している結果、その下部が通常より前に押し出されている＝骨盤が膝より前方に突き出ている状態を伴うものを、特にこう呼びます。「円背」の方、つまりジャケットでS字体や猫背の補正を要する方で、いわゆる「首猫背」の方は、これとeを併発している場合が多いようです。

★チェックポイント

・渡り幅・膝幅・裾幅に十分な余裕があるにもかかわらず、側面から見ると下腿部後方から大腿部前方に長い斜め皺が入る（この皺は単に下腿部後方＝ふくらはぎが突き出ているために入る場合もあります）。

・ヒップと渡り幅に十分な余裕があるにもかかわらず、脇ポケットの口が開く。

eO脚［図3-18］

内反膝ともいい、「気をつけ」の姿勢をした時に、左右の膝頭をつけることができず隙間が生じる状態です。

日本人には3～4割の頻度で見られます。歩き方や座り方など日頃の生活習慣の影響、親しんでいるスポーツあるいは逆に

[図3-17] 送り腰の皺
(点線は通常の状態を示します)

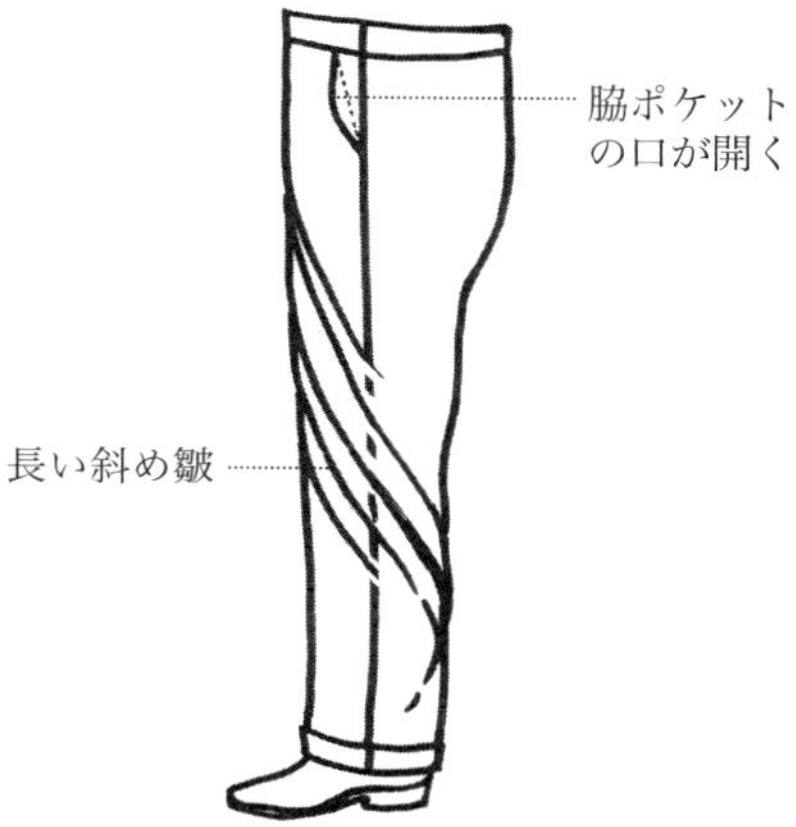

[図3-18] O脚の皺

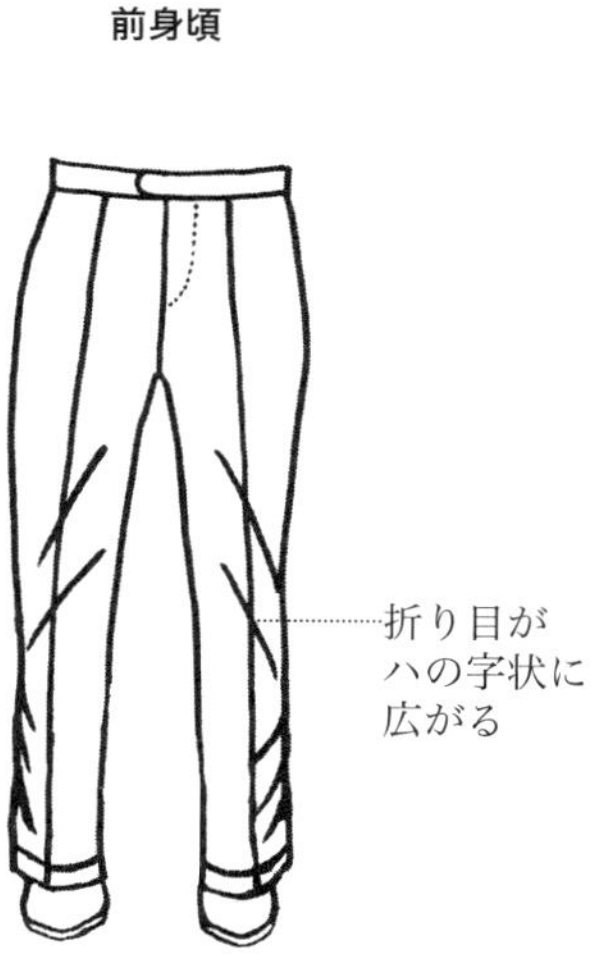

運動不足が原因で、骨盤をはじめとする下半身全体、場合によっては脊柱を含めた全身の骨格の位置や、その周辺の筋肉のバランスが乱れて生じがちです。dや後述するgを併発する場合が多く、また大腿部が前方向もしくは左右方向に、下腿部が後方向に張っている頻度も高いです。また、ジャケットでS字体や猫背の補正を要する方でいわゆる「首猫背」の方は、dとこれを併発している場合が多いようです。

★チェックポイント

・前から見ると、折り目線が左右方向にハの字状に広がって落ちて行く。

f X脚

外反膝ともいい、こちらは「気をつけ」の姿勢をしようとすると、左右の踵をつけることができず隙間が生じる状態です。こちらも原因はeとほぼ同じで、下半身もしくは全身の骨格の位置やその周辺の筋肉のバランスが乱れて生じることが多いです。

★チェックポイント

・前から見ると、膝より下の折り目線が左右方向にVの字状に収束して落ちて行く。

［図3-19］コムラの出っ張りの皺

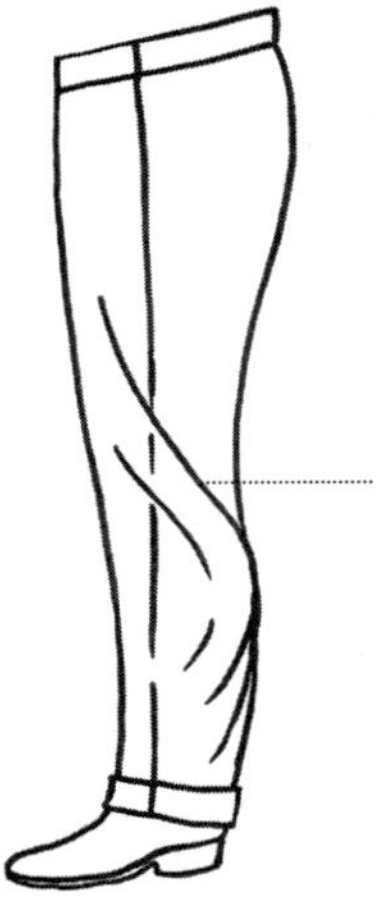

g コムラの出っ張り

下腿部＝ふくらはぎが、通常もしくはトラウザーズの想定よりも後方向に突き出ている状態を指します。その部分が細いトラウザーズを穿くと、顕著に表れます。運動などにより単に筋肉が鍛えられていて起こる場合もあれば、体全体の骨格や筋肉のバランスを保つために不可避的に生じてしまっている場合もあります［図3-19］。

★チェックポイント

・膝幅・裾幅に十分な余裕があるにもかかわらず、側面から見ると下腿部後方から大腿部前方にかけて長い斜め皺が入る（この皺はdが原因で入る場合もあります）。

h 左右の脚長差

事故などが原因の場合もありますが、多くは骨盤の上下方向のよじれ＝腸骨（腰骨）の上下方向の位置の差、または脊柱の左右方向の歪みにより生じるもので、この場合「股下」ではなく、実は「股上」が左右で異なります。

★チェックポイント

・特に前身頃で、長いほうの足の小股からその腸骨にかけて斜めの皺が入る。

第2部

目的に応じたスーツを着こなしたい人のために

第4章

一本の繊維が、ここまで大胆に変化する！

この章ではスーツに用いられる最も大きな素材＝生地について解説します。生地になる前の原料や糸の段階から、代表的な織り方そして色や柄まで、生地の違いはスーツの用途や性格の違いに直結します。ゆえに、その微妙な違いが理解できるようになると、スーツの選び方もおのずと洗練されてきます。そうなれることを目指すべく、あえて原点に近いところから解説します。なお、生地や柄の具体的な名称については、巻頭の口絵02ならびに03もご参照願います。

1 繊維の種類

まずは、スーツの表地に用いられる繊維を分類します。

糸や生地に求められる特性を考慮し、これらは単独で用いる場合と複数用いる場合とに分かれます。

まずは繊維の大分類から

以下のうち、紳士服の表地に主に用いられるのは天然繊維と合成繊維、裏地に用いられるのはかつてはもっぱら天然繊維でしたが、今日では化学繊維全般が主流です。

天然繊維：繊維のうち、人工的に作られたものでも、化学的な加工を施したものでもないものの総称で、動物・植物・鉱物を原料とします。一頃問題となった石綿も原料を鉱物とする天然繊維です。

化学繊維：繊維のうち、人工的に作られたもの、もしくは、化学的な加工を施したものの総称です。

原料によりさらに以下のように分かれます。

- 再生繊維：コットンや木材のような天然繊維を溶かして植物セルロースを化学的に抽出し、それを原料に繊維に再生したもの。
- 半合成繊維：化学的に抽出した植物セルロースと、石油や石炭からなる有機化合物の双方を原料に作り上げたもの。
- 合成繊維：石油や石炭からなる有機化合物を原料として作り上げたもの。

羊

提供：朝日新聞社

表地に用いられる主な繊維素材

A 天然繊維

a ウール（羊毛）

スーツの表地に向いた要素を数多く持ち合わせると同時に、欠点が少ないことから昔も今もスーツに最も多く使われる繊維が、「繊維の王様」とも呼ばれるウールです。うろこ状の表面（スケール）になっている縮れた組織構成（クリンプ）が特徴で、単独の素材としてのみならず、他の繊維と混紡・交撚《こうねん》(99ページ参照)しても多用されます。

長所

・繊維自体に空気を含めることができ、熱伝導率が低い。
↓冬は暖かく、生地の織り方次第では夏でも比較的涼しく過ごせます。

・吸湿・放湿性に優れる。
↓表面が比較的ベトベトになりにくく、埃の付着が少なく静電気を防ぎます。

・染色性に優れ色落ちも少ない。
↓微妙な色彩感覚に富んだ生地の製造が可能です。

・燃えにくい。
↓焦げ跡はできるものの、火を遠ざけるとそこで燃え止まります。

・天然の油分を備えており、水溶性のものをはじく。
↓結果的に汚れが付きにくくなります。

・弾性が高い。
↓型崩れや皺を起こしにくく、蒸気で元の状態に戻すのが容易です。

・熱可塑性(熱を加え成形すると、その形状を保持する性質)をもつ。
↓アイロンで生地を容易に成形でき、身体に沿った形状に整えるのが容易です。

短所

・湿気が液体レベルにまで高まると吸湿・放湿性が一気に低下する。
↓高温多湿の日本では、盛夏用の生地としては能力不足に感じる場合も多々あります。

・水を含ませ揉み合わせると、縮んでフェルト状に硬化する。
↓家庭での洗濯は難しい繊維です。しかしこの短所を逆手にとり、湯通しするのを通じ厚地の割に軽く仕上げた生地も存在します。

・虫食いが起こる危険がある。
↓保管には気を付ける必要があります。

b カシミア

カシミア山羊の毛からできた繊維です。aより細く、スケールがまばらで、表面の小さい突起が集まった組織構成が特徴です。強度の関係で単独の素材として使われるのはもっぱらジャケット単体のみの場合で、スーツに用いる際はaなど他の繊維と混紡して用います。

カシミア山羊

提供：朝日新聞社　冨森ひな子

長所

・空気を非常に多く内包することが可能で、熱伝導率が低い。
↓冬は特に暖かく、生地の織り方次第では夏でも比較的涼しく過ごせます。
・軽く伸縮性に優れる。
↓肌触りが非常にしなやかで、皺も柔らかくかつ美しく出ます。
・艶と光沢に優れ保湿性も高い。
↓独特のヌメリ感のある色彩に仕上がります。

短所

・繊維が細いため摩擦に弱い。
↓股部が擦れる頻度の高いトラウザーズには、単独の素材として用いるのは向きません。
・水気に弱い。
↓汚れに弱く、一度シミができてしまうと落としにくく、洗濯も難しくなります。
・虫食いが起こる危険が高い。
↓保管にはa以上に気を付ける必要があります。

cモヘア

アンゴラ山羊の毛からできた繊維で、生後3カ月までの仔山羊からとれたものは「キッドモヘア」と呼ばれる高級品です。aよりやや太く、またそれとは対照的に平滑な表面をもった直線状の組織構成が特徴です。スーツの表地に用いる場合は緯糸《よこいと》（86ページ参照）のみをこれとし、経糸《たていと》はaとするのが一般的です（「交織《こうしょく》」。99ページ参照）。近年では双方ともにこれとした生地も登場しています。

アンゴラ山羊

提供：全国山羊ネットワーク

長所

・中空構造の箇所が多いため、熱伝導率が低い。
↓夏は涼しく、冬も織り方次第では暖かく過ごせます。
・光沢に優れる。
↓aとは対照的なツルツルした

質感が生み出すものです。

・吸湿・放湿性に優れる。
↓表面がベトベトになることはあまりありません。

・独特のハリとコシがあり、皺の回復力に優れる。
↓寸法安定性に優れ、非常に仕立て映えします。

短所

・硬い質感で着用時に多少チクチクする。
↓雨に激しく濡れると、aとの水分吸収率の差が影響し、表面にガサ付きが生じます。

・伸びに乏しく皺になりやすい。
↓いい加減にアイロン掛けすると折り目から生地が割れる場合もあり、注意が必要です。

・耐摩耗性に劣る。
↓トラウザーズの股部などでは、擦れで生地が薄くなるリスクもあります。

・天然繊維の割に静電気が発生しやすい。
↓直線的な組織であることの裏返しです。

d シルク(絹)

美しくも繊細な扱いを求められるため、こちらは「繊維の女王」なる異名を持ちます。強度の関係で単独の素材として使われるのは、もっぱらジャケットやウェストコート単体のみの場合で、スーツに用いる際はaなど他の強い繊維と混紡・交撚して用いられます。

蚕の繭(シルクの原料)

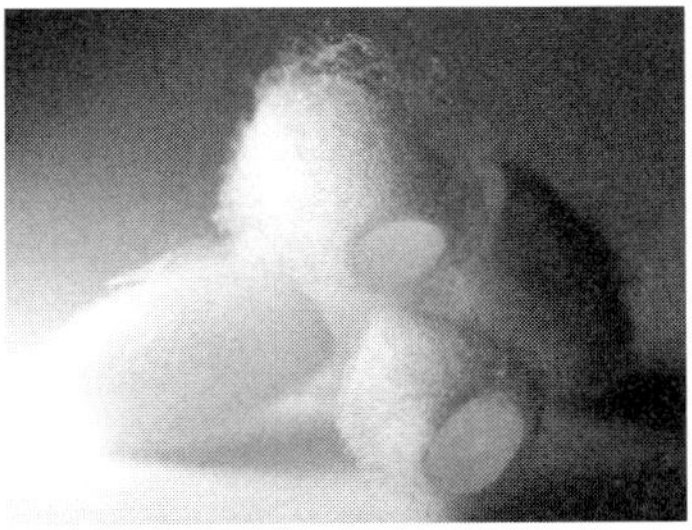

提供：東京農業大学　長島孝行教授

長所

・光沢と色合いが美しい。
↓繊維断面が円形ではなく三角形のため、光の反射でこれらが生み出されます。

・繊維が細くしなやかである。
↓肌触りが非常に優れ、皺も柔らかくかつ美しく出ます。

・繊維同士の間に空気を含めることができ、熱伝導率が低い。
↓冬は暖かく、生地の織り方次第では夏でも比較的涼しく過ごせます。

・素肌に優しく、アレルギー反

応をあまり起こさない。
→成分が人間の皮膚の成分と似ているためです。
・保湿性が高い。
→結果的に静電気が起こりにくい繊維です。

短所

・光、特に太陽光に弱い。
→長期間光にさらすと黄変し、しかも破れやすくなります。
・水気に弱い。
→汚れに弱く、一度シミができてしまうと落としにくく、洗濯も難しくなります。また、シミになった部分がフィブリル化＝毛羽立ちや硬化・白化を起こしやすくなります。
・繊維が細いため摩擦に弱い。
→股部が擦れる頻度の高いトラウザーズには、単独の素材として用いるのは向きません。

コットンボールからはじけ出た綿

提供：朝日新聞社

eコットン（綿）

ウールに比べカジュアルな印象の強い繊維です。ただし織り方や仕上げの違いで盛夏から厳寒期まで幅広い季節に対応可能で、スーツ地としての汎用性は意外と高く取り扱いも簡単です。単独の素材としてのみならず、他の繊維、特にgと混紡・交撚しても多用されます。

長所

・中空繊維であり柔らかい。
→dほどではないものの、肌触りに優れています。
・吸湿・放湿性に優れる。
→春夏向けのカジュアルな生地に多く用いられる理由がこれです。
・染色性に優れ、発色性に富む。
→aほどではないものの、微妙な色彩感覚に富んだ生地の製造が可能です。
・水、アルカリに強い。
→家庭での洗濯が容易です。

短所

・摩擦で毛羽立ちやすい。
→使用するうちに、色合いが全体的に褪せて見えるようになります。
・色落ちが起こりやすい。
→一方でシミについては、原因によっては完全には取れにくい傾向にあります。

・あまり熱可塑性がない。
↓アイロンでの生地成形は不得手で、身体に沿った形状に整えるのが容易ではありません。

f リネン(亜麻)

かつては様々な用途で使われていた繊維です。20世紀以降は主に暑い時季・地域向けの繊維としての認識が定着し、我が国でも戦前までは盛夏向けのスーツ地といえばこれを用いたものでした。単独の素材としてのみならず、他の繊維と混紡・交撚しても多用されます。

亜麻(リネンの原料)

提供：朝日新聞社　広川始

長所

・水分の吸収・放湿性に非常に優れる。
↓ベト付きが少なく、涼感の高い着心地になります。
・繊維にコシがあり、耐久性に優れる。
↓ジャケットの芯地にも多用されることでも、耐久性は折り紙つきです。
・水に濡れても強度面で問題を起こさず汚れを落としやすい。
↓eと同様に、家庭での洗濯が容易に行える繊維です。

短所

・繊維が硬く弾性に乏しい。
↓光沢はあるもののの肌触りのシャリ感が強く、見苦しい皺もできやすい繊維です。
・染色性に劣り、色褪せもしやすい。
↓ハッキリと冴えた色合いには染まりにくい傾向にあります。

B 合成繊維

g ポリエステル

1960年代以降世界的に急速に普及し、今日では衣服用の合成繊維の中では最も生産量の多いものです。スーツの表地には主に他の繊維、例えばaやeと混紡・交撚して多用されますが、近年では100%これを用いたものもあります。

長所

・強度に優れ特に耐熱性が高い。

↓プリーツ加工などが容易にでき、それを長く維持できます。

・水分を吸いにくい。

↓乾きが早く、濡れても特性が低下しにくい。

・独特のハリとコシがあり、皺になりにくい。

↓寸法安定性に優れ、不要な伸び縮みが起こりにくいです。

・紡糸しやすく、極細や特殊断面などの異形糸も簡単に作れ、しかも製造コストが低い。

↓他の繊維との混紡・交撚が容易にできます。

短所

・夏の高湿期は蒸れやすい一方、冬の乾燥期には静電気が発生しやすい。

↓吸湿性に乏しいのが不利に働きます。ただし、近年は改良が相当進んでいます。

・毛玉が発生しやすい。

↓繊維の強度が高く、繊維が長いためです。

・染色に高温処理が必要で発色性にやや劣る。

↓風合いが単調で、高級感を求めにくいです。

h ナイロン

第二次大戦直前に合成繊維として初めて開発されたものです。スーツの表地にはもっぱら他の繊維、例えばaと混紡・交撚して用いられます。なお、この名称は開発企業の商標が一般化したものであるため、「ポリアミド」と表記する場合もあります。

長所

・強度が非常に高く、特に摩擦に強い。

↓特に起毛素材の強度を高めるのには非常に役立ちます。

・伸びがあり柔らかい。

↓低温でも硬くなりにくいのが特長です。

・薬品による加工がしやすい。

↓gほどではないにせよ、糸の伸縮加工が容易にできます。

・染色性に優れている。

↓色合いを強調する目的で混紡させる場合もあるほどです。

短所

・gに比べ原料コストが高く、寸法安定性もやや悪い。

↓先発だったにもかかわらず合成繊維の王座をgに譲った原因がこれかもしれません。

・長期間放置すると黄ばみが起こりやすい。

↓染色性に優れる＝他の揮発成分を吸着しやすいためです。

i ポリウレタン

その特性ゆえに婦人物のスー

ツの表地では多用され、近年では紳士ものでもお馴染みです。もっぱら他の繊維、例えばaやeにわずかに混紡・交撚して用いられます。

この名称の他に、「スパンデックス」や、開発企業の商標である、「ライクラ」の名も用いられます。

長所

・伸縮性・ストレッチ性が高い。
↓男性に比べ身体の起伏が激しい女性のスーツでは、不可欠な要素でしょう。
・主要な繊維の中では最も比重が軽い。
↓混紡・交撚しても軽く仕上げられるので、今日のスーツ地の一般的な軽量化嗜好に合致します。

短所

・加水分解し、長年の使用には明らかに不向きである。
↓この繊維が使われているものは、消耗品と割り切って着用するのが無難です。

2「糸」の種類

繊維はまずは糸に束ねないと、生地として織ることができません。その糸を作る際の様々な要素について解説します。

A 繊維による「最初の長さ」の違い

a短繊維（ステープル）

ウールやコットンそれにリネンなど大多数の天然繊維のように、そもそもが比較的短い繊維からなるもので、サラッと乾いた感じでありながら、温かみのある感触を持つのが特徴です。これらの1本1本の短い繊維を並べてねじる、つまり「撚《よ》り」をかけるのを通じ、糸として一定の太さにまとめて丸め、均一性を持たせていきます。このようにしてできた糸を「スパンヤーン」と称します。またこの工程を紡績と呼び、糸に弾力や伸度を付加し、収縮性や柔軟性を出すのにもつながります。ちなみに「紡」の字は撚り合わせることを意味し、「績」の字は引き出すことの意味です。なお、複数の繊維を混ぜて紡績した糸を混紡糸と称し、それには構造上はbである化学繊維を短く刻んだものも用いられます。

b長繊維（フィラメント）

蚕の繭から繊維を引き出すシルクや、液状にした原料を細い孔から押し出したものを凝固させて作りだす化学繊維のように、長い連続状の繊維からなるもので、一般的には滑らかな光沢と冷感があるのが特徴です。これらはもともと繊維同士がお互いに密着した撚りのない構造ですが、数十本合わせて撚りを掛けるのを通じ糸にします。このようにしてできた糸を「フィラメントヤーン」と称します。ちなみにこの工程を、シルクの糸（生糸）を作る際には製糸と呼ぶのに対し、化学繊維の糸を作る時には紡糸と称します。

なお、aであれbであれ、糸の撚る回数はDで後述する糸の番手によって標準的な回数が決まっています。それより撚り数を増やしたものを「強撚糸《きょうねんし》」と呼び、生地に織り上げると乾いた質感となるのでスーツの表地には主に夏向けのものに用いられます。逆に撚り回数を標準よりも減らしたものを「弱撚糸《じゃくねんし》」と呼び、こちらは甘く柔らかな質感となります。

［図4-1］撚る糸の数の違い

B「撚る糸の数」の違い

a単糸（シングルヤーン）

紡績した1本のままの状態の糸を指し、Z字状に施された撚りを戻すと短繊維もしくは長繊維に分離します［図4-1］。耐久性には劣るものの、軽やかで柔軟な風合いに仕上がるのが特徴で、その効果を狙い高価格なものであっても、緯糸にあえてこれを用いるスーツ地も見られます。

b 双糸（2プライヤーン）

aを2本撚り合わせた糸を指し、S字状に施された撚りを戻すと2本の単糸に分かれます［図4-1］。単糸に比べ強度は2倍以上になり、しっかりした風合いに仕上がるのが特徴です。スーツの表地では経糸・緯糸ともにこれを用いるのが、伝統的には高品質の証です。

c その他

ウールのスーツ地の中にはaを3本・4本・6本撚った糸で織られたものも存在し、それぞれ3プライ（三子糸）・4プライ（四子糸）・6プライ（六子糸）と呼ばれています。数が多くなるに従い当然糸も太くなり、生地の質感にも硬さや重厚さが増すのみならず、実際の重量も増します。

C ウールの場合の「撚る方向」の違い

a 梳毛糸《そもうし》（ウーステッド）

繊維を梳いて、つまり櫛けずりを行うのを通じ短いものを取り除いた上で、その長い向きに対し水平に揃えて撚りを入れた糸を指します［図4-2］。5cm以上ある長い繊維のものに多い撚り方で、構造上繊維同士の隙間が少なくなるため、細くて毛羽が少なく艶もある、締まりの良い精悍な印象の糸に仕上がります。生地にすると薄くてもある程度以上ハリとコシがあり、耐久性の高いものになるので、今日のスーツ地に用いられる糸は大抵の場合はこちらで、特に膝

［図4-2］撚る「方向」の違い

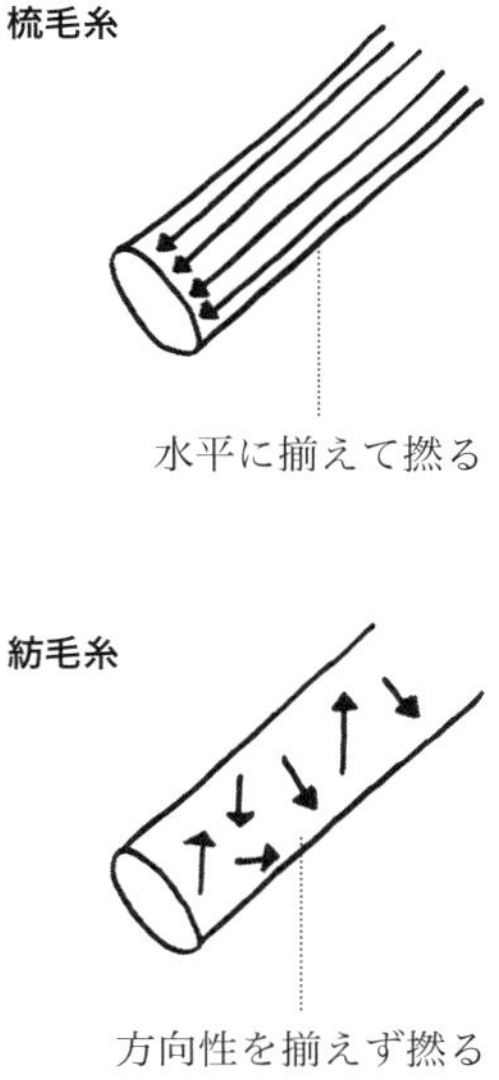

を頻繁に曲げるトラウザーズには最適です。

b 紡毛糸《ぼうもうし》（ウーレン）

繊維の梳きをあえて行わず短いものを残した上で、方向性を揃えず撚りを入れた糸を指します［図4-2］。5㎝以下の短い繊維のものに多い撚り方で、aに比べ繊維同士の隙間が多くなるため、太くて毛羽が多く艶は出ないものの、空気を多く含む素朴な印象の糸に仕上がります。生地に仕上げる際に縮絨《しゅくじゅう》（90ページ参照）を施しやすいため、主に冬物の厚地の生地用の糸として使われています。

D できあがった糸の「太さの表記」の違い

糸の太さを表す単位は、繊維の構造の違いにより2種類に分かれます。なお、糸の太さは「重さと長さとの関係」で表し、「糸の直径」を直接的に表すものではありません。そのため、次に挙げる単位である「番手」や「デニール」が同じであっても、見た目の太さが異なる場合も多々あります。

a 恒重式（番手法・カウント法）

短繊維からできた糸＝スパンヤーンの太さの表示方法で、まず標準となる重量を決め、これが単位長さの何倍であるかによって糸の太さを表す方式です。繊維重量に対し反比例、つまり糸番手が大きくなればなるほど、糸は「細く」なります。なお標準となる重量・長さは各繊維で異なり、表記方法も各繊維そして単糸か否かにより異なります。これは各繊維の元々の長さや重量、そして使用目的が大きく異なっているのが理由かと思われます。なお、長繊維であるシルクも生糸から紡績を施した糸の場合はこちらを用います。

b 恒長式（デニール法）

長繊維からできた糸＝フィラメントヤーンの太さの表示方法で、aとは逆にまず標準となる長さを決め、これが単位重量の何倍であるかによって糸の太さを表す方式です。そのため繊維重量に対し正比例、つまりデニール数が大きくなればなるほど、糸は「太く」なります。なおこちらは、標準となる重量・長さは各繊維で共通で、表記方法も共通です。これは化学繊維がその種類はともかくとして、当初は絹を目指して開発されたことも理由のようです。

SUPER○○○'Sとの違い

巻のウールのスーツ地で高級品であるのを謳おうとしている表記にSUPER○○○'Sなるものがしばしば見られます。これは原毛単位での太さを指したもので、例えばSUPER120'Sと表記されたものは「重量1kgで120kmの長さの単糸を作ることができる原毛を用いている」という意味で、すなわちその数値が大きければ大きいほど、細くて繊細な原毛を用いているわけです。確かにある程度は高品質の証となり得る表記ではあるのですが、問題をいくつもはらんでいるのも事実です。

まず、これはあくまでも「原毛段階での理論値」に過ぎない点です。糸そして生地としての強度を考慮すると、現実的にはこれを半分から⅔程度に縮めて紡績せざるを得ません。しかも厄介なことに、これを実際にウールの糸になった時の太さ＝糸番手の単位と勘違いし、より直截的に高級品と解釈される方が非常に多いのです。

次にSUPER○○○'Sの表記は、一応は国際羊毛機構が定義を統一させてはいるものの、最終的に「生地」に示す際の条件が事実上野放しになっている点です。具体的には、生地全体でSUPER120'Sに値する原毛を1%でも使っていたら、SUPER120'Sと表記してしまう

恒重式の表示方法

・コットン、リネン
　80s ＝80番手単糸
　80／2s ＝80番手双糸
　（「糸」としては40番手）
・ウール
　1／72＝72番手単糸
　2／72＝72番手双糸
　（「糸」としては36番手）
　3／72＝72番手三子糸
　（「糸」としては24番手）

恒長式の表示方法

120D ＝120デニール単糸
120D×2＝120デニール双糸
（「糸」としては240デニール）

ケースが結構頻繁に起きているのです。

近年ではSUPER○○○'sのような距離換算ではなく、「原毛の平均的な太さ」そのもので表記する傾向にありますが、いずれにしてもこの表記は目安程度に考えたほうが無難です。この糸の「太さ」や単位面積当たりの経糸・緯糸の打ち込み本数（織り密度）、それに目付（生地の重量）なども総合的に判断した上で、「使う目的に最も相応しい生地」を選びたいものです。

3 「生地」の基本

束ねた糸を織機で織り上げて、生地（厳密には「織布」・ウーブンファブリック）となります。ここでは、その生地を考える時の基本的な事柄をまとめてみます。

A 経糸《たていと》・緯糸《よこいと》

生地の縦＝上下方向を構成する糸を経糸《たていと》（ワープ）と呼ぶ一方で、横＝左右方向を構成するものを緯糸《よこいと》（ウェフト）と称します。生地はこの経糸と緯糸とが織られる、つまり双方を交差して作られます。具体的には、長さを上下方向に揃えた経糸を一定の横幅になるよう等間隔に並べて張り詰めておき、そこに長い緯糸を左右方向から一行ずつ往復させ双方を交差させていきます。

ちなみに、この往復に用いる器具を「シャトル」と称し、「スペースシャトル」や航空機の「シャトル便」の語源です。経緯双方に同じ種類の糸を使うこともあれば、あえて異なるものを用いる場合もあり、それが生地の表情を多彩にします。なお、詳しくはEで後述しますが、多くの生地では「組織」の関係で経糸のほうが緯糸より表面に多く現れる、つまり生地の外観は経糸の影響をより多く受ける傾向にあります。

B 生地の幅

織機が経糸を等間隔に並べて張り詰めておく際の横幅＝左右方向の幅が、実質的に生地の幅になります。スーツの表地に用いる生地に関しては、今日では150cm前後のものが圧倒的に主流で、これを「ダブル幅」と言います。一方、かつての手織織機の名残で、シャトルを手で往復させる都合で75cm前後のものも一部に存在し、こちらは「シングル幅」と称します。

C 打ち込み本数

一般的な生地幅（150cm前後）×長さ100cm四方の生地に織られている経糸・緯糸の本数のことで、要は織りの密度を示す指標です。これが多い生地を「打ち込みがしっかりしている生地」、逆にこれが少ないものを「打ち込みが甘い生地」などと表現します。

打ち込み本数が多くなると生地は重厚に仕上がる反面、硬くもなってしまいます。一方で、本数が少なくなると生地の柔らかさは強調されますが、その分耐久性が大きく犠牲になります。この辺りのバランスは原毛や糸の太さそれに生地の用途も絡んで非常に難しいのですが、近年はどうも前者があまり評価されず、後者を直截的に高級と見なしてしまう傾向が強いようです。ただ、使う糸が少なくなる分、後者のほうが製造コストを調節し易い傾向にあるのは知っておいて損はしません。

D 目付

一般的な「ダブル幅」の生地幅（150cm前後）×長さ100cmあたりの生地の重量のことで、例えば370g／mとか240g／mなどと表記されます。あくまで「長さ100cm」が基準になるので、例えば全く同じ生地でも幅が75cm前後で織られた「シングル幅」のものになると、ダブル幅のものに比べ表記上の重量は半減します。

完成したスーツの重量感を想像しやすいためか、目付はこれまでスーツの季節性を判断する重要な目安になって来ました。例えば少し前までは、300g／m周辺の目付がスーツの春夏向けと秋冬向けとを大まかに分ける境界線でした。しかし今日ではそれがもっと軽い生地、例えば240g／m前後のものであっても、起毛させるなど仕上げを工夫して秋冬向けとしているものも多くなっています。これは温暖化や空調の進化などの影響もあり、スーツの嗜好が近年より軽いものへと移る傾向にあるのを受けたものでしょう。ただし打ち込みがしっかりした重い目付の生地のほうが、暖かい以上に、より存在感のあるスーツに仕立て上がるのも事実です。

今日では主にメートル法によるグラム表示で行われていますが、イギリス製の生地を中心に、ヤード・ポンド法によるオンス（1オンス＝1ポンドの1／16≒約28・35g）表示もまだ残っています。

こちらは一般的な「ダブル幅」の生地幅（59～60インチ＝150cm前後）×長さ1ヤード（3フィート＝36インチ≒約91・4cm）あたりの生地の重量で示され、例えば12ozとか7½ozなどと表記されます。

なお、ジーンズなどに用いられるデニム生地の重量表記の基準はこれらとはまた異なり、1ヤード四方＝1平方ヤードあたりの重さで示されているので注意が必要です。

E 生地の組織

経糸と緯糸をどのように交差させるかは大まかに3つに分類でき、これを「三原組織」と称します。全ての生地はこの三種類の応用です。

a 平織（プレーンウィーブ）

経糸1本と緯糸1本とを交互に交差させて作られた組織で、最も単純かつ基本的なものです［図4-3］。糸の交差する点が多くなるので、硬くてハリがあり耐久性の高い生地に仕上がります。経糸と緯糸が生地の表裏に半分ずつ現れるので、他の組織に比べ特に無地のものは生地の表裏がわかりにくい傾向にあります（仕上げの有無で容易に判別できる場合も多々あります）。

平織の応用で、経糸・緯糸を1本同士ではなく、一度に2～4本ずつ平行に揃えた状態（引き揃え）で平織にしたものを「斜子織（ななこおり・マットウィーブ・バスケットウィーブ）」、特に2本揃えのものを「石目織」と称します。糸の交差する点に隙間がより多くできるので、平織糸の割に柔らかく風通しの良い生地に仕上がります。

別の応用で、経糸・緯糸どちらかに太い糸、もしくは糸を引き揃えて用いることで、生地の上下方向もしくは幅方向いずれかの凸凹（畝）を太く強調したものを「畝織《うねおり》（リブウィーブ）」といいます。経糸を太くして生地の上下方向に水平に出す畝が「経畝（生地の組織としては緯畝

［図4-3］生地の組織（黒：経糸　白：緯糸）

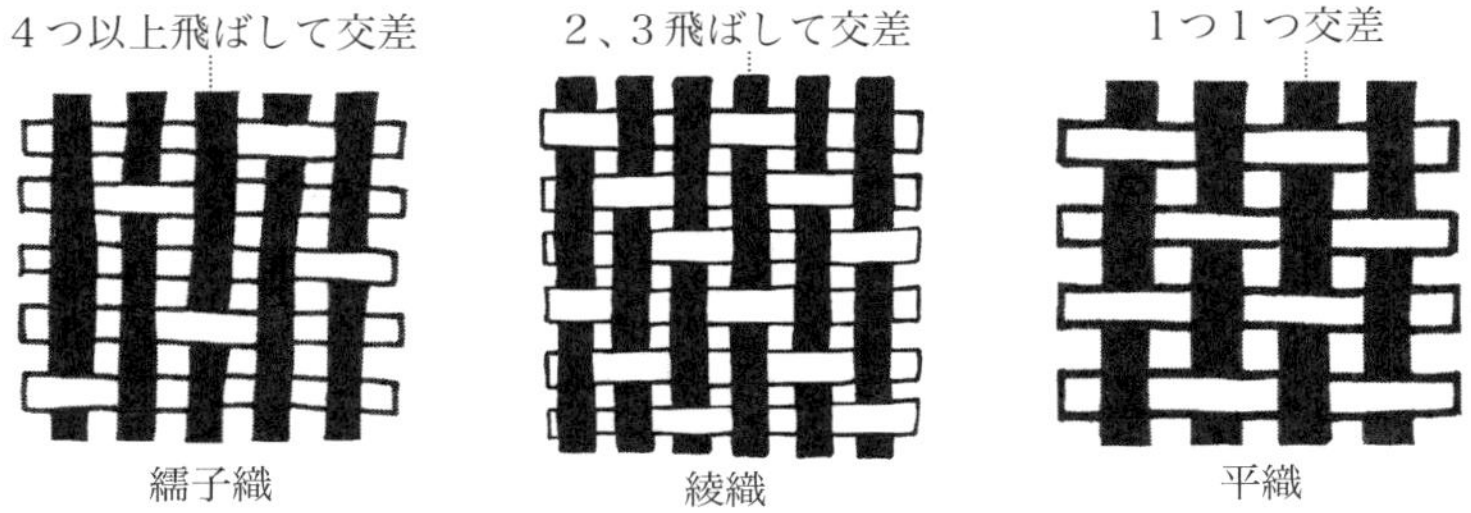

織）」、逆に緯糸を太くして幅方向に水平に出す畝が「緯畝（同・経畝織）」になります。

平織・斜子織はともに、スーツの表地には今日では主に、春夏向けのものの生地組織として採用される傾向にある一方で、畝織は春夏向け・秋冬向け双方に見られます。

b 綾織（斜文織・ツイルウィーブ）

例えば「経糸を緯糸2本の上に浮かせて交差させた後、今度は緯糸1本の下に潜らせて交差させる」を繰り返して作られた組織です［図4-3］。糸の交差する点が集まり斜めに畝が生じるのが特徴で、これを綾目（斜紋線）と呼びます。aに比べ経糸が長く表面に浮き出るため、耐久性は若干劣るものの、しなやかで光沢のある生地に仕上がります。またaに比べ糸が交差する点も少ない＝糸の密度を高めて織れるので、地厚で伸縮性に優れ、皺の寄りにくい生地の製作も容易です。

なお、経糸が緯糸に「2本上：1本下」と交差する場合を「2/1綾織（三つ綾）」、「3本上：1本下」の場合は「3/1綾織（四つ綾）」、「2本上：2本下」なら「2/2綾織」と呼びます。前の2つは経糸がそれぞれ2対1、3対1の割合で生地の表面に多く現れ、逆に緯糸はその割合で裏面に多く現れます。一方「2/2綾織」は経糸と緯糸の割合が生地の表裏ともに同一です。

また、綾目の流れる向きによって表現が異なってきます。

向かって右上から左下に流れる場合を「正綾」と称し、例えば「2/2/」と記載します。その一方、向かって左上から右下に流れる場合を「逆綾」と称し、「2本上：2本下」でもこちらは「2/2\」と記載します。

綾織はスーツの表地には今日では主に、秋冬向けのもの、もしくは通年性のあるものの生地組織として採用される傾向にあります。

c 繻子織（朱子織・サテンウィーブ）

例えば「経糸を緯糸4本の上に浮かせて交差させた後、今度は緯糸1本の下に潜らせて交差させる」など、経糸もしくは緯糸をbよりさらに長く生地の表面に浮かせた上で、交差させるのを繰り返して作られた組織です［図4-3］。糸の交差する点が少ないだけでなく、それが一定間隔でしかも隣り合わないので、経糸または緯糸一方のみが生地の表面に規則正しく現れ、bのような綾目も目立ちません。そのためb以上に光沢が美しく、滑らかで柔軟性に富んだ生地に仕上がりますが、耐久性は3つの中では一番劣ります。

経糸が表面に多く現れるものを経繻子と呼ぶ一方で、緯糸が多く現れるものは緯繻子と称します。また経糸が緯糸に「4本上：1本下」と交差する場合を「五枚繻子」、「7本上：1本下」と交差する場合を「八枚繻子」と称します。

繻子織はスーツの表地には今日では主に、フォーマル的な要素の高いものの生地組織として採用される傾向にあります。

F 仕上げの加工

全く同じ糸・同じ打ち込み本数・同じ目付・同じ組織で織った生地でも、この仕上げで印象を大分変化させることが可能です。代表的なものを3つ挙げておきます。

a クリア加工

生地の表面に出る毛羽を、刈り取ったり焼くなどして出来る限り取り去る加工です。表面がより均質になり、スッキリした印象の生地に仕上がります。

b 起毛

生地の表面を細かな針金を付けた布やアザミの実などで引っ掻くのを通じ、毛羽をより多く出す加工です。手触りが柔らかくなり、温かみのある印象の生地に仕上がります。

C 縮絨（ミルド加工）

生地に圧力を掛けたり温水に浸したりするのを通じ、糸同士、特に表面の毛羽同士を絡ませてフェルト状にし、生地全体を縮め織目を目立ちにくくする加工です。生地により多くの空気が蓄えられるようになるため保温性が高く、厚みの割に軽い生地に仕上がります。

4 生地の具体名

これまでの1～3が理解できると、スーツに用いられる代表的な生地の特徴も一気に理解できるようになります。主な用途も含めてご説明します。なお、生地名の後ろに★印の付いているものは、巻頭の口絵02もご参照願います。

A サージ★

繊維

主にウール。

構成

・経糸・緯糸ともに梳毛の双糸を用いて2/2綾織とし、クリア加工を施して仕上げます。

・綾目がほぼ45度の角度になるのが特徴です。

用途など

語源はラテン語で絹を意味する"serica"だと言われています。耐久性に優れた極めて実用性の高い合い物～秋冬向けの生地で、スーツの生地としては以前ほど見なくはなったものの、今日でも各種の制服や学生服などに多用されます。

参考

なお、これでクリア加工の代わりに起毛と縮絨を施したものを「ミルド・サージ（ミルド・ウーステッド）」、糸を梳毛から紡毛に替えた上で起毛と縮絨を施したものを「サキソニー」と称します。後者はドイツ・ザクセン地方産のウールを用いて作られた生地が語源で、どちらも秋冬向けのスーツの生地としてお馴染みです。

B ギャバジン★

繊維

主にウールもしくはコットン。

構成

・経糸を緯糸の2倍の打ち込み本数とした上で2/2綾織とし、

クリア加工を施して、仕上げます。

・身の締まった平滑な表面を有し、綾目は45度以上〜63度前後の角度になるのが特徴です。

・ウールでは経糸に梳毛の双糸、緯糸にはそれと同じか若干太い糸を用います。

・コットンでは経糸・緯糸双方に主に双糸が用いられます。

用途など

　こちらも耐久性に優れた実用性の高い生地です。ウールのものは合い物〜秋冬向けで、スーツのみならず中肉のコートの生地としてもお馴染みです。

　コットンのものは糸の太さ次第で、春夏向けにも秋冬向けにも対応できる汎用性に優れます。

　そのうち糸と生地の二段階で撥水加工を施したものは、バーバリーの創業者であるトーマス・バーバリーの発明とされ、このブランドを代表する商品＝トレンチコートの生地として有名です。「ギャバジン」の名は中世に用いられた外套にちなんで、彼が名付けたともいわれています。

参考

　なお、これで綾目が1本ずつではなく2本ずつ現れたものを「キャバルリー・ツイル」と称します。弾力に富み皺になりにくく、かつてはキャバルリー＝騎兵隊のキュロットに使われていた生地です。今日でもカントリーテイストを持ったスーツやトラウザーズに多用されます。

C シャークスキン★

繊維

　主にウール。

構成

・経糸・緯糸双方で梳毛の双糸を用いた上で、「濃色の色糸と白糸とを撚り合わせた梳毛の杢糸《もくいと》」と「濃色の梳毛の色糸」とを交互に配列して2/2綾織とし、クリア加工を施して仕上げます。

・濃色と白色との細かな配列が階段状の模様になって現れるのが特徴です。

用途など

　表面に出る模様が鮫の肌を想像させることからその名が付きましたが、どうも和製英語らしく、英語圏ではピック・アンド・ピックと称します。独特の艶と立体的な表情を有し、スーツには典型的な合い物生地として活用されています。

D フランネル★

繊維

主にウール。

構成

・経糸・緯糸ともに紡毛の単糸を用いて平織とし、縮絨を施して仕上げます。

用途など

語源はウェールズ語でウールを意味する“gwlanen”ではないかと言われています。

サキソニー以上に軽くて柔らかい素朴な質感で、しかも暖かい生地となるため専ら秋冬向けのスーツ、しかもややカントリーテイストを持ったものに多用されます。

参考

ただしこの生地には綾織のものも存在し、これを「サキソニー・フランネル」と称します。前出のサキソニーと混乱しがちですが、綾目がより見えにくいものをこちらと見なすようです。

また、平織であれ綾織であれ、紡毛ではなく梳毛を用いたものもあり、こちらは「ウーステッド・フランネル」と呼ばれます。やはり前出のミルド・サージと見分けにくく、生地の組織がより見えにくいものをこちらと見なすようです。サキソニー・フランネルやウーステッド・フランネルは、本来のフランネルより都会的な用途のスーツ生地となります。

E トロピカル★

繊維

主にウール。

構成

・経糸・緯糸ともに梳毛の双糸を用いて平織とし、クリア加工を施して仕上げます。

・目がやや粗いものの平滑な表面を有します。

用途など

風通しが良くサラサラとした手触りで、目付が300g／m以下の薄手のものがほとんどであることからもわかる通り、典型的な春夏向けの生地です。ただし温暖化の影響なのか、最近は合い物系のスーツにも多く採用されています。

かつては熱帯地域向けにイギリスから輸出していたため、その名が付いたと言われていますが、海外では単純に「ライトウエイト・プレーンウィーブ」と呼ばれることも多いです。

参考

これを平織ではなく斜子織とし、目付を300g／m前後かそれ以上とやや重めにしたものを「マット・ウーステッド」と称します。トロピカルに比べ重くなるため、こちらは合い物のスーツに向いた生地となります。

また、番手の太い糸を甘い打ち込みで斜子織にしたり、平織でも撚りの甘い弱撚糸を意識的に用いたものは「ホップサック」と言います。ビールの原料・ホップを詰める袋に似ていることからの命名で、重量感がありながら風通しが良いのが特徴です。

F ポーラ★

繊維

主にウール。

構成

・経糸・緯糸ともに梳毛の3プライの強撚糸を用いて平織とした生地です。

・近年は双糸＝2プライの強撚糸を用いたものも見られます。

用途など

英語で「小穴の多い」を意味する“porous”を商標にしたものが一般名称になりました。その名の通りトロピカルより目が粗くザラッとした手触りで、ハリとコシがあり仕立て映えに優れます。

双糸のものでも280g／m、3プライでは380〜450g／m前後の重量がある割に風通しが良いことから、こちらも春夏向けのスーツに適した生地です。

糸を3プライとした場合は、用いる3つの単糸の色を全て変えることで、生地の色合いを複雑かつ立体的にしたものも多く見られます。

なお、今日では別の商標である「フレスコ」の名のほうがスーツの生地としては名が通っています。こちらは西アフリカ・コートジボアールの港町の名から取られたようです。

G ベネシャン

繊維

主にウールもしくはコットン。

構成

・経糸を緯糸より打ち込み本数を多くした上で五枚繻子の繻子織とした生地です。

・綾織をアレンジしたものも存在し、またウールの場合は経糸・緯糸ともに梳毛の双糸を用いる場合もあれば、緯糸に紡毛を使う場合もあります。
・仕上げもクリア仕上げのものもあれば、縮絨を施したものもあります。

用途など

語源は言わずと知れたイタリアの水上都市・ベネチアで、ここでこの生地が最初に織られたらしいのですが、真偽のほどは定かではありません。綾目が45度以上の角度になるものの、緯糸が経糸に隠れがちになるのでそれが見えにくく、鈍い光沢と滑らかな表面が特徴です。

若干厚めに仕上がるため、スーツの生地としてはややフォーマル感のある合い物〜秋冬向けと認識されています。またギャバジンと同様に中肉のコートの生地としても用いたり、カーテンの生地としても使われます。

H バラシア★

繊維

主にウール。

構成

・経糸・緯糸ともに梳毛の双糸を用いて「バラシア組織」と呼ばれる変形の斜子織もしくは畝織とした生地です。
・経糸にモヘアを使うこともしばしばあり、かつてはそれにシルクを用いることも多くありました。

用途など

こちらは語源が何なのか不明です。

急な角度の右上がりの綾目と緩い角度の左上がりの綾目がぶつかり、生地の表面に菱形の細かな模様が現れるのが特徴です。皺が出にくく、落ち着きのある質感に仕上がるので、フォーマル度の高いスーツに適した生地です。

I ツイード★

繊維

主にウール。

構成

・経糸・緯糸ともに紡毛の太い単糸を用いて、綾織もしくは平織とした生地です。
・原則的に起毛や縮絨は施さず組織をはっきりと出して仕上げます。

用途など

スコットランドにある河川名とか、綾織の生地を示す際の彼らの「つづり方」など、語源は諸説あります。いずれにせよ、イギリス周辺特にスコットランド産のものが非常に有名で、その名の上にはウールの種類やもともと織られていた地域、織る手段それに商標などが付与されるのが通例です。

節（ネップ）をはっきり出した糸を用いたり、人毛に例えると白髪にあたる枯毛（ケンプ・デッドウール）をあえて混ぜ防風・防寒性を高めたものなど、個性的な意匠を持つものが多く存在します。

総じて地厚で硬くザラっとした素朴な風合いながら、頑丈で空気を多く含むことが可能なので、典型的な秋冬物の生地としてコートやジャケットはもとより、スーツにもカントリーテイストを持つものに多用されます。

ただし、近年では嗜好の変化や温暖化の影響を受け、軽量化・柔軟化が大分進んでいます。

J ウェストポイント★

繊維

主にコットン。

構成

・経糸・緯糸ともに双糸を用いて、経糸を緯糸の2倍弱の打ち込み本数とした上で3/1綾織とした生地です。

・身の締まった平滑な表面で、綾目も45度以上の角度になるので、ギャバジンとしばしば間違われます。

用途など

この生地名はどうも和製英語らしく、アメリカの陸軍士官学校の名にちなんで付けられたようです。

ただしその発想自体は間違っておらず、上記の規格で織られた生地を、アメリカでは「ユニフォームツイル」と呼び、実際に、米軍の軍服にも用いられていました。

ギャバジンよりやや硬めに仕上げる傾向にあり、それと同様に耐久性に優れ、季節感のあまり出ない実用性の高い生地なので、カジュアル寄りのトラウザーズやスーツに使われます。

参考

この生地の糸を双糸から単糸に替え、より素朴な質感にしたものを「チノクロス」もしくは「ドリルクロス」と称し、こちらはいわゆるチノパンツ（チノーズ）の素材としてお馴染みです。イギリス・フランスの軍服には

19世紀から使われ、米西戦争の際に戦地フィリピンで米軍にも採用されたのが普及するきっかけです。

ただし、なぜ名前が「チノ」なのかには諸説あります。フィリピンの対岸の中国もしくは中国人絡みなのは間違いなさそうですが。なお、ウェストポイントとチノクロスの見分けは簡単です。生地の表面を見た時、前者は大抵綾目が向かって右上から左下に流れる「正綾」になる一方で、後者は大抵の場合、それが向かって左上から右下に流れる「逆綾」になるからです。

K ポプリン

繊維

今日では主にコットン。

構成

・経糸・緯糸ともに、単糸もしくは双糸を用いて、経糸を緯糸の2倍前後の打ち込み本数とし平織とした生地です。

・目がやや粗いもののコシのある平滑な表面で、生地の幅方向に水平に細かな畝が出るのが見た目の特徴です。

用途など

軽く通気性に優れるため、スーツとしては典型的な春夏向けの生地です。

特に、コットンとポリエステルを交撚したものは、濡れても早く乾き折り目が消えにくいこともあり、1960〜70年代には、特にアメリカで、盛夏用のスーツやトラウザーズに多用されました。我が国でも、クールビズ用にもっと活用されてしかるべき生地です。

参考

もともとはローマ法王(Pope)向けにフランスのアヴィニョンで15世紀前後に織られていた布地が起源とされ、当時は経糸にシルク・緯糸に梳毛を用いていました。今日でもタイ用の生地にはその比率のものが残っています。

L コーデュロイ★

繊維

主にコットン。

構成

・経糸・緯糸からなる地の組織(平織・綾織双方があります)の他に、もう一組別の緯糸を畳表のようにある点で経糸に押さえ付けるよう織り込んだ後、緯糸の浮いた部分を生地の上下方向に水平に一定間隔でカットするのを通じ起毛させた生地です。

・この織り方を「緯パイル織」と称し、上下方向に水平な縦縞が畝状に現れるのが大きな特徴です。

・畝自体の幅やそれ同士の間隔で極細～極太まで分類され、畝が太いほうが素朴な印象になります。糸は経糸・緯糸ともに単糸のものが主流です。

用途など

語源については、かのルイ14世がこの生地のジャケットを庭師に着せたことからフランス語の「王の糸 (corde du roi)」とする説が長年有力とされてきましたが、近年は異説も登場し混乱しています。

厚手で丈夫、しかも起毛の肌触りが心地良く仕上がるので、典型的な秋冬のカジュアル用の生地としてスーツやトラウザーズなどに多用されます。ただし近年は糸番手や目付、それに起毛感を抑えて春夏向けとした生地も出回っています。

M シアサッカー★

繊維

主にコットン。

構成

・張力を異ならせた2種類の経糸を一定間隔で交互に配列した上で緯糸と平織にした生地です。経糸・緯糸ともに単糸のものが主流です。

・張力の高い経糸の部分は平滑に仕上がる一方、それが緩い経糸の部分には凹凸のシボが発生し、それらが生地の上下方向に水平な縦縞として交互に現れるのが特徴です。

・元来は織機の工夫や異なる太さの経糸を用いて張力を変化させていましたが、ポリエステルを混紡するものはコットンとの収縮率の違いを応用し、薬品処理でそれを変えシボを作り出しています。

用途など

もともとはインドにあった青い縞の織物のことを、このように表現していました。シボがあるお陰で肌にベトつきにくく、しかも皺にもなりにくくなるので、カジュアル寄りの印象にはなるものの、盛夏用のスーツ生地としては極めて実用的なものになります。

無地もありますが、大抵の場合はこのシボを生かしてストライプやチェック柄とします。

N コードレーン★

繊維

主にコットン。

構成

・色糸の中に何本かおきに白い太めの糸を2~数本引き揃えて配置した経糸と、白の緯糸とで畝織とした生地です。糸は経糸・緯糸ともに単糸のものが主流です。
・生地の上下方向に水平に、細かい経畝《たてうね》が出ます。
・畝の太いものを「ビッグコード」、細いものを「ベビーコード」と更に分類する場合もあります。

用途など

薄くても身の締まった質感となり、畝による細かな凹凸のお陰で独特のサラサラとした感触をもつため、盛夏用のスーツ生地として実用的です。

シアサッカーに比べ凹凸に一定感があるので、見た目の印象はより清楚で落ち着いたものになります。

「混ぜる」も微妙に異なる?

例えばスーツの使用素材の表記に「表地：毛70%　ポリエステル30%」とあると、「ああ、この生地は混紡なのか……」と2種類の繊維を使っていると理解できます。しかし厳密にはこの「混ぜ方」には3種類あり、一般的にはそれらをまとめて「混紡」と称しています。

①混紡：複数の繊維を「混ぜ合わせて紡績した糸」を用いて織り上げた生地です。
②交撚：ある繊維の糸に別の繊維の糸を「撚り合わせて作られた糸」を用いて織り上げた生地です。
③交織：経糸と緯糸とで異なる種類の繊維を用いて織り上げた生地です。

コスト上の理由も多分にありますが、いずれかの方法で「混ぜる」目的には生地としての機能強化を狙っている点も忘れてはなりません。

例えばウールにナイロンを混紡したフランネル地は、強度が増すだけでなく色調をハッキリさせることも可能です。

またウールとポリエステルとを交撚した糸を用いたトロピカル地は、撥水性が増し折り目が消えにくくなるので、梅雨時のスーツ地に適しています。

5 生地の「色」

スーツの印象を最も決めてしまう要素は、案外これではないでしょうか。一見同じように見えても、微妙な違いが生地ごとにある、奥の深い世界です。

A 色の染め方

複雑な色合いに仕上げたいのか、あるいは均質な色で表現したいのか？ 生地に求められる色の出し方の違いで、染める方法も大きく変わります。

aトップ染め（綿《わた》染め）

糸に撚る前、つまり原料の繊維の段階で染めたものを指します。この方法で染められた繊維は、数種類の異なる色の繊維を合わせて紡績するのを通じ、深みのある複雑な色合いの糸・生地に仕上げるのが通例です。

生地に織り上がった時の風合いが最も自然になり、他の染め方に比べ経年による変色や色落ちが最も起こりにくいのも特長です。ただし、どうしても小ロットでの生産が行いづらくなってしまうのが欠点でしょう。

b糸染め（先染め）

糸に撚られた段階で染めたものを指します。

aに比べ少量から染めることができ、繊維や糸の持つ風合いをそれほど損なうことなく多くの色味を表現することが可能です。ストライプやチェックなどの複数の色が用いられる柄物の生地は、通常は対比性を出すのに優れたこの染めがなされた糸を用いて織られます。

なお、a・bをまとめて「先染め」と表現する場合もあるので注意が必要です。

c反染め（生地染め・後染め）

生地に織られた段階で染めたものを指します。強めで均一かつ安定した色合いに仕上がり、またa・bに比べ、使いたい生地の分だけ染められるため、生産効率やコストの面では優れた方法といえます。

ただし、他の染め方に比べ、経年による変色や色落ちが若干起こりやすい傾向にあるのも事実で、流行遅れの色柄の生地を、この方法で濃色の無地に染め変えて売られる場合も稀にあります。

B 具体的な色

代表的なスーツの色合いをいくつか取り上げてみます。最近は大分意識されなくなったり変化してきましたが、ビジネスに向いたもの、あくまでカジュアルの領域のもの……。双方の区別は知っておいて損はしません。第6・7章もご参照下さい。

a グレイ

濃さの微妙な違いにより、かしこまった場からくだけた場まで、活用範囲が最も広いスーツの色は間違いなくグレイでしょう。落ち着いた印象を与えるとともに着用者の個性を良い意味で抑え、シャツやタイや靴そして着用者の体型や顔立ちとを取り持ち、調和させる効果の極めて高いのが特長です。要は合わない他の色がなく、同時に似合わない人がいない色であるため、特にビジネススーツの代名詞的な色との認識が昔も今もなされています。

ライトグレイ、ミディアムグレイ、チャコールグレイと薄いものから濃いものになるに従い、かしこまった印象が強くなります。ライトグレイは温和で軽快な印象を与える一方で、チャコールグレイは生地の織り方次第では黒と同様にフォーマルウェア、特に昼間に執り行われる場合の多い「儀式の場」での装いに相応しいものも多いです。

かつての日本では多くの男性が無意識かつ当たり前にスーツで選んでいた色だったためか、「どぶネズミ」なる蔑称もありました。確かに一歩間違えると、まさにグレイゾーンとも呼ぶべきどことなくハッキリとしない、印象の薄くなりがちな色合いであるのも事実です。しかしそう言うのにはあまりにもったいない使い道の「奥の深さ」も多分にあり、使い勝手の良いスーツの色として再評価されるべきです。

b 紺

aに比べ総じて活動的で凜々しい印象を与えるのが紺でしょう。若々しさが強調されがちだからでしょうか、新入社員もしくは就職活動をする学生のスーツを象徴する色的なイメージがあるのも事実です。とはいえ、ニュアンスのわずかな違いで安定感や華やかさも表現できるので、年齢を重ねた人でも十分着こなせます。

実は似合うシャツやタイや靴の色については、aに比べ案外限定されます。しかし、だからこそ面倒なコーディネートを考える必要がなく、一定のパターンで違和感なく着用できてしまうこともあってか、今日ではa以上に日本ではビジネス用のスーツの代表色として定着している感があります。

明るめで気持ち赤みがかった花紺や、暗くやや緑がかった鉄紺、それにほとんど黒に近いミッドナイトブルーなど、バリエーションも様々で、色味が薄いものから濃いものになるに従い、かしこまった印象が強まるのはaと同様です。特にミッドナイトブルーは生地の織り方次第では、黒と同様にフォーマルウェア、特に夜間に催されることの多い「宴の場」での装いに最適なものになります。

cブルー／ブルーグレイ

後者はaとbの中間の色合いのものです。季節を問わずこちらも多く見かけますが、特に薄めの色合いのものは大分派手な印象に映るので、ある程度年齢が行かないとなかなか似合いません。かしこまった場には使えませんし、タイやシャツのコーディネートも決して簡単ではないので、aやbを着こなせるようになってから手を出すことをお薦めします。

dカーキ／ベージュ

特に夏向きのスーツに多く見られるもので、ウール以外、とりわけコットンやリネンのスーツに多く見られる色です。

かしこまった場には不向きであるものの、その分カジュアルで明るく軽快な印象を与え、かつ清潔感も表現できます。一方、その色合いの薄さゆえに汚れが目立ちやすいのも事実で、こまめな洗濯が必要な色でもあります。

eブラウン

dとは対照的に秋から冬にかけてのスーツに多く見られる色で、こちらは素材がやや厚手のウールかコットンコーデュロイが中心です。

風格のある印象にはなるもののあくまでもカジュアルの範疇であり、かしこまった場には不向きです。どちらかと言えば年齢の行った人のほうが似合うスーツの色ですが、若い人が落ち着きを演出したい時には頼りになります。

f 黒

スーツの柄を描く色としては以前から頻繁に用いられていますが、地の色自体が黒のものは、少なくともここ200年近くは、モードを意識したもの以外では冠婚葬祭の場で着用するスーツのみにほぼ限定して使われていました。厳かな印象を持つ色だからのみならず、告別式のように、様々な立場の人が交わり合って共通の意思を持って参加する特別な場には、文字通り「色」が混ざり切った色＝黒が相応しいとの発想もあるのでしょう。

近年ではビジネス向けのものにも確かに多く見るようになっていますし、カジュアルな服には当たり前に用いられていますので、無難な色と勘違いされがちですが、実は黒には上述したような背景もある、いわば「通常・普通ではないことを示す特別な色」です。モード系のスーツになぜこの色が頻出するのかも、この意識を理解していれば容易に納得が行くでしょう。この感覚はまだ欧米の、ある程度以上の教養を身に付けている層では常識ですので、彼らと付き合う際には意識しておくに越したことはありません。

シャツやタイの色合わせも難しく、結局フォーマルウェアとの区別が付きにくいモノトーンに陥りがちですので、個人的にはビジネス用に濃い色のスーツをお探しの場合は、この色ではなくチャコールグレイもしくはミッドナイトブルーをお薦めします。

6 生地の「柄」

あるものとないもの、細かいものと大きなもの、地の色と柄の色との対比など、「柄」はスーツの印象を微妙に、しかし確実に変化させる一種のスパイスです。なお、生地名の後ろに★印の付いているものは、巻頭の口絵03もご参照願います。

A 無地

最も基本の「柄」は、それ自体のない無地のものです。実際には生地の織り方自体が結果的に微妙な「柄」になってしまう場合も多々あります。スーツの入門であるとともに最終目的地でもあるのが、この無地です。

B ストライプ

スーツの柄で恐らく最初に思い浮かぶのが、生地の縦＝上下方向に縞の出るこれでしょう。

・ストライプ自体の色
・ストライプ自体の太さ
・ストライプ同士の間隔
・地の色とストライプの色との対比

などで、派手だったり落ち着いたり、印象が大きく変化するのがこの柄の醍醐味です。ストライプ自体の種類はともかくとして、一般的には最後の「地の色とストライプの色との対比」が激しく映るものほど、印象が大胆になる傾向にあります。なお、以下の分類は結構曖昧に行われているのが現状です。

a ヘアラインストライプ

毛髪程度の極めて細い縦縞からなるものをこう呼びます。緯糸・緯糸双方に濃色と薄色とを1本ずつ交互に配列して織られ、生地の裏側では縦縞ではなく横縞となります。

b ピンストライプ★

ストライプが連続した直線ではなく、点と点とが連なった状態で直線を構成しているものを本来はこう呼びます。実際にはそのような状態に似た比較的細身の、あまり目立たないストライプ全般を指す場合が多いです。

c ペンシルストライプ★

ストライプの太さが鉛筆で引いた線に似ているものをこう呼びます。ストライプ同士の間隔が鉛筆1本分程度のものを指す場合もあります。

d チョークストライプ★

ストライプがチョークで引いた線と同様に、やや太くかつボケ感があるものをこう呼びます。ストライプの色がハッキリしたものは「ボールドストライプ」と呼称が変わります。

e オルタネートストライプ★

異なる太さや色調のストライプが、規則的かつ交互に現れるものをこう呼びます。規則性は糸の色の違いで出すものもあれば、織り方＝組織の変化で出すものもあります。

f シャドウストライプ★

生地の組織を一定の間隔で変化させるのを通じて、「ストライプを出す色の糸」を用いていないにもかかわらず、光沢の違いで生地の表面にそれが描かれているかのような効果をもたらしたものです。

C ウィンドーペーン★

文字通り窓枠状の格子柄です。格子が大きければ大きいほど、また地の色と格子の色との対比が激しく映るものほど、印象が大胆になる傾向にあります。単体で採用される場合もあれば、以下のDと合わせて採用される場合もあります。

D チェック・プレイド

厳密には比較的小さなものをチェック、ある程度より大きなものをプレイドと呼び名を変えます。大きければ大きいほど、また地の色と格子を構成する色との対比が激しく映るものほど、印象が大胆になるのはCと同じです。単体で採用される場合もあれば、BやCと合わせて採用される場合もあります。

a ピンチェック★

通常は緯糸に濃色と淡色とを交互に配列して平織することで得られる、文字通り留め針状の細かいチェックのことを総称してこう呼びます。日本ではあるのかないのか解らない大きさ故に「微塵格子」と称します。無地に近い印象にまとまるので、チェックが苦手な人や明確な柄がそぐわない場であっても難なく着こなせてしまうのが特徴です。

b シェパードチェック★

通常は縦幅と横幅が同程度になるやや細かい2色使いの格子柄を指し、その名の通りスコットランドの羊飼いが用いていた白黒2色のチェックが起源とされています。シャツでおなじみのギンガムチェックと類似しますが、格子が交差しない部分に濃いほうの色の線が斜めに入ればこちら、入らなければギンガムチェックです。またこれが2色ではなく3色以上で構成される場合は、「ガンクラブチェック」と呼び名が変わります。なお我が国では、歌舞伎の勧進帳で弁慶が着ていた柄を小さくしたものに似ているため「小弁慶格子」と呼ばれます。

c ハウンドトゥース★

こちらも通常は縦幅と横幅が同程度になる2色使いのやや細

かな格子柄を指しますが、こちらには「猟犬の牙」の名の通り格子の端部に楔状の突起があるのが、bとは大きく異なる点です。ちなみに日本語では、多くの鳥が群れを成して飛んでいる様に見立て「千鳥格子」と呼ばれます。bと同様に2色使いが原則ですが、3色以上で構成されている場合もカントリーユースの生地では多々見られます。

dグレナカートプレイド★

「グレンチェック」と略して呼ばれることも多くあります。経・緯の双方の糸で濃色と淡色とを一定間隔で交互に配列し、綾織もしくは斜子織で表現した格子柄です。柄の構成としてはcとヘアラインストライプとを掛け合わせた複雑なもので、スコットランドのアーカート峡谷付近で19世紀初め頃から織られていた柄が原型といわれています。

eプリンス・オブ・ウェールズ★

dにCを組み合わせたものを一般的にはこう呼びます。もともとは白黒柄だったdを、茶とクリームの柄にアレンジして愛用したのが、20世紀初期の英国王・エドワード7世が皇太子だった頃です。それにウィンドーペーンを加えたものを、同じく皇太子時代に愛用したのが、彼の孫であるウィンザー公でした。その名の通り2人の「プリンス・オブ・ウェールズ」がこの柄の創造と普及に深く絡むがゆえの命名です。

E ヘリンボーンストライプ★

直訳するとニシンの骨、日本では杉の葉の形状を思い起こすからか「杉綾《すぎあや》」と呼ばれますが、どちらもその独特の模様に由来する名称です。綾織を多少アレンジして作られる柄なので、その意味では日本名のほうが正確かもしれません。

非常に古典的かつ応用範囲の広い柄で、例えばグレイと黒の2色使いの大柄で素朴な質感のものは、ツイードジャケットの柄として日本ではお馴染みです。その一方で、チャコールグレイや黒の単色で非常に細かいものに関しては、イギリスをはじめヨーロッパ諸国ではモーニングの上着の代表的な生地として認識されています。

7 「裏地」の種類

汗を吸収・排出する、衣服内

温度を安定させる、着脱時の身体の滑りを良くする、芯地や肩パッドを隠して内側の段差を無くす……。スーツの着心地で意外と多くの役割を果たすのが裏地です。厚みや色柄の違いも重要ですが、ここでは繊維による特性の違いを中心に解説します。

A 天然繊維

a シルク

もはや滅多に用いられませんが、美しくも繊細な「繊維の女王」は、裏地においてもその地位を保ちます。昔も今も最高級の裏地と言えば、これで作られたものにとどめを刺します。強度や汚れやすさの点では他のものに比べて劣るものの、肌触りが最も優しく、自然だからです。

なお素材についての詳しい特徴については、この章の1をご参照下さい。

b アルパカ

文字通り、南米産の山羊の一種であるアルパカ、もしくはリャマの毛を原料とした裏地で、中空繊維であるため熱伝導率が低く、夏涼しく冬暖かいのが特徴です。

また、丈夫で自然な光沢があり、天然繊維の割に滑りが良いため、1960年代頃までは多く用いられていましたが、後述するc以降のものの進化・普及に伴い、現在では嗜好性の高い裏地との位置付けになっています。なお、100%この素材であることは稀で、通常は経糸にコットンを交織します。

B 再生繊維

c レーヨン

紙パルプに類似したものを溶かして植物セルロースを化学的に抽出し、それを原料に繊維にしたもので、aを真似て19世紀末期に作られた最初の化学繊維です。擦れると白色化しやすく濡れると強度が大きく落ち、実は皺になりやすいという欠点があるものの、吸湿・放湿性に優れ熱には強く、そして色の出方が美しいこともあり、dやfが普及する以前にaやbに代わり用いられるようになりました。今日でもイギリスの注文服には多く見られます。

d キュプラ

cの原料が綿の種子の周りに

ある産毛（コットンリンター）に変化したもので、こちらもaを理想に求めた19世紀末の発明です。商標の「ベンベルグ」のほうが知名度は高いかもしれません。

cと同等の特性がありながら、cに比べ耐久力や耐摩耗性などに優れ皺にもなりにくいため、今日では比較的高級かつ実用性の極めて高い裏地としての地位が定着しています。

C 半合成繊維

eアセテート

紙パルプに類似したものから化学的に抽出した植物セルロースと、石油や石炭からなる有機化合物の双方を原料として作り上げた繊維です。静電気がやや起こりやすいものの他の特性はcとほぼ同じで、アメリカで企画されたスーツに用いられる傾向が高いです。

D 合成繊維

fポリエステル

価格の安さも手伝い、登場以来特に普及品のスーツに多く用いられている、今日の裏地の主役ともいえる繊維です。吸湿性に乏しく高湿期は蒸れやすく乾燥期には静電気が発生しやすい従来の欠点も、近年では改良が相当進んでいます。メッシュ構造で清涼感を増したものなど、機能性をさらに高めた商品も続々と登場しており、もはや安かろう悪かろうではない存在です。なお素材についての詳しい特徴については、この章の1をご参照下さい。

第5章

わずかな違いが、起源や役割の違いに直結！

この章ではスーツのディテールについて、ジャケット・トラウザーズ・ウェストコートの別に、シルエットから細かな箇所に至るまで詳しく解説します。同じ箇所でもこれだけ異なる仕様が存在すること自体がまず驚きですが、大抵の場合、これらは用途や目的、あるいは地域性や時代背景の違いによって生じたものです。よって、この種の「違い」が見えてくると、スーツの様式美的なものについての理解が深まること確実です。「自分ならどのディテールを選ぶか？」を考えつつ読み進めていただけますと幸いです。

ジャケット

1 シルエット

代表的な3種類を挙げておきます。それぞれが普及した背景には、「なるほど!」と思わせるものがあり、それらは他のディテールの違いへと有機的につながっていきます。

A ボックス型

ジャケットを前後方向から眺めた際、肩・胸・腰・尻の横幅が、ほぼ均一で直線的に見えるものを指します［図5-1-A］。気楽な室内着であったスーツの原点ともいえるシルエットですが、身体の各部位の特徴のいずれかを優先し、他を若干犠牲にする宿命を持つため、全体的にタイトめかルースめかの違いでさらに分類できます。前者は1950年代後半から60年代前半のアイビーやモッズのような、細身の若い世代が主導権を握った流行のものが代表例で、彼らの身体的特長を生かしたシルエットと解釈されました。後者はアメリカントラッド系では20世紀初頭から親しまれているものです。既製服が他国より早く浸透する中、これが「一部の箇所のサイズが多少自分と合わなくても、早く着たい」消費者と、「より多くの人向けに、より多く作って売りたい」生産者の双方の願望を満たす形と解釈されたわけです。

B アワーグラス型

例えば胸ダーツを入れて胴囲を絞るのを通じ、ジャケットを前後方向から眺めた際に、そこに一種のくびれを出したものを指します［図5-1-B］。スーツがビジネスウェアとして定着した1920年代後半頃から、特にイギリスのものを中心に採用され始めたシルエットで、結果としてチェスト（胸囲）に生ずる独特なゆとり皺（これを「イングリッシュドレープ」といいます）ともども、一貫して彼の国のスーツの代名詞になっています。もともとは着心地改善のための技術的な考案で、生地を腰と脊柱に密着させるのを通じてチェストの立体感を増し、胴囲のダブツキを解消するとともに、着用時にジャケットの重さが肩と首に集中するのを防ごうとしたものです。結果的に生じたシルエットのメリハリは、イギリス発祥らしい「用の美」です。

C 逆三角形型

Bよりも特に肩幅とチェストを大きく造形するのを通じ、ジャケットを前後方向から眺めた際に結果的に肩と胸に比べ、腰と尻の横幅が狭まって見えるものを指します［図5-1-C］。当然ながら肩が最も強調されるシルエットで、1930年代終盤から50年代前半にかけて、そしてその時代アレンジが積極的に行われていた80年代後半に特に注目を集めたシルエットです。前者はちょうど第二次大戦とその後の混乱の時期であり、肩幅の強調はすなわち、困難な時期だからこそ力強く生き延びたいという率直な意思を、服を通じて表現していたと言えます。一方後者では、それまでのジャケットに比べ肩回りを圧倒的に柔らかく造形していたこともあり、強さというより包容力をこのシルエットで示しました。

［図5-1］シルエット

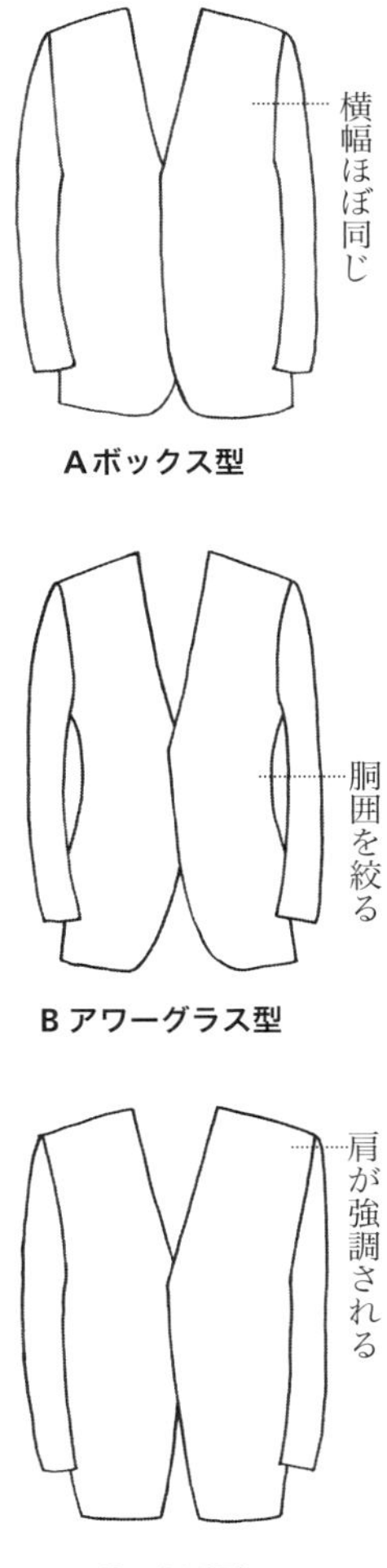

2 胸部のダーツなど

ダーツとは前身頃の両胸などにある「つまみ縫い」のことです。本来の英語ではフロントダート（Front Dart）ですが、左右1対になる場合がほとんどだからか、日本では慣用的に複数形で呼びます。

A 胸ダーツなし

ジャケットの原点はこれで、得てしてボックス型もしくはそれに近いシルエットになりがちです［図5-2-A］。脇線などの縫い目線の取り方次第で、それ以外のシルエットに変化させることも不可能ではないものの、技術的に高度なテクニックが求められます。今日ではアメリカントラッド系のものやイタリアのフィレンツェのものなど、Bが登場・普及する前にその地域でのジャケットの製法が確立されたものに多く見られます。

B 胸ダーツ付き

ヒップ丈のジャケットでは20世紀初頭から原型が見られ始め、本格的には1920年代後半頃から、特にイギリスのものを中心に採用されるようになり、その後世界的に普及した意匠です［図5-2-B］。通常は左右の乳首の下辺りから腰ポケット付近まで1対施されますが、より効果を高めるべくその脇側にもう1対施す場合も稀に見られます。シルエットの項でお話しした通り、もともとはチェストを立体的にし、胴囲のダブツキを解消するとともに、ジャケットの重さを分散させる着心地改善のための技術的な考案であり、胴囲のくびれやチェストに生ずる独特なゆとり皺＝ドレープは、あくまで結果として美しく出てきたものです。ただ今日では、当初の目的を忘れてこれを惰性的に付け、技術的にも美的な面でも効果を疑わざるを得ないジャケットも多く見られるのが残念でなりません。

C 貫通ダーツ

Bは通常、腰ポケットに接した辺りが下端となりますが、それが前身頃の裾まで貫通しているように見える状態を指します［図5-2-C］。

これは主に下腹部が出っ張っ

［図5-2］胸部のダーツなど

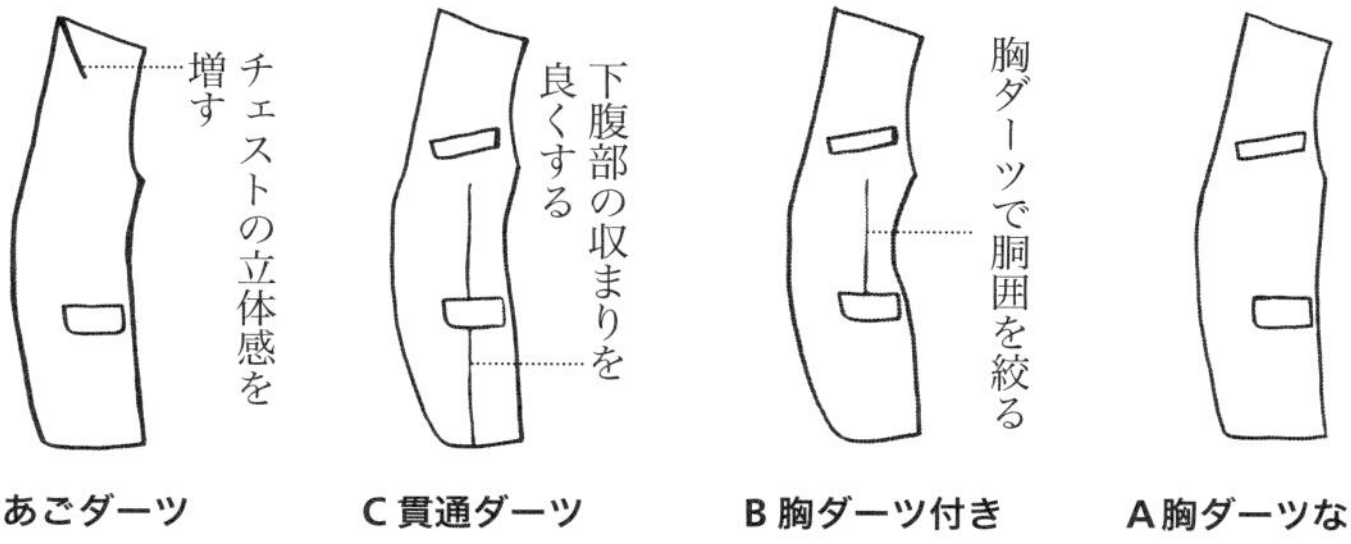

ている人向けで、これと腰ポケットの切り口の線を利用してジャケットのその部分の収まりを改善する（これを「腹グセを取る」といいます）ための、いわばパターン上の一種のテクニックです。

胴囲やヒップに比べ、チェストが大きい方向けに用いられる場合もあります。

1990年代終盤に脚光を浴びたイタリアのナポリのジャケットで注目された意匠の1つで、当時はナポリ仕立ての専売特許とか高級品の証とかともてはやされました。

しかし、実際には、イギリスの注文服などにもBが本格的に採用された頃から見られる仕様で、必ずしも万人向けとは限りません。

D あごダーツ

上襟と下襟に隠れる形で、前身頃の喉元から胸に向かって設けられたダーツのことです［図5-2-D］。

こちらも本来は胸板が厚かったり鎖骨が出っ張っていたり、また鳩胸の方向けに考案されたパターン上の工夫で、これを加えることでBよりさらにチェストの立体感が増し、Vゾーンの端が見苦しく開いてしまうのを防ぎます。

Cと同様に必ずしも全ての人に向くものではないのですが、高級なジャケットの証として誤解されることも結構あります。

3 シングルブレステッドとダブルブレステッド

「シングル」「ダブル」と何気なく略されていますが、その正確な定義をご存じの方が意外と少ないのも事実。左右の胸で上前と下前の関係を変えられるか否かが、決定的な違いです。

A シングルブレステッド

上前と下前の重なり（これを「打ち合い」といいます）の幅が狭く（浅く）、胸ボタンが下前のみに縦1列に付いたものを指します。紳士服の場合「左胸＝ボタンホールの付く上前」「右胸＝胸ボタンの付く下前」の関係が固定されるため、日本語では「片前」といいます。今日のモーニングのジャケットの原型である膝丈の乗馬用ジャケットを起源にするといわれ、胸ボタンも縦1列であるためか、どちらかといえば軽快な印象を与えます。

B ダブルブレステッド

Aとは対照的に打ち合いの幅が広く（深く）、胸ボタンが下前と上前の双方に付くので着用時にそれが縦2列に見えるものを指します。物理的には左右の胸を上前・下前のどちらにも出来てしまう構造になるので、日本語では「両前」といいますが、実際にはそれが可能なようにボタンとボタンホールとを完全配置するのは珍しく、ましてやそのように着用するのも今日では稀です。打ち合いの幅が深くなる分、Aより保温性や防風性を高めることも可能で、その機能性が真価を発揮した軍服から着想を得たものだと言われています。また胸ボタンが縦に2列並ぶ視覚的な影響もあり、Aに比べ印象は重厚になります。

4 胸ボタンの数と配置

胸ボタンを前身頃のどの位置にどれだけ付けるかで、ジャケットは見栄えも着心地も大きく変化します。過去の流行の経緯や用途・体格との相性も含め、代表例を解説します。

A シングルブレステッド

一番上に付く胸ボタンから順に下に向かい「第一ボタン」「第二ボタン」と記します。シング

[図5-3] シングルブレステッドの胸ボタンの数と位置

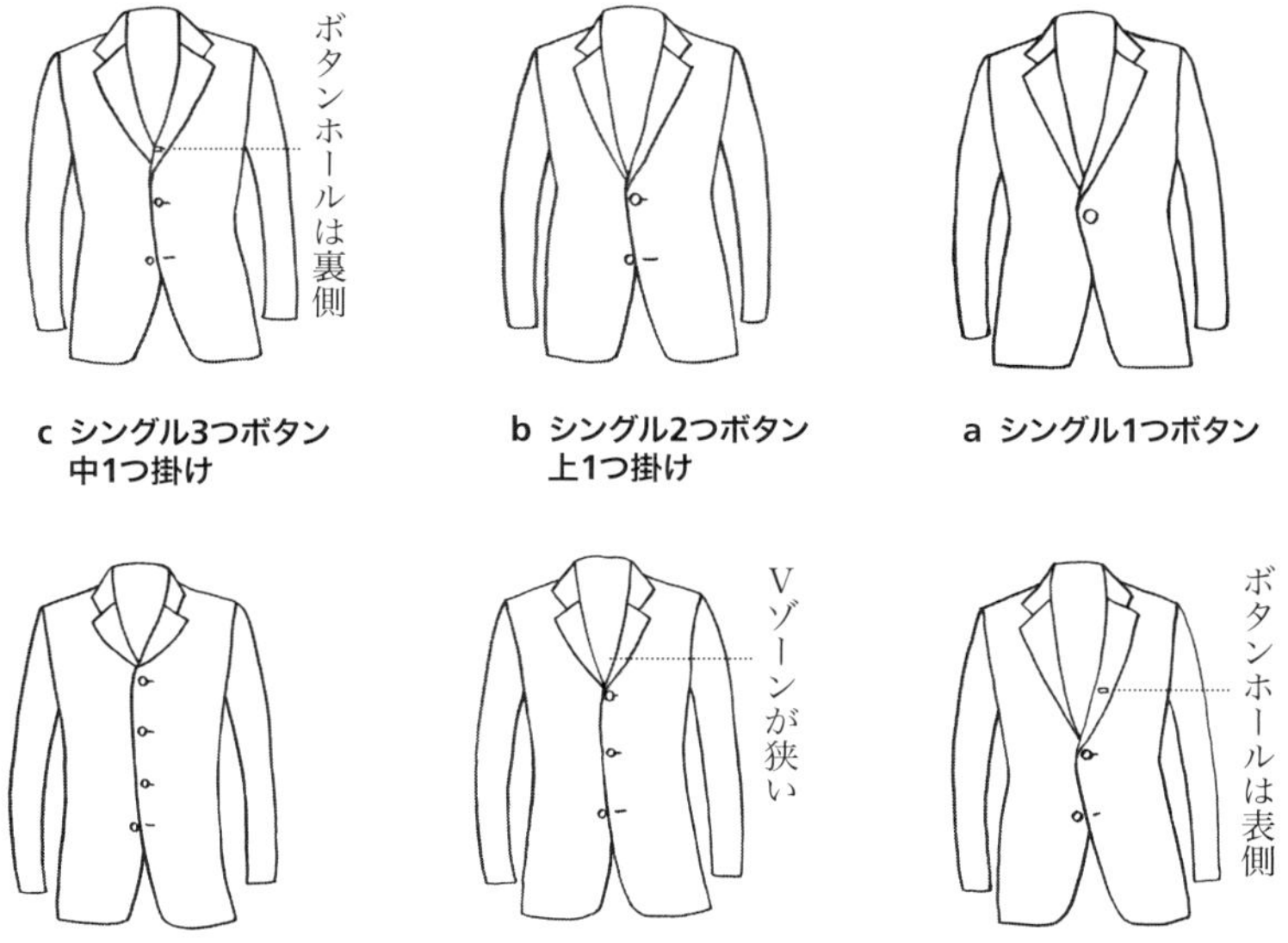

a シングル1つボタン

b シングル2つボタン 上1つ掛け

c シングル3つボタン 中1つ掛け

d シングル3つボタン 中1つ掛け段返り

e シングル3つボタン 上2つ掛け

f シングル4つボタン 上3つ掛け

ルブレステッドでは立っている時、a以外は一番下の胸ボタンは閉じません。今日ではフロントカットをカーブさせている場所にそれが付くので、あくまで飾りでしかなく、無理に閉じようとすると不要な皺が出たりジャケットのシルエットが崩れ、本来の着心地が得られなくなるためです。一方で着座時には、全ての胸ボタンを閉じないでおくのが国際的なマナーです。その状態で無理に閉じようとすると、こちらも見苦しい皺が出てしまい、相手に失礼になるとの配慮からなのですが、日本では逆にこれを非礼だと思っていらっしゃる方が多いようです。我が国では戦後以降、特に胴囲がルースにフィットするスーツが、ことさら社会を指導する立場の層に一般的になってしまった原因の一つがこの意識ともいえ、スーツ受容の歴史の中で、正にボタンの掛け違いが起こってしまったのです！

aシングル1つボタン

言うまでもなく、胸ボタンが前身頃のほぼ中心に1つしか付かない、最もシンプルなものです［図5-3-a］。余計な胸ボタンが視線を遮ることなく、凛とした雰囲気が前面に出るため、多くの礼装、例えばシングルブレステッドのディレクターズスーツやディナージャケット（タキシード）、それにモーニングのジャケットは現在ではこれが主流になっています。また、イギリスのとある著名なビスポークテーラーのように、これを看板のスタイルとして、それ以外の用途のジャケットも長年にわたり作り続けているところもあります。しかし全体的に見ると、この仕様はモード系を含めてもほとんどお馴染みではなく、せいぜいアメリカ西海岸発祥で1960年代前中盤に脚光を浴びたコンポラ（アメリカンコンテンポラリーの我が国での略称）スタイルのジャケットで注目された程度です。胸ボタンの位置が微妙に変わるだけで、シルエットの出方や見た目の印象だけでなく着心地まで大きく変化してしまう、つまり品質や作り手の実力の差が露呈しやすい、最も単純だからこそ最も難しい仕様だからかもしれません。

bシングル2つボタン上1つ掛け

胸ボタンが前身頃のほぼ中心とその下の合計2カ所に付き、第一ボタンのみを閉じるものです［図5-3-b］。第二ボタンも閉じていた通称「パドックジャケット」が進化して1940年代頃から徐々に普及し、70〜80年代にかけては特に第一ボタンの位置をやや低めに据えたものがc以上に一般的になりました。90年代以降いったん衰退するものの、近年は特に若い世代向けに再び支持が高まっている定番の一つです。復活の理由は、c〜fに比べシャツやタイが見えるVゾーンを縦長に出しやすい、すなわち胸元が見た目にシャープかつスポーティな印象になるのとは対照的に、その部分が開き、拘束感のない着心地となるため、ジャケット全体をタイトフィットにしても窮屈さを感じにくくなるからでしょう。第一ボタンが低めの位置に付くものを見慣れていたためなのか、この仕様は従来太っている方や胸板の厚い方向きといわれ、細身の方には不向きとされていました。しかし、近年の復活はこの「細身の若い世代」の支持である点が興味深く、時に必要以上にタイトなジャケットを好まれる傾向が、21世紀以降確実に浸透している証拠ともいえます。

cシングル3つボタン中1つ掛け

胸ボタンが前身頃のほぼ中心とその上下の合計3カ所に付き、第二ボタンのみを閉じるもののうち、下襟（ラペル）の折り返し位置が第一ボタンとほぼ交差するかそれよりわずかに下のものを指します［図5-3-c］。スーツがビジネスウェアとして完全に定着した1930年代から、イギリスなど特にヨーロッパのジャケットでは常にシングルブレステッドの主軸であり、70～80年代にかけて一時衰退したものの、90年代以降再び支持を取り戻したこちらも定番中の定番です。他に比べ着る人の体格をそれほど選ばないのが大きな特徴で、また第一ボタンの位置のお陰で下襟の線が柔らかく折り返り、フロントカットのカーブとのバランスが自然に取れるので、中庸で落ち着いた印象が保てるのも安定した人気の要因だと思われます。胴囲をシェイプさせメリハリの利いた、いわゆるアワーグラス型のシルエットを持つジャケットとの相性に、特に優れたボタン配置です。

dシングル3つボタン中1つ掛け段返り

cと類似しますが、こちらは下襟の折り返し位置が第一ボタンより明らかに下で、特にそれと第二ボタンとの中間より下にくるものを指します［図5-3-d］。第一ボタンのボタンホールの「表の縫い目」が、前身頃ではなく下襟の返る側（＝見返し）にくるのが見分けるポイントです。cやeの派生系として特にアメリカのジャケットが好んで採用する仕様で、中には下襟が第二ボタンの辺りでようやく折り返るものもあります。bと同様にVゾーンを縦長に出しやすく、拘束感のない着心地となるため、太っている方や胸板の厚い方が相対的に多く、ヨーロッパの方に比べ楽なフィット感を求めがちなアメリカの人々には好都合なのかもしれません。

eシングル3つボタン上2つ掛け

胸ボタンが前身頃のほぼ中心とその上下の合計3カ所に付き、第一ボタンと第二ボタンの双方を閉じるものです［図5-3-e］。第一ボタンを閉じるので、当然ながら下襟の折り返し位置はそれよりも上に来ます。20世紀初頭から1920年代辺りまでの主軸であった一方で、50年代後半から60年代前半にかけては、アイビーやモッズといったファッションとともに欧米の若い世代を中心に大ブームとなった仕様です。bとは正反対に、Vゾーンがコンパクトにまとまりやすく、胸元をしっかりカバーするタイトな着心地となるため細身の方向けで、ジャケットのシルエットも全体的にスリムなものとの相性に優れます。

fシングル4つボタン上3つ掛け

胸ボタンが前身頃のほぼ中心を境に上下に2対つまり合計4カ所に付き、第一ボタン〜第三ボタンまでを閉じるものです［図5-3-f］。襟元にあったボタンのみを閉じていたスーツの原点を、ある意味最も保っている仕様です。前身頃の幅に比べ下襟が小さいのと、対照的にフロントカットの直線が長く間延びした印象になるためか、今日ではあまりお目にかかれませんが、ボタンの縦間隔を工夫すれば背が高くて細身かつ細面の方には選択肢になり得ます。

B ダブルブレステッド

シングルブレステッドとは対照的に、ダブルブレステッドを着て立っている時はg・h・j以外は、一番下の胸ボタンは閉じても閉じなくても構いません。フロントカットがスクエアなので、そこを閉じても不要な皺が出たりジャケットのシルエットが崩れることはなく、着心地にも大きな影響が出ないためです。また、着座時も胸ボタンは立っている時と同様の閉じ方のままにしておくのがマナーです。打ち合いの幅が広い（深い）分、全く閉じないでおくと前身頃の生地が大きくはだけてしまい、明らかに不躾に見えてしまうからです。

gダブル2つボタン1つ掛け

胸ボタンが前身頃に左右に1

［図5-4］ダブルブレステッドの胸ボタンの数と位置

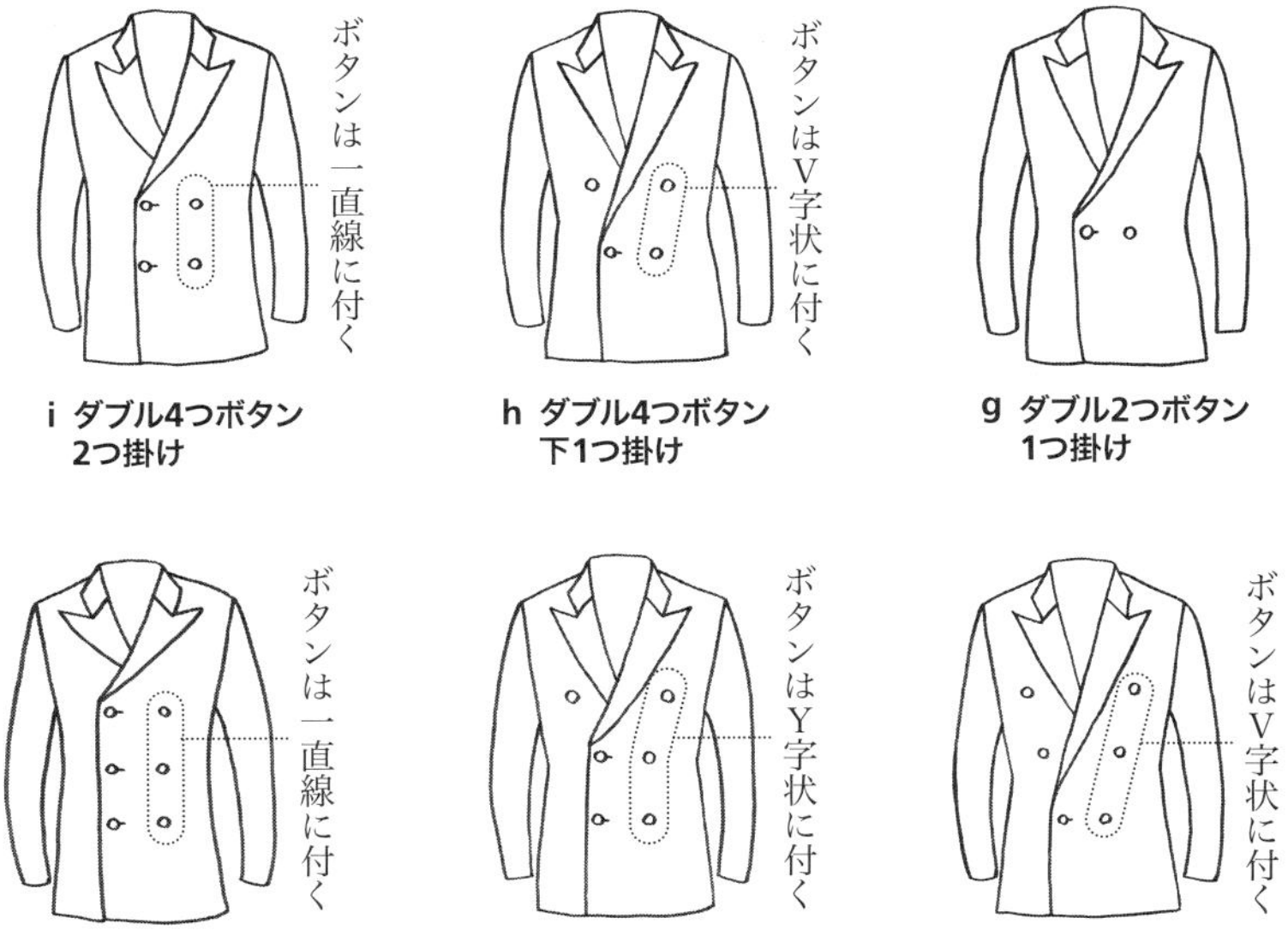

g ダブル2つボタン1つ掛け
h ダブル4つボタン下1つ掛け
i ダブル4つボタン2つ掛け
j ダブル6つボタン下1つ掛け
k ダブル6つボタン下2つ掛け
l ダブル6つボタン3つ掛け

対ずつ付く、Bの中では最もシンプルなものです［図5-4-g］。婦人服のジャケットでは多く目にする仕様ですが、紳士服では1960年代前中盤のコンポラスタイルで多く見られた程度で、今日ではまずお目にかかれません。あってもせいぜいモード系ブランドのものや注文服のディナージャケットまでで、日常身に着けるには機能的にあまり意味をなさず、シングルブレステッドとの違いが明確に見出せないからかもしれません。

hダブル4つボタン下1つ掛け

胸ボタンが前身頃に上下左右に2対ずつ付き、第二ボタンのみを閉じるものです［図5-4-h］。第一ボタンの横間隔が第二ボタンのそれよりも広く、下襟の折り返し位置が第一ボタンより明らかに下にきます。１９４０年代のスーツで大変もてはやされた仕様で、その変奏曲だった80年代のイタリアのデザイナーによるスーツやジャケットでも、ルースなシルエットでボタン位置を低く設定したこれが大ブームを巻き起こしました。Ｖゾーンと下襟が縦長に出るのを通じ、背を高く見せる効果を得やすいので、小柄な方に向き、これを積極的に活用したのが、実は小柄だったかのウィンザー公です。ちなみに彼の母国であるイギリスではダブルブレステッドでディナージャケットを仕立てる際、これを採用する場合が意外と多く見受けられますが、それは彼を見習ったという以上に、胸ボタンの数が少ないほうが凛々しく見えるとの考えに基づいているようです。

i ダブル4つボタン2つ掛け

胸ボタンが前身頃に上下左右に2対ずつ付き、第一・第二双方のボタンを閉じるものです［図5-4-i］。第一ボタンの横間隔が第二ボタンのそれと同じで、下襟の折り返し位置が第一ボタン近辺にきます。１９３０年代と60〜70年代のものに比較的多く見られ、前者のほうが胸ボタンの横間隔が広い＝打ち合いの幅が広い（深い）傾向にありました。また、今日の常識では考えにくいのですが、後者では、アメリカにおいては後身頃にセンターヴェントを配したものも少なくありませんでした。ダブルブレステッドの中では最も大人しい、ある意味素朴な印象があるがゆえに、近年はあまり見かけないのかもしれません。

j ダブル6つボタン下1つ掛け

胸ボタンが前身頃に上下左右に3対ずつ付き、第三ボタンのみを閉じるものです［図5-4-j］。胸ボタンの横間隔が第一・第二・第三ボタンと下に行くにつれて狭くなり、前面から見ると胸ボタンがＶ字状に配置されるのが特徴です。また下襟の折り返し位置が第二ボタンより明らかに下にきます。独特なボタン配置は特に逆三角形型のシルエットとの相性に優れ、Ｖゾーンと下襟が縦長に出るのを通じ、比較的ルースな着心地の割に胸板を厚くかつウェストを細く見せる効果が高いこともあり、例えばお腹が出っ張っているのを隠したい方に向いています。ダブルブレステッドの中では最も威勢良く見えるからでしょうか、1930年代のアメリカではiやk以上に脚光を浴び、hと同様に80年代後半にもリバイバルブームが起きています。

kダブル6つボタン下2つ掛け

胸ボタンが前身頃に上下左右に3対ずつ付き、第二ボタンと第三ボタンを閉じるものです［図5-4-k］。第一ボタンの横間隔のみ第二ボタン・第三ボタンのそれよりも広く、前面から見ると胸ボタンがY字状に配置されるのが特徴です。

また、下襟の折り返し位置が第二ボタン近辺にきます。厳密に言うとこの仕様はさらに2種類、左右の第三ボタンが腰ポケットの上辺と一直線に並ぶものと、それより下に位置するものとに分類が可能です。前者は50年代以前のものに多く、ジャケットの下部に腰ポケットと第三ボタンからなる横線が浮かび上がるので、見た目の安定感が増し、細身の方がそれを強調させたくない時には最適です。今日の主流は後者で、腰ポケットの横線を第二ボタンと第三ボタンからなる縦線が遮ることになるので、全体的にシャープで伸びやかな印象になり、体格の良い方をスリムに見せたい場合に効果があります。

いずれにせよかしこまった表情に映り、多くの方の体型に合いやすいため、30年代以降常に安定した人気を保つ最もお馴染みのものです。

lダブル6つボタン3つ掛け

胸ボタンが前身頃に上下左右に3対ずつ付き、第一～第三ボタンまで全てを閉じるものです［図5-4-l］。ボタンの横感覚が第一～第三ボタンで全て同じで、下襟の折り返し位置が第一ボタン近辺にきます。ボタンを3つ閉じることにより、ダブルブレステッドの中ではフィット感が最もタイトになるので、こちらはもっぱら細身の人向きです。

ジャケットとしては1960年代後半に非常に受けたもので、当時はコートにも多く採用されました。また、その頃活躍していたフランスの著名なデザイナーたちが婦人服から紳士服に活動の場を広げる際もこの仕様をこぞって取り入れました。19世紀初頭のイギリスで、後のジョージ4世が摂政（Regent）だった頃のファッションリーダーであるボー・ブランメルのジャケットから着想を得たらしく、その時代の通称にちなみ「リージエンシーダブルブレステッド」なる別名もあります。

胸ボタンを「どこ」に付けるのかも大事！

ここまで胸ボタンの数と付け方の様々なバリエーションを、歴史的な推移や体型別の相性とも絡めてお話ししましたが、この相性は必ずしも絶対的なものとは限りません。胸ボタンの上下方向の「位置」、特に実際に開閉をする胸ボタンの位置と、他の胸ボタンとの「間隔」次第で、相性はある程度変化し得ます。例えば細身の方向きと書いた「シングル3つボタン上2つ掛け」であっても、全体の胸ボタンの位置を下げたりその間隔を狭めたりするのを通じてVゾーンに余裕を持たせれば、より多くの体型に適応できます。流行も密接に絡んでくるものの、自らの体型と好み、そしてどのような場面で用いるのかを冷静に考えて選ぶのが、最も健全な付き合い方でしょう。

5 ボタンの種類

極めて小さなパーツでありながら、ジャケットの印象を大きく左右するのが、胸や袖口に付くボタン。

紳士服の場合は形状に制限がある分、材質の違いがイメージの違いに直結します。

A ホーンボタン

主に東南アジア・南アジア・それにアフリカ産の本水牛の角を加工したものです［図5-5-A］。染色が効かない素材のため、色味がベージュや茶系それに黒系のみと少なく、また模様も不揃いになってしまうものの、丈夫で割れにくく、年数を経ても変色しにくい特長から、長年スーツ用の高級ボタンの代名詞となっています。

B ナットボタン

主に南米産のタグワ椰子の実を加工したものです［図5-5-B］。本来の色は白（象牙に似ていることからアイボリーナットと呼ばれます）ですが、多くの場合様々な色に後染めして用いられます。Aに比べ色味が豊富で、また経年で茶色がかった独特の雰囲気が出てくるため、こちらも高級なボタンと認識されています。

C シェルボタン

主に太平洋上にある熱帯・亜熱帯の島々で採れる真珠母貝（マザーオブパール。白蝶貝・黒蝶貝・茶蝶貝）や高瀬貝などの殻を加工したものです［図5-5-C］。耐久性にはやや難があるものの、独特の透明感と光沢をもつため、特に盛夏向けのスーツやジャケットに多用されます。

D プラスチックボタン

その名の通り、アクリル樹脂などのプラスチックを原料としたものです［図5-5-D］。高級感には正直劣るものの、丈夫でかつB以上に色味が豊富に揃うことから、今日のボタンの主役となっています。主に大量生産の既製品向けですが、中にはイギリスの著名なビスポークテーラーのように、「表地の色と合わせやすい」＝「ボタンを目立たせなくできる」点を評価し、高価な注文服であってもあえてこのボタンを用いる場合もあります。近年はAに雰囲気の似たものも多く出回っています。

E メタルボタン

真鍮等の金属を加工したものです［図5-5-E］。ブレザーの

［図5-5］ボタンの種類

A ホーンボタン

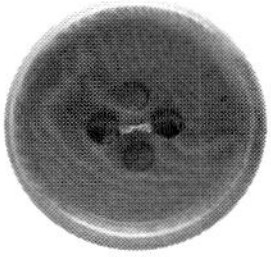

B ナットボタン

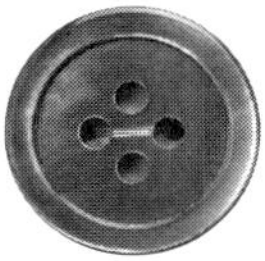

C シェルボタン

D プラスチックボタン

E メタルボタン

F レザーボタン

みならず学生服それに軍服など、主に制服的な要素が強いジャケットに用いるボタンです。縫い糸を通す穴を表面には設けず、底部にそれを別途備えたものが主流です。表面には本来ならば所属先の紋章や個人のモノグラムなどが彫られますが、近年はブランドのマークが刻まれる場合も多く見られます。

F レザーボタン

その名の通り牛革製のボタンです［図5-5-F］。カントリーテイストが強いものに稀に採用されます。縫い糸を通す穴を表面に設けたものと、底部にそれを別途備えたものの双方があり、後者は表面が編み紐状になっているものが主流です。

G 共地ボタン（くるみボタン）

金属でできたベースにジャケットの表地と同じ生地を上から包んで仕上げたものです。その構造上、縫い糸を通す穴は必ず底部に備わります。

スーツのボタンとしては、1960年代に流行し、風変わりでかつ相当ドレッシーな印象になります。

6 ゴージラインの位置と角度

ゴージとは古い英語で喉や食道のこと。一般的なジャケットでは襟を立てると上襟と下襟の境界線が確かに喉元を通ります。この位置と角度が時代や流行で様々に変化するのです。

A ローゴージ

前身頃・後身頃・上襟が縫い合わされる点（これをネックポイントと言います）からゴージラインの最も首元に近い点までの距離が相対的に長いもの、つまりゴージラインが上下方向に低めの位置から始まるものを指します［図5-6-A］。垂直気味の角度になる傾向が高いので胸ボタンの位置や胴囲のくびれの位置も必然的に低めになり、また肩周辺を遮る線がなくなるのを通じチェストより肩幅の広さが強調されることにもつながるため、逆三角形型でルースなシルエットと結び付きがちです。主流となったのは第二次大戦後の1940年代後半～50年代前半にかけて、そしてその時代のアレンジが積極的に行われていた

80年代後半には極端に低い位置のものも流行しました。

B ハイゴージ

ネックポイントからゴージラインの最も首元に近い点までの距離が相対的に短いもの、つまりゴージラインが上下方向に高めの位置から始まるものを指します［図5-6-B］。角度については気持ち鋭角気味のものもあれば、水平に近いものもあり、前者はイギリスの注文服に伝統的に多く見られる一方で、後者は1990年代に広く浸透したクラシコイタリアブームを象徴する仕様でした。いずれも肩周辺を遮る線がしっかり映るのを通じ、肩幅よりチェストが強調されることにつながるため、アワーグラス型のシルエットとの相性に優れています。

［図5-6］ゴージライン

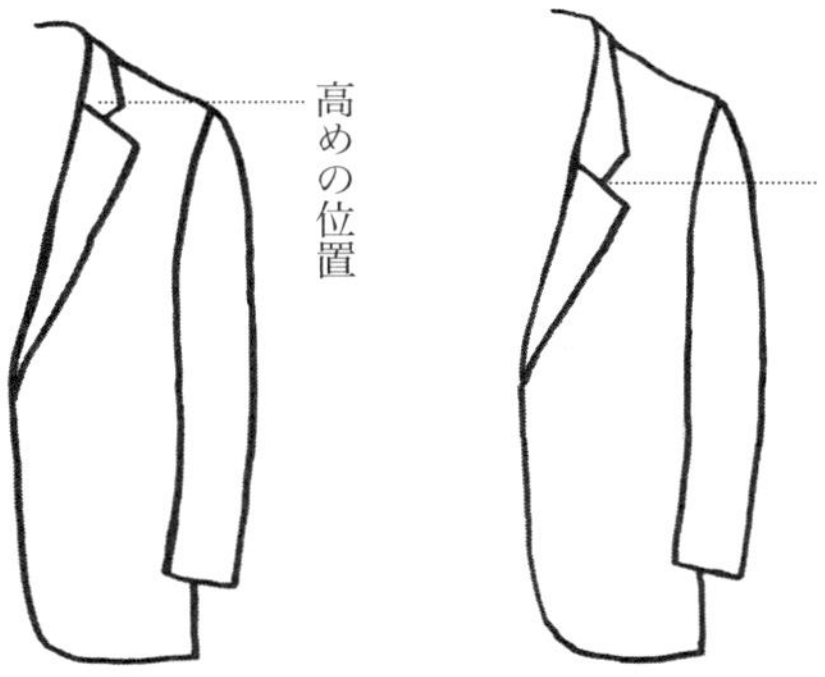

7 下襟(ラペル)の種類

視線の行きやすい位置でもあり、下襟はジャケットの表情を左右する重要ポイントです。

形状だけでなく、幅や角度も様々で、時代ごとの流行も変化します。

［図5-7］主なラペルの種類

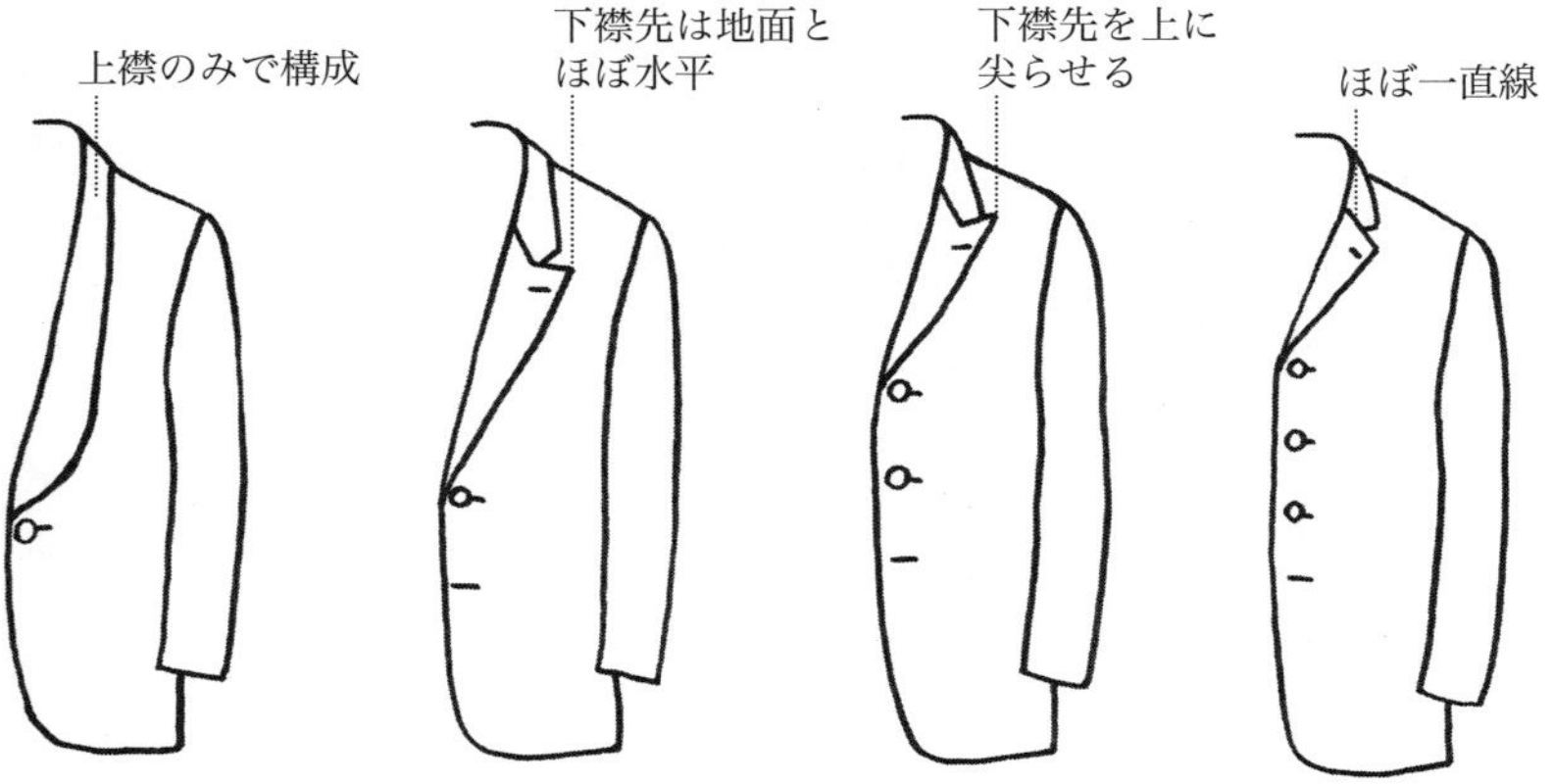

F ショールカラー　**D セミピークドラペル**　**B ピークドラペル**　**A ノッチドラペル**

A ノッチドラペル

ノッチとは英語で「V字形の刻み目」の意味で、ゴージラインを折れのない直線とすることで、その名の通り上襟との境界にはっきりとしたV字状の刻み目を形成する下襟のことです［図5-7-A］。

シングルブレステッドのジャケットでは最も一般的な形状であるものの、これ自体の幅やゴージラインの位置や角度により表情が様々に変化できることもあり、流行への対応力が最も高い下襟です。ちなみにこれはアメリカでの表現が一般化したものので、本来のイギリス英語では「ステップラペル」、日本語では「菱襟」といいます。

B ピークドラペル

英語で頂点を意味するピークを名に冠していることからも想像できる通り、上襟との境界に刻み目をほとんど形成せずその先端を明らかに上方に尖らせた下襟のことです［図5-7-B］。ダブルブレステッドのジャケットで最も一般的な形状である一方、シングルブレステッドのジャケットに付く場合は「シングルピークドラペル」とも呼ばれ、1930年代の紳士服で大きな流行になりました。

こちらも、アメリカでの表現が一般化したもので、イギリス英語では「ポインテッドラペル」、日本語では「剣襟」といいます。

C セミノッチドラペル

ゴージラインの下襟のみの部分を、上襟とつながっている部分に比べ角度を水平気味に折るのを通じて、Aに比べ先端をやや上方に設定する下襟のことです。一般的にAと思われている下襟が、気を付けて見ると実は折る角度の緩いこれだという ケースもしばしばあり、認識以上に普及しています。Aに含めて扱う場合も多くあります。

D セミピークドラペル

Bと似た形状ではあるものの、「フロアレベルドラペル」なる別名からも理解できる通り、その先端を上方ではなく地面とほぼ水平に尖らせた下襟のことです［図5-7-D］。Bに比べて落ち着いた印象に仕上がります。A～Dまでの違いは、簡単にいえば下襟の先端の位置の違いであり、低い位置から順にA→C→D→Bと次第に高くなり、上襟との境界に形成するV字状の刻み目もこの順で狭くなります。

E フィッシュマウスラペル

その名の通り魚の口先を横から見た形状に似ていることから命名された下襟で、要は区分が曖昧なCとDで形状に特徴のあるものの総称として用いられます。特にフランスの著名なテーラーが得意としており、彼らによって数多くの種類が考案されました。ただし日本ではその中でも、上襟の角を丸めたDに限ってこの名称を用いる場合が多いようです。

F ショールカラー

ゴージラインが存在せず、上襟と下襟とが一体化しショールのように首元から直接垂れ落ちる襟をこう呼びます［図5-7-F］。したがって厳密には「ラペル」ではなく、上襟のみで構成される「カラー」です。前面から見た形状から日本語では「へちま襟」と呼ばれ、シングルブレステッドのディナージャケット（タキシード）を代表する襟型として広く知られています。

8 肩線の種類

ジャケットの肩を前後方向から見た時の描線は、印象のみならず着心地まで変える極めて重要な要素です。他にも色々あるのですが、ここでは代表的なものを紹介します。

A パッドレスショルダー

肩パッドを全く入れずに形成される肩線のことで、「アンコンショルダー」なる通称もあります［図5-8-A］。当然ながら肩回りが最も軽く・軟らかくなりますが、着る人の首から肩先への線が直接出るのでその部分にあるクセを全く隠せず、また生地の皺や重量感が目立つ欠点もあります。もっぱらカジュアル向けのジャケットにのみ用いられてきましたが、地球温暖化への対応や軽量化志向の高まりもあり、近年ではスーツのジャケットへの採用も増えています。

B ナローナチュラルショルダー

ごく薄く柔らかな肩パッドを用いて形成される肩線のことです［図5-8-B］。Cに比べ小振りな表情になるのが特徴で、日本で長年「ナチュラルショルダー」と呼ばれているものは、実際にはこれになります。1950年代後半から60年代中盤のアメリカの紳士服を代表する肩線で、第二次大戦以降の日本の既製服製造の近代化・合理化にも大きな役割を果たしたものです。

C ナチュラルショルダー

中庸な厚みと柔らかさを持つ肩パッドを用いて形成される肩線のことです［図5-8-C］。その名の通り首から肩先にかけて着る人の肩線に自然になじむ線となります。実は肩パッドの厚

[図5-8] 肩線の種類

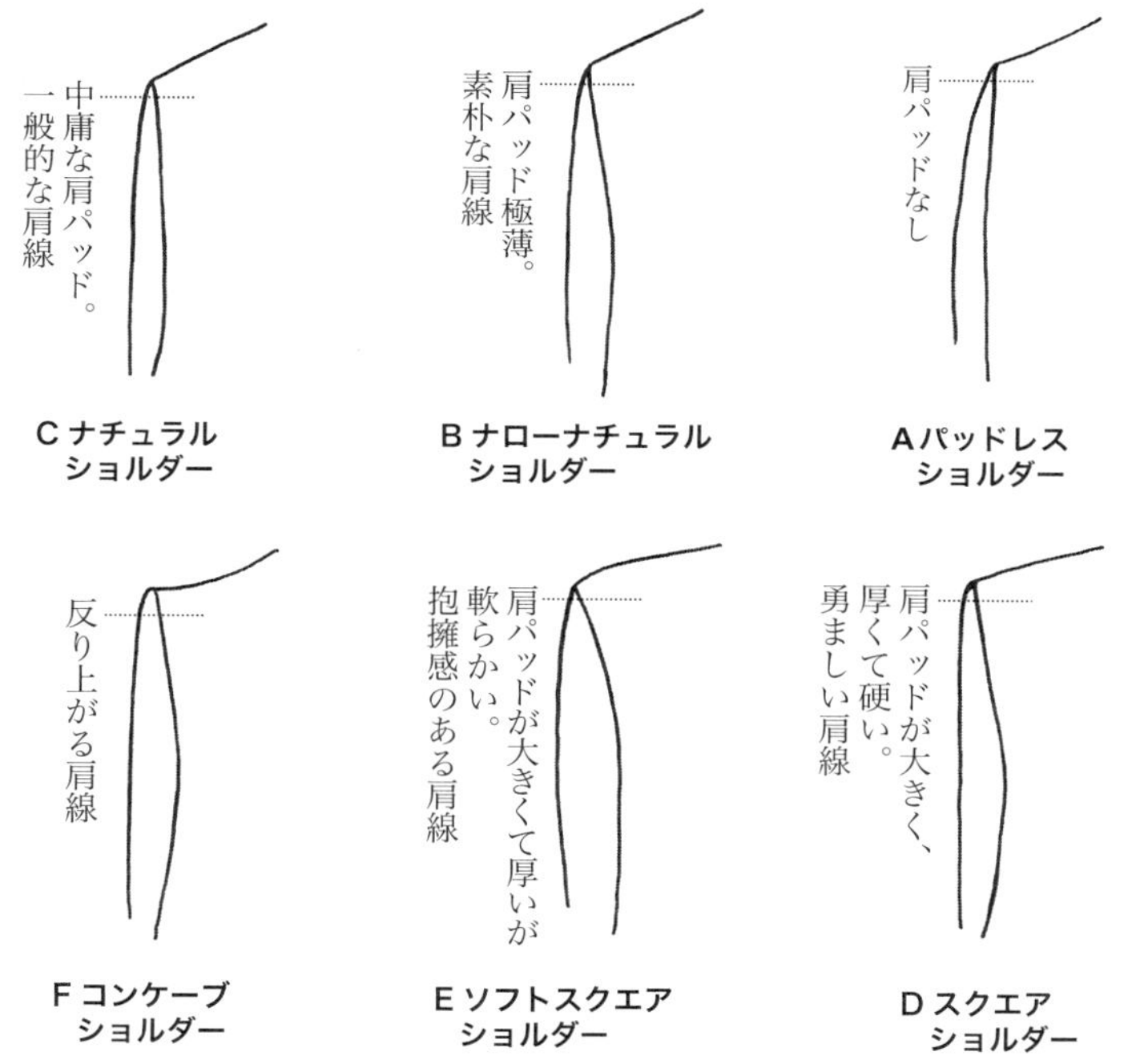

みや硬さの差が非常に大きく、定義は曖昧です。Bに近いものやBそのものをこう称する場合もあれば、むしろDに近いものを指す場合もあります。とはいえ総じて中庸な使用感と穏やかな表情に落ち着くので、流行や地域を問わず最も使われ続けている肩線です。

D スクエアショルダー

比較的厚く硬い肩パッドを用いて形成される肩線のことです[図5-8-D]。首から肩先にかけて、地面と水平気味かつ広めの線となります。重くなるものの怒り肩気味の構築的な印象となるので、ジャケットの表情に力強さが求められた1930年代後半から50年代前半にかけて世界的に大流行しました。

E ソフトスクエアショルダー

厚みがあっても軽くて軟らかな、婦人服のものに近い肩パッドを用いて形成される肩線のことです［図5-8-E］。首から肩先にかけて地面と水平気味で広めの線となるのはDと同じですが、軽くて軟らかい分肩先が落ち気味になるのが特徴です。紳士服としては極端に緩い生地と着用感が好まれた、1980年代のイタリアのデザイナーによるスーツやジャケットで一世を風靡したものです。

F コンケーブショルダー

コンケーブとは「凹んだ」を意味する英語の形容詞で、その名の通り首から一旦下降するものの途中から肩先に向けて反り上がる形状の肩線のことです［図5-8-F］。もともとはジャケットの重さを首から脊柱に集中させ、肩に直接負担を掛けないようにする設計上の工夫だったようですが、反り上がりの程度が時代によって大きく異なります。Cとそれほど見分けが付かない穏やかなものは、1930年代のイギリスの紳士服に多く見られた一方、反り上がりの激しいものは、60年代中盤から70年代前半にかけてのフランスやイタリアの紳士服の代名詞にもなったディテールです。

9 袖山(肩先)の構造

「縫い代の処理」をわずかに変えるだけで、表情や雰囲気が想像以上に大きく変わってしまうのが袖山（肩先）の面白さです。肩線の構造との相性も含めて、主な3種類を解説します。

A 割り袖

縫い代を袖側・身頃側の双方に均等に倒して処理したもので、身頃の生地と袖生地とが上下関係のない構造になるため、両者の境目が比較的滑らかにつながる形状になります［図5-9-A］。肩パッドの厚みや肩の大きさ、それに形状にそれほど影響を受けないためか、現在のジャケットでは最も一般的な処理です。

B 乗せ袖

縫い代を袖側のみに倒して処理したもので、身頃の生地に対し袖生地が上に押し出される構造になるため、袖山が若干上に膨らんだ形状になります［図5-9-B］。

　イギリスのジャケットもしくはそれを意識したものに比較的多く見られる意匠で、英語圏ではその表情から「ビルトアップスリーブ」、あるいは袖山に紐を乗せたような形状に由来し「ロープドスリーブ」と呼ばれます。ナチュラルショルダーと組み合わされる場合もあるものの、Aに比べシャープで構築的な印象を与えるためか、スクエアショルダーやコンケーブショルダーのように肩パッドで表情をしっかり出す肩線と組み合わされる場合が主流です。

C 雨降り袖

　縫い代を身頃側のみに倒して処理したもので、身頃の生地に対し袖生地が下に押し出される構造になるため、袖山が若干下に萎《しぼ》んだ形状になります［図5-9-C］。この処理では隠しにくい袖山のイセ込みの縦皺を雨にたとえたもので、元来は婦人服のブラウスに多用され、またイタリアのナポリ周辺で作られるジャケットの特徴として紹介された経緯もあって、我が国ではイタリア語で「シャツ袖」を意味する「マニカ・カミーチャ」なる言葉も多用されます。Aに

［図5-9］袖山の構造

比べ平面的な印象に仕上がるため、主にパッドレスショルダーのような肩パッドや裄綿に頼らず肩線を出すものと組み合わされます。なお、イタリア本国でも雨降り袖を意味する「マニカ・ピオッジャ」なる言葉があるのですが、こちらは構造ではなく、もっぱら「袖山に雨降りのような自然な縦皺が入る」雰囲気を示す際に用いられます。

10 袖口の処理

しぐさが直接「ことば」となり、好むと好まざるとにかかわらず目立ってしまう手。ここにつながる袖口の意匠は、ジャケット全体の印象を大きく変化させます。

A 幅

本来は着る人の手首の太さや手の大きさで変化させるべきですが、実際には流行に左右されやすく、同じ時代のトラウザーズの裾と似たシルエットになる傾向にあります。例えば1960年代末期から70年代初期にかけては、トラウザーズと同様にベルボトム形状の末広がりのものが大流行しました。

平均的な幅は、特にイギリスのものに多く見られる14㎝（5インチ1／2）前後で、これは中に着るドレスシャツのカフスの幅との馴染みが良いからかもしれません。若い世代向けのジャケットを中心に、近年はこれより相当細いものも多く出回っています。

B 袖ボタンの数

誤解されやすいのですが、このスタイルだからこの数でなくてはならない、というような決まりは実は存在しません。「手や腕の動きの邪魔になるので付けない」から5つくらいまで様々な選択肢があります。一般的には数が少ないほど活動的な雰囲気となり、4つ以上になると重厚な印象になります。胸ボタンより一回りもしくは二回り小さなボタンを付ける場合がほとんどですが、ボタンが1つのみの場合はそれと同じ大きさのものを用いるケースもあります。

C 袖ボタンの間隔

大まかに分けて「開いている」「接している」「重なっている」の3種類があります［図5-10］。

間隔が開いている場合はジャケット全体にのんびりとした古風な印象を与えることができます。現在最も主流なのは隣同士のボタンが一点で接しているものです。上下に重なっているものは装飾感が強調されるためか、イタリアを意識しているものに多く見られます。

［図5-10］袖ボタンの間隔

D ボタンホール

手袋が多用された時代には有効に機能した袖のボタンとボタンホールですが、現在では単なる飾りに過ぎません。ただ、注文服の場合にはこれらが実際に機能する「本切羽（本開き）」仕様が多く見られます。現在主流なのは、実際にはボタンホールは切らず、その名残を縫い糸で示した通称「切羽付き（仮切羽）」で、これすら付けずボタンのみを付ける場合も多く見られます。ちなみに本切羽の場合は全てのボタンに対しボタンホールを切るのではなく、一番上やその下の袖ボタンはあえて「切羽付き」状態にして置くのが一般的です。次の世代に受け渡す際に袖丈の調整をしやすくするためとの説もありますが……。なお、「切羽付き」の意匠は時に「開き見せ」と称される場合もありますが、本来の「開き見せ」は袖口が実際には開かないのに開くように見せる意匠のことで、対の仕様は周囲がぐるりと完全に縫い付けられる「筒袖」となります。

E 袖口の「裏」の始末

日本の高級なジャケットでは、外袖の裏側の縦と横の端をちょうど45度の角度で折りたたんで始末することが多く、その形状になぞらえて「額縁仕上げ」といいます。サイドヴェンツの裏側の仕上げとしても用いられ、余分な生地が周辺にダブつかず見た目も美しいのが特長です。ただし、生地の余り代を多く持てず後々の長短の修正が効きにくいためか、海外のものでは注文服であってもこの意匠はあまりお目にかかれません。

11 胸ポケットの形状

「Vゾーン」の横にある胸ポケットは意外と種類があり、大きさや位置も様々です。入れるのが許されるのはポケットチーフの類のみで、ここに筆記具を挿すのは品がないとされます。

A 箱ポケット

ポケットがジャケット本体の生地に直接切られ、その上方に横長の口を別布で設けたもので、この別布＝ウェルトの存在から英語では「ウェルトポケット」といいます［図5-11-A］。シンプルな形状であることから、スーツのジャケットの胸ポケットとしては圧倒的な主流を占めます。ただし切り込みの角度は多種多様で、地面と平行に近いものもあれば鋭角的なものもあり、後者のほうが活動的な印象に映るようです。切り込みは直線が主流ですが、胸の膨らみに合わせて緩い曲線で切ったものも多く見られます。

B バルカポケット

イタリアのジャケットに多く見られる意匠で、本来はAのうち別布の下辺＝ポケットの切り口が明確な曲線を描くもののことです［図5-11-B］。バルカとはイタリア語で小舟の意味。確かにその形状は小舟の断面の半身や、その舳《へ》先《さき》を側面から見た時に似ているので我が国では「船底ポケット」とも呼ばれます。ただ実際には切り口ではなく、別布の上辺つまりポケットの入り口のみをこのように処理したものも、同様に呼ばれています。

C フネポケット

Aの一種で、別布の上辺を下辺よりも意識的に長く取ることで、その脇側を舟の舳先のように斜め上方に尖らせたもののことです［図5-11-C］。Bと混同されることが多いのですが、こちらは別布の上辺・下辺ともに明らかに直線的です。精悍な印象を与えます。

［図5-11］胸ポケットの形状

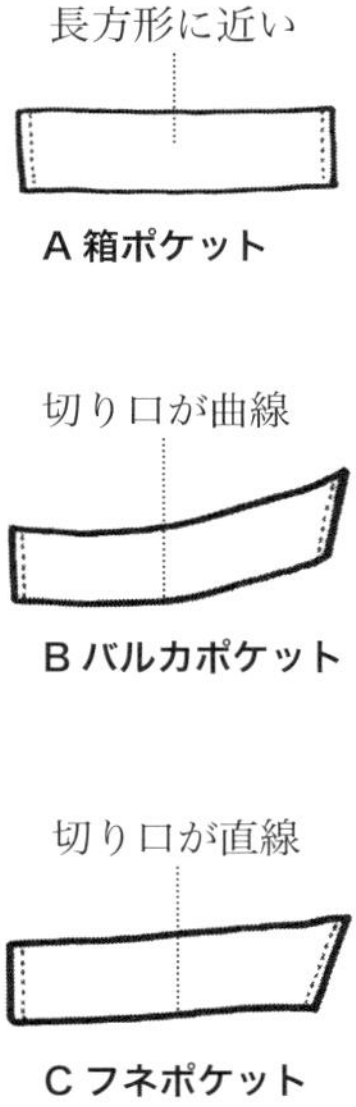

D パッチポケット

パッチとは英語で「当て布」の意味。すなわちジャケット本体の生地に切り口は設けず、代わりにその上から別布を当てることでポケットとしたものです（137ページ［図5-12-C］参照）。カジュアルな印象に映ることから、スーツのジャケットの胸ポケットとして使われることはあまりありませんが、例えばリネンスーツのように盛夏時に軽快に着たいものに採用される場合もあります。

E フラップポケット

フラップつまり蓋の付いたものは腰ポケット（137ページ［図5-12-B］参照）では主流の中の主流ですが、胸ポケットにも用途によっては間々見られます。例えば中に入れたものを風雨から守り、落ちにくくするのを目的に、乗馬用のスーツに採用される場合です。ただしこれが実際に活用される場面はほとんどなく、あくまでデザインと考えたほうが良さそうです。

12 腰ポケットの形状

腰ポケットは非常にバリエーションが豊かで、スーツの用途をそのまま形に表せるディテールです。着用する場面ごとに相応しいもの・不向きなものがあるのでご注意願います。

A 玉縁ポケット

ポケットがジャケット本体の生地に直接切られ、その周辺に横に細長い縁取り＝玉縁を別布で設けたものです［図5-12-A］。英語圏ではその形状から「ビーザムポケット」とか「ジェッテッドポケット」と呼ばれます(Besomは「細長の枝ボウキ」、Jetは「細長く射出された」の意味)。玉縁が切り口の下辺のみに付く「片玉縁」と上辺・下辺双方に付く「両玉縁」の2種類がありますが、腰ポケットの場合は後者が多いです。飾らないスッキリとした印象に仕上がるため、主にフォーマルウェアの腰ポケットに採用されます。なおこの玉縁、欧米のものは生地を身頃の縦横の柄に対し通常は垂直に用いて作るので、縦ストライプの生地がこの部分のみ横ストライプに見えます(身頃の縦横の柄と合わせて作る場合も稀にあります)。一方日本では強度を出す目的で、生地を身頃の縦横の柄に対しバイアス、つまり斜め45度の向きで用いて玉縁を作ることが多く、そこだけ斜めストライプに見えてしまいます。

B フラップポケット

Aの上にフラップ、すなわち布の蓋を被せた形状のものです［図5-12-B］。もともとは中に入れたものを雨や埃から守り、外に出にくくする目的で考え出されたもので、この由来のためか屋外で着用する機会の多いスーツ、つまり今日のスーツの腰ポケットとしては一番お馴染みのものになっています。ポケットの中にフラップを潜らせてしまえばAに早変わりさせることも可能であり、これは通常のダークスーツをフォーマルウェア的に代用・活用したい場合に覚えておいて損はない配慮です。両玉縁仕様が主流ですが、古いものやアメリカントラッド的な意匠の強いスーツでは、片玉縁の上からフラップを付けたものも多いです。

C パッチポケット

胸ポケットの項でも解説しましたが、ジャケット本体の生地には切り口は設けない代わりに、その上から別布を当てることでポケットとしたものです［図5-12-C］。腰ポケットの場合もカジュアルな印象を与えることから、スーツのジャケットに用いることはありありません。採用するのは軽快感を強調したい場合で、その際は胸ポケットも合わせてパッチポケットとすることが多くなります。

D パッチ&フラップポケット

Cの上辺つまりポケットの口に、布の蓋を被せた形状のものです［図5-12-D］。アメリカントラッド的な意匠の強いジャケットやブレザーに多く見られる腰ポケットですが、こちらもカジュアルな印象を与えることから、スーツのジャケットに用いることはあまりありません。

E アコーディオンポケット

Dの応用編で、パッチポケットの両脇と底面にアコーディオンのような蛇腹を取り付けたもので、その蛇腹や形状の似た「ふいご」の英訳からベロウズポケットとも呼ばれます［図5-12-

［図5-12］腰ポケットの形状

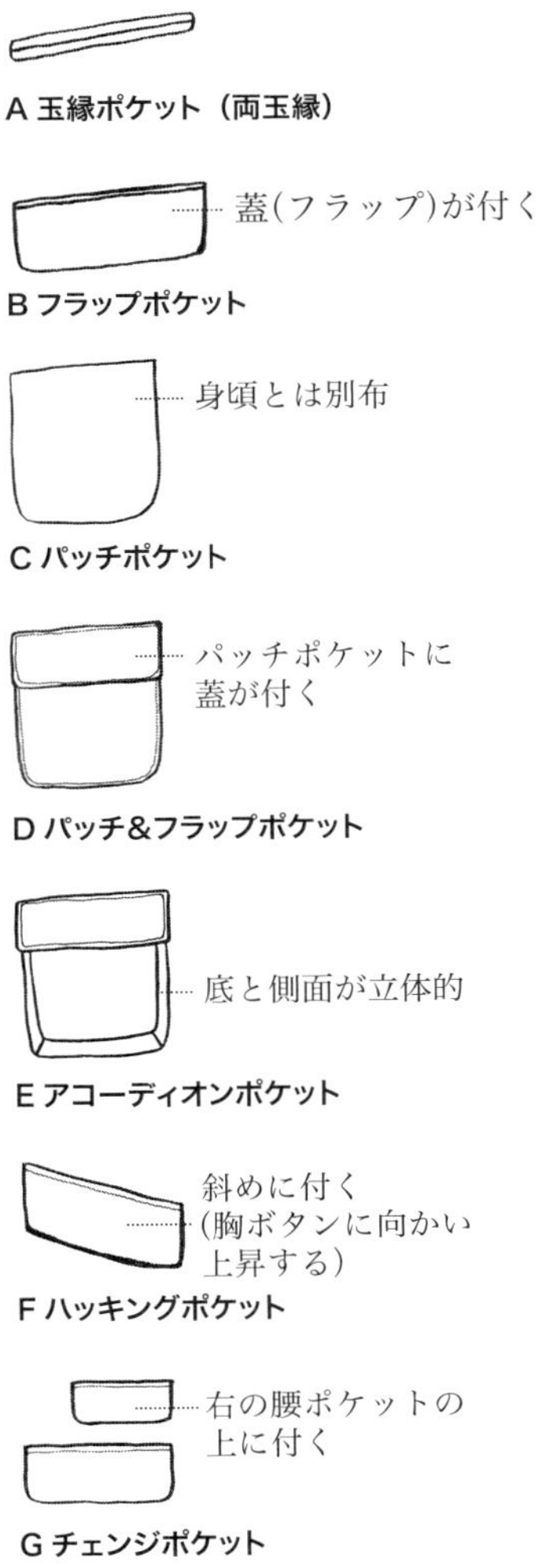

E］。スーツの腰ポケットはあくまで形式的なもので、実際には中に極力ものを入れないのが理想とされていることもあり、収容力の高いこのポケットがスーツに採用されるケースはほとんどありません。ただし、例えばツイード地を用いたカントリーユースを前提としたものには、実用性最重視でこれを付けることがあります。

F ハッキングポケット

スランテッドポケットとも呼ばれることから想像できる通り、地面に平行ではなく斜めに切られた腰ポケットを指します［図5-12-F］。通常はBと組み合わされ、乗馬（ハッキング）をしている際にも腰ポケットからものを取り出しやすくすべく考案されたものです。起源の影響で通常のものに比べ活動的な雰囲気となり、傾斜の角度が強いほどその印象が強まります。胴囲の絞りがしっかり入ったスーツのジャケットと相性の良い意匠で、身体全体をスリムに見せる効果もあります。

G チェンジポケット

これは和製英語らしく、本来の英語ではチケットポケットと称し、右腕側の腰ポケットの上にそれより小さく取り付けられます［図5-12-G］。

現在の高速道路同様に、かつては郊外の乗馬用の道には料金所があり、そこで払うお金や受け取るチケットを入れたのが起源です。

通常はBやFと組み合わされ、イギリスのスーツを代表するディテールのように語られることが多いものの、他の国のものでも決して珍しくはありません。現在では腹側の縦位置を通常の腰ポケットに合わせて付けられる場合がほとんどですが、かつてはもっと腹側、つまり胸ボタンに寄せて付けたものや、逆に脇側に離して付けたものなど種類が多彩でした。

13 フロントカット

その重なり具合で、身体の前後の傾きと合っているか否かの判断基準にもなるのがジャケットの前裾の線です［図5-13］。大別すると2種類ですが、細かく分けるとキリがありません。

A スクエアカット

ジャケットの前裾の線にカーブや傾斜を設けず、その端も角型に処理したものを指します。上前と下前の重なり、つまり打ち合いの幅をしっかり確保できることもあり、それを目的に考え出されたダブルブレステッドのジャケットは、当然ながらこのフロントカットが標準です。

B ラウンデッドカット

ジャケットの前裾の線にカーブと傾斜を設け、その端を丸く処理したもの全般を指します。シングルブレステッドのジャケットはほとんどの場合これですが、その「カーブ」は千差万別で、Aに非常に近いものもあれば、刳《く》りが大きく入り丸みが強調されるものもあります。

［図5-13］フロントカットの種類

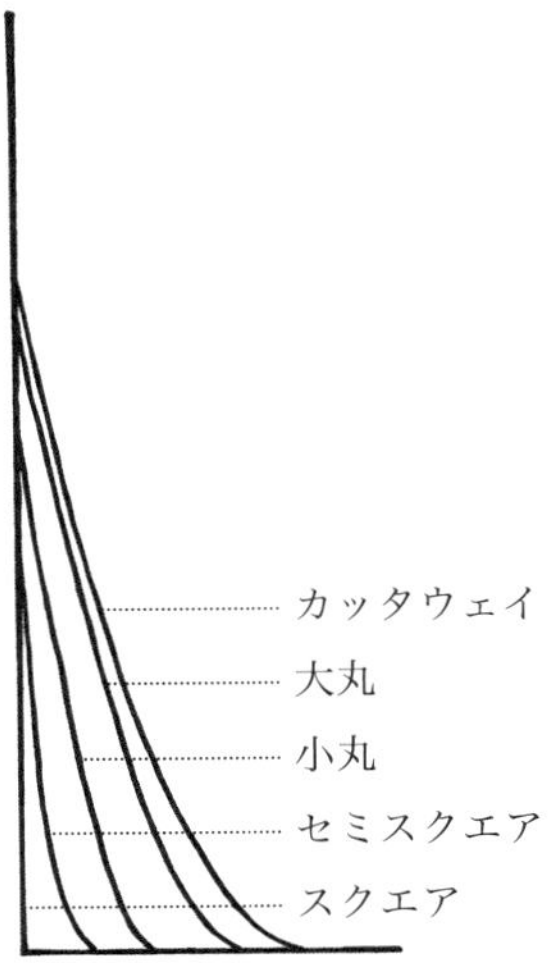

a セミスクエアカット

Bの中では最も角っぽくAに近い形状のものです。例えばAの縦の線にカーブは与えず、ごく軽い傾斜だけを設けたものもこれに含まれます。

b 小丸

Bの中で刳りも丸みもそれほど強調されない標準的なものを日本ではこう呼びます。「レギュラーカット」などと呼ばれる場合もあります。

c 大丸

Bの中で、刳りが比較的大きく入り、丸みが強調されるものです。

狭義で「ラウンデッドカット」と呼ぶ場合はこれを指すことが多いです。

d カッタウェイ

元来は膝丈のモーニングジャケットで見られるような、胸ボタンから下の前身頃を細長くかつ大きく後身頃の裾に向かって切り落としたフロントカットを指しました。しかし、それよりジャケットの着丈が短くなった今日では意味合いが若干変化し、中央の胸ボタン辺りから前裾の線にキツ目のカーブと傾斜を入れることで、c以上に丸みが強調されたものを指す場合が多いです。下部の布が相対的に少なくなる分、視覚的に重心が上がり拘束感の少ない着心地になります。

14 ステッチ

襟などに施されるステッチは端部の補強と装飾を兼ねたもの。絵画の印象が額縁次第で変化するのと同様に、これ一つでスーツのイメージを変えるスパイスのような存在です。

どこに、どう入れるか？

一般的にはステッチはジャケットの上襟・下襟・フロントカット・胸ポケット・腰ポケットに入れ、これを「フロントステッチ」と称します。これに加え肩・脇・袖・背中心線・ヴェントの各縫い目にまでステッチを入れる場合は「総ステッチ」と呼ばれ、中には胸ダーツやトラウザーズの脇の縫い目にまで施す場合もあります。入れる場所を少なくする程スーツの印象が上品に、多くする程カジュアルな印象に仕上がります。また以下のどの入れ方であれ、生地の端に近い程、縫い糸の番手が細い程、また2本よりも1本のほうが印象は上品になります。

A ステッチなし

余分な装飾を抜くのを通じ印象をスッキリ見せる効果があります。そのためフォーマル度の高いスーツのジャケットに多く見られます。

B ミシンステッチ

名前の通りミシンで施されたステッチで、その特性上後述のCに比べ縫いの間隔が狭く、糸が連続的につながるのが特徴です［図5-14-B］。どちらかといえば若々しく、活動的な印象に仕上がります。

C ピックステッチ

ピックが英語で「少しずつ突く」の意味であることからお察しの通り、Bに比べ縫いの間隔が開いているものを指します［図5-14-C］。Bに比べ生地の表面に凹凸感や手作業感を演出しやすいのが特徴で、厳密にはこれを本当に手で縫う「ハンドステッチ」とミシンで縫う通称「AMFステッチ」とにさらに分類できます。見た目には両者は区別が付きにくく、前者は日本ではその雰囲気に由来した「手星ステッチ」なる呼び名もあります。一方、後者の名はこのミシンを開発したアメリカの企業にちなむものです。

［図5-14］ステッチの種類

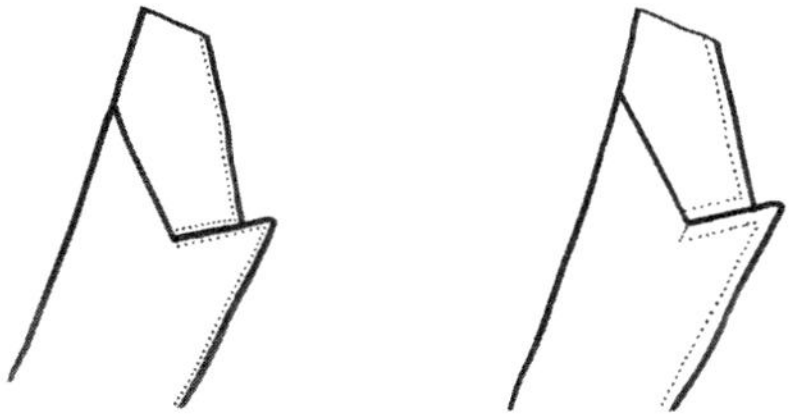

C ピックステッチ　　B ミシンステッチ

15 ヴェント

英語では通風孔やはけ口を意味するヴェントは、ジャケットの場合は着用時の運動性を確保するのを目的に、後身頃の裾に施された切り込みを表します。

A ノーヴェント

これはアメリカでの表現で、イギリス英語では「ヴェントレス」と呼称しますが、要は切り込みが一切付かないものです［図5-15-A］。19世紀中盤、それほど大きな運動性能を求めない心身ともに楽な室内着としてスーツの原型が登場した際に、最も簡素な構造であるがゆえに自然と採用されたものです。その起源を継承したヨーロッパ、特にイギリスのスーツのジャケットでは、1950年代半ばまではこれが主流でした。

一方現在では、ディナージャケット（タキシード）を典型とするヒップ丈の礼装用ジャケットは、原則的にこの仕様にするのが習わしです。スーツが世に浸透するにつれ、それが「大きな運動性能を求めない」から「優雅な身のこなしを求められる」に解釈が転じたのと同様に、この仕様の持つ意味も変化したのです。

B センターヴェント

この表現もどうやらアメリカ英語らしく、イギリス英語では「シングルヴェント」です【図5-15-B】。背中の中心を走る縫い目（背中心線）の下部を開けることで作られたものを指します。乗馬の際に脚部を左右に開きやすくするためにここを開いたのが起源との説があり、それに則って日本語では「馬乗り」と言います。軽快で活動的な印象を与え、乗馬を想定したスーツのジャケットには脚部を左右方向に開きやすくすべく、これを深く（長く）入れるのがお約束です。また、それ以外の用途のスーツのジャケットでも今日最も目にする機会の多いヴェントです。なお後述のCやDも含めて、ヴェントの長さにも流行があります。1980年代中盤以降安定している「腰ポケットの切り口をそのまま後方に伸ばした辺りまでの長さ」を基準にすると、例えば50年代後半から60年代中盤まではそれより浅く、60年代後半から70年代にかけてはそれより深いものが主流でした。

C サイドヴェンツ

こちらも米語のようで、元来のイギリス英語では「ツインヴェンツ」とか「ダブルヴェンツ」となります【図5-15-C】。後身頃の両脇の縫い目の下部を開けることで作られたものを指します。こちらは軍人がサーベルを腰に提げやすくするよう両脇を開けたのが起源との説があり、日本語でもそのものズバリの「剣吊り」です。Bに比べ見た目に重厚な印象を与え、側面から見るとトラウザーズのヒップラインと一体化するので、足を長く見せる効果もあります。イギリス系のジャケットの意匠の典型のように言われがちですが、彼の国のビジネス用のスーツのジャケットでは、BであれCであれヴェントが本格的に入り始めたのは1950年代半ば以降と意外に古くなく、しかもこちらが主流になったのも実質的に70年代以降です。一方、大西洋を

［図5-15］ヴェントの種類

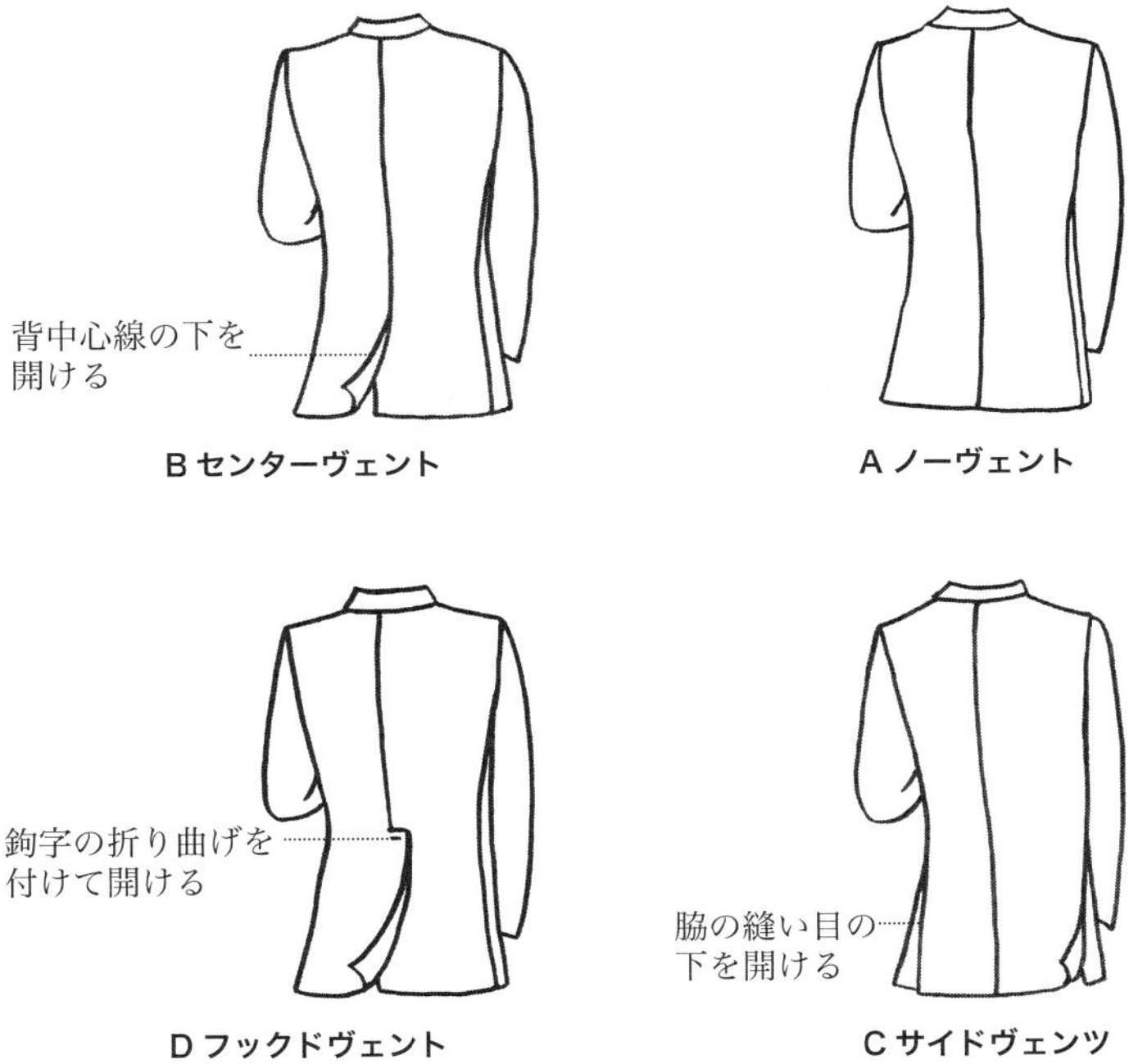

越えたアメリカではヴェントが付き始めたのは20世紀初頭と遥かに早く、この点からもヨーロッパ諸国に比べスーツが外出着＝ビジネスウェアとして早期に認められたことを窺わせます。

D フックドヴェント

Bの変型で、切り込みを背中心線とは一体化させず、縫い合わせの根元にフック、つまり鉤《かぎ》字の折り曲げを付けたものを指します［図5-15-D］。アメリカントラッド系のジャケットの意匠として語られることが多いものの、元々は膝丈のモーニングや燕尾服のジャケットの親といえるフロックコートの仕様として、少なくとも18世紀後半から存在していたものです。乗馬の際に脚部を開きやすくするのと同時に、生地の重なりがBより多くなるのを通じ、腰部に余計な風が吹き込むのを防ぐためとか、縫い合わせの根元を鉤字状にすることで強度を出すためとか、何らかの意図がこの形状にはあったと思われます。

16 側面

側面の造形はジャケットのシルエットを何気なく決める、言わば陰の立役者です。ジャケットの進化の痕跡が如実に残るエリアでもあり、無視するわけにはいかないのです。

A 前身頃と後身頃のみ

気楽な室内着として19世紀中盤に登場したスーツのジャケットの原点と思われる、最もシンプルな側面です。20世紀初めまでは比較的お馴染みだったもので、今日でもワークウェアやカジュアル系のもの、それに欧米では学生服（いわゆるスクールジャケット）に見られます。

B 前身頃後方に脇ダーツが付く

チェストの立体感を増し胴囲のダブツキを解消する目的で、スーツの原型が登場して早い段階で考案された工夫です。腰ポケットの切り口の後端の辺りから

［図5-16］側面

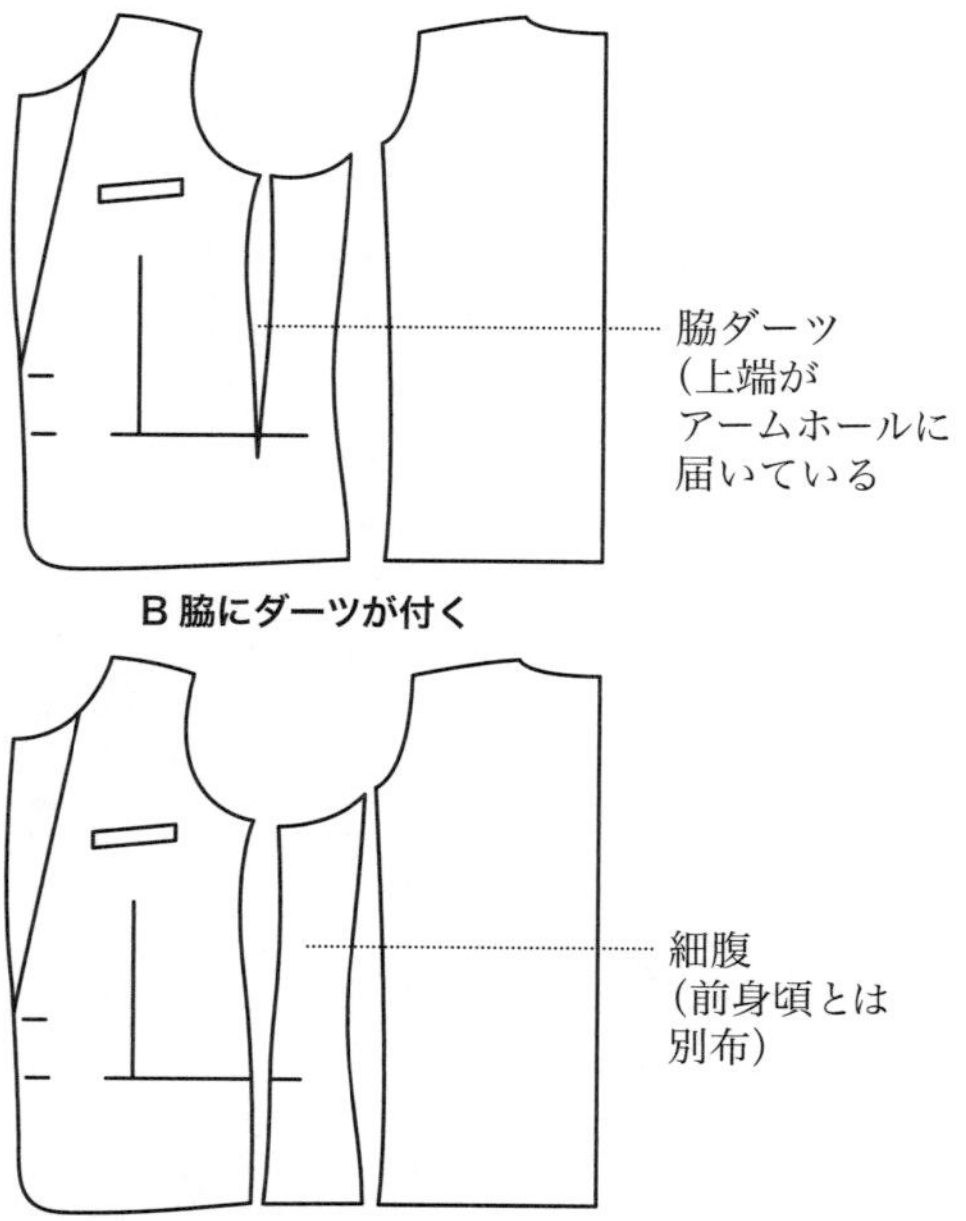
C 脇に細腹が付く

前脇に向かってダーツが取られます［図5-16-B］。これはさらに、上端がアームホールまで届かないものと、そこまで到達するものとに分類できます。前者はモーニングや燕尾服のジャケットで見られた技法をそのまま応用したもののようですが、今日では稀にしか見ることができず、現在はアームホールに到達するほうが圧倒的に主流です。

C 前身頃と後身頃の間に細腹《さいばら》が付く

Bの脇ダーツが腰ポケットの切り口を貫通し裾まで到達することで、前身頃と完全に分離した形態です［図5-16-C］。位置はずっと背中寄りでしたが、この細腹はモーニングや燕尾服のジャケットでは以前から存在しており、スーツ登場時には省略したものを復刻させたともいえます。生地も節約でき生産効率に優れることから、第二次大戦後、特に既製品のジャケットを中心に一気に普及した仕様です。Bよりチェストから胴囲の立体感をさらに確実に出せることから、今日では注文服でも多く見られるようになりました。なお、細腹の名は英語の「サイドボディー」もしくは「サイドパネル」が訛ったことが由来との説もあります。

17 裏地の付け方

着用時の身体の滑りを改善し、保温性や吸湿性を高めるとともに、芯地などの副資材を隠し耐久性を増す目的で裏地は付けられます。その付け方は表地の種類やどの季節に着るか、それにコストにより多様に変化します［写真5-1］。

A 総裏

「フルライニング」とも呼ばれる、前裏も背裏も裾まで全て裏地を付けたものです。耐久性に最も富み、見た目の充実感も高い割に、他の仕様に比べ実は縫製が最も容易なためか世界的にはこれが標準となります。日本では主に秋冬物のジャケットに採用されるケースが多く見られます。

B 背抜き

前裏は裾まで全て裏地を付け

[写真5-1] 裏地の付け方
(背面・斜め後方から)

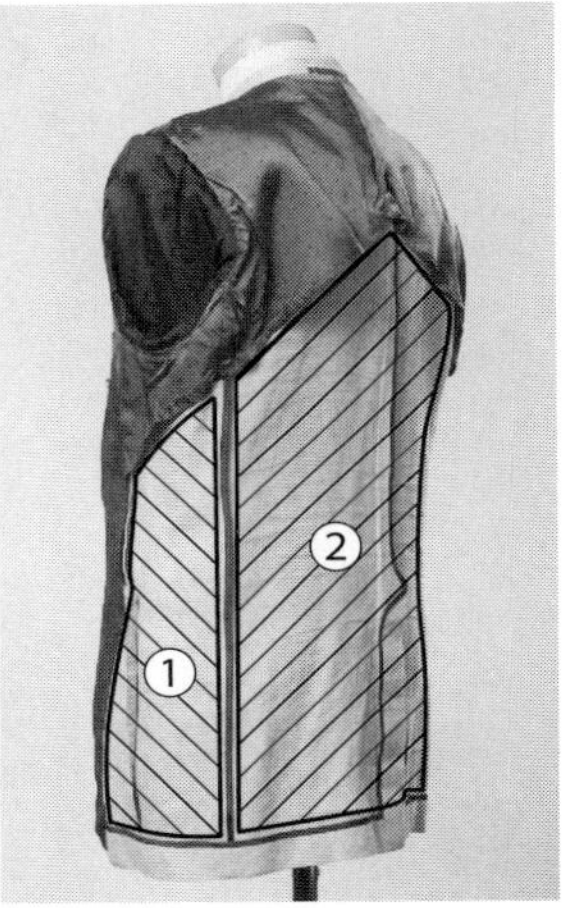

A 総裏　裏地は写真＋①＋②
B 背抜き　裏地は写真＋①
C 半裏　裏地は写真の通り
D 単衣　写真の裏地を表地とする
(その部分は表地が二重)

る一方、背裏は肩甲骨から下の裏地を省略したもので、「ハーフライニング」とも称されます。Aに比べ構造が簡単なように錯覚しますが、後身頃の裾や背中心線の縫い代が丸見えとなる分、それがほつれないようパイピング処理などの始末をせねばならず、製作に意外に手間の掛かる仕様です。Aより腰部が涼しく感じるので、日本では古くから春夏物ジャケットの仕様としてお馴染みのものです。

C 半裏

背裏はBと同様に肩甲骨から下の裏地を省略しただけでなく、前裏も脇下より後ろの裏地を省いたもので、こちらは「クウォーターライニング」と称します。腰ポケットの裏側まで丸見えになる構造なので、Bに比べ更に軽く、通気性もいっそう高まります。盛夏物のジャケットに多く見られることから、「盛夏仕立て」なる別名もあります。

D 単衣《ひとえ》

この言葉は和装に由来するもので、要は裏地を全く用いないものです。とは言え単にそれを省いただけだと胸の芯地まで丸見えになり、着心地も耐久性も確実に悪くなるので、A〜Cに比べ見返し部の表地を広く用いるのを通じ（大見返し）、それを解消しています。芯地などの副資材を極力排除するのにつながるため、印象も着心地もカジュアルになりますが、表地の素材感が最も直截的に味わえる仕様ともいえます。そのため表地にはリネンやカシミアのように、ハッキリした特徴があるものを用いるケースが多くなります。

18 胸の内ポケット周辺の処理

砲台が置かれ外敵に備えていた「お台場」。陸地から突き出る形状が似ていたことから、内ポケット周辺の処理を表す用語となったようです。が、定義が錯綜しているのも事実です。

A 構造での分類

a 台場なし

ごくごく一般的な仕様で、内ポケットの切り口を表地が取り囲んでいないものを指します［図5-17-a］。

b 本台場

内ポケットの切り口を、表地が見返し部から継ぎ目のない状態で取り囲んでいるものを指します［図5-17-b］［写真5-2］。本来の「お台場仕立て」はこの仕様です。

c 継ぎ台場（切り台場）

内ポケットの切り口を、表地が見返し部と裏地との境界で継がれた状態で取り囲んでいるものを指します［写真5-3］。既製品のジャケットの「お台場仕立て」に近年多く見られる仕様です。

B 形状での分類

d 丸台場

その形状からR台場とも言われ、見返し部と裏地との境がカーブを描きながら内ポケットを取り囲む形状のものを指します［図5-17-b］［写真5-2］。

e 角台場

見返し部と裏地との境界にカーブを描かず、内ポケットを直線的に取り囲む形状のものを指します。

f 剣先台場

ペンシル台場とも呼ばれ、eのうち表地と裏地との境界をポケットの切り口に極力近づけたものを指します［写真5-3］。一見お台場仕立てかどうかわからない処理です。なお、これを切り台場と称する場合もあります。

「お台場仕立て」の意味とは？

ジャケットの胸部の内ポケットの切り口を、表地が見返し部から継ぎ目のない状態で取り囲む通称「お台場仕立て」は、日本では高級な仕立ての証として紹介されがちな意匠です。

　その起源や理由としては、「裏地の交換時に内ポケットを再製作する手間を省くための工夫が形に残った」との説が多く語られます。身体に直接触れる裏地は表地より傷みやすいのは事実で、それゆえ今日のものより表地がずっと頑丈で長きにわたり着用可能だった過去においては、確かに裏地のみを総交換しリフレッシュさせることも多かったようです。しかし、裏地の総交換は昔も今もかなりの大修理であり、それに比べれば内ポケットの再製作など実は大した作業ではありません。よって、この説にはいまいち納得し切れないのです。

「内ポケットの切り口を補強するのを通じ、ジャケットを型崩れしにくくする」との説もあります。確かに裏地は表地よりも薄く、強度的にも劣る場合がほとんどなので、お台場仕立てにしたほうが内ポケットの切り口周辺の強度が増し、そこが上下方向に広がりにくくなる可能性は高くなります。

　しかし、そもそもジャケットのシルエットを出す役割は表地や裏地より中の芯地のほうが遥かに大きく、内ポケットの袋もそれに固定するので、程度の過ぎた重いものを入れっぱなしにすればジャケットは確実に型崩れを起こします。そしてその危険度には、お台場仕立てであるか否かは直接的には結び付かない気もします。

　実はお台場仕立てにすると、胸部に表地が直接あたることになるので、そこが単純に裏地である場合以上に摩擦を起こしやすく、着心地にゴワゴワ感が出がちになります。そのためなの

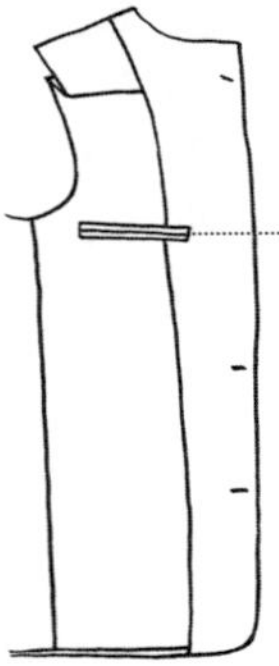
胸の内ポケットが
胴裏地と表地（見返し）
に挟まれる

a 台場なし

［写真5-2］
構造：本台場
形状：丸台場

［写真5-3］
構造：継ぎ台場
形状：剣先台場

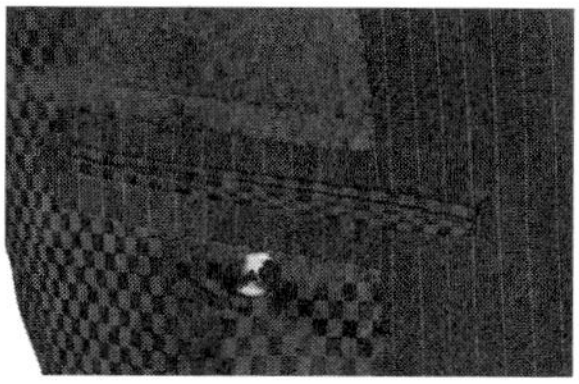

［図5-17］胸の内ポケット周辺の処理

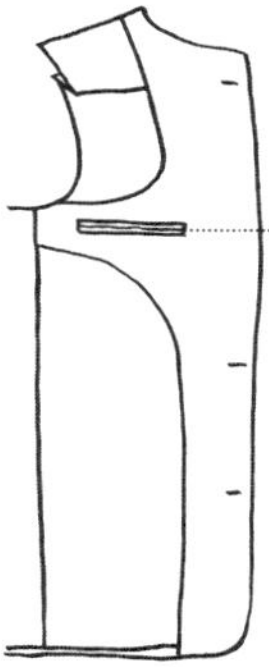

b 構造：本台場
形状：丸台場

か、あるいは「中にものを入れると着用時のシルエットに響いてしまう」との発想で内ポケット自体を付けたがらない感覚が残っているためなのか（外側の胸ポケットとの重複も考慮し、かつては上前の胸部には内ポケットを付けないのが一般的でした）、欧米では著名なビスポークテーラーの作品であっても、ジャケットに関してはこれを採用しないか、せいぜい目立ちにくく着心地に響き難い剣先台場である場合がほとんどです。

　我が国で高級な仕立ての代名詞となっているのと全く対照的ですが、いや実際には日本でも、製造コストのあまりかかっていないジャケットであっても近年は散見されるようになり、もはや機能ではなく単なる装飾に形骸化したのか？と疑いたくなります。

とは言え、ジャケットではなくコート（注：トレンチコートのような綿コートではなく、表地がウールやカシミアのオーバーコートの類です）に関しては、欧米でもお台場仕立てを採用するケースが案外多く、その理由には「なるほど！」と素直に頷かせるものがあります。

1つめは「胸部の保温性を向上させる」です。特に丸台場や角台場にすると胸部は事実上、表地が広めに二重になるので当然と言えば当然の効果です。ちなみにコートの胸の内ポケットは、例えばクロークなどでそれを預ける際に手袋をしまっておくのが主要な役割で、つまり着用時よりも脱いだ時のほうが用いる度合いの高いものです。

2つめは「見返し部の表地と裏地の厚みの差を気にせず内ポケットが作れる」です。今日のものではなかなか実感が湧きませんが、以前のコート地は重くて分厚いのが当たり前でした。それと裏地との厚みの差が激しかったがゆえに、両者を跨いだ状態で内ポケットの切り口にきれいに玉縁を設けるのは困難を極めたはずで、見返し部の表地を延長したお台場仕立てにしたほうが、その作製は明らかに簡単だったわけです。前述した「切り口の補強」それに「保温性の向上」も考慮すると、コートに関してはお台場仕立てのほうが製作者・着用者双方に明らかに都合が良く、だから欧米のビスポークテーラーでもそれなりの率で採用するのでしょう。

ジャケットに話を戻し、この2つめの理由を「胸の内ポケットの『位置の許容性』が増す」と解釈し直すと、お台場仕立てに対して日本と欧米のビスポークテーラーとの間で温度差がある別の理由も、何となく見えてきます。欧米の人に比べ身長が低く胸幅も狭い日本人が着用するジャケットに、例えば胴囲の「くびれ」に干渉せずに長財布用の内ポケットを胸に設けたい場合は、どうしても胸の最も広い部分より上に胸ポケットの切り口を設けざるを得ません。裏地の横幅だけでは得てしてその幅を稼げず、見返し部の表地にはみ出る結果になり、両者の境界部には段差が生じ着心地が悪化しかねません。それを防ぐ意味では確かにお台場仕立て、特にゴワツキが最小限となる剣先台場は多少なりとも効果を持ち得るのです。対照的に欧米系の背が高く胸幅の広い人向けのジャケットでは、多少上に位置が移動してもポケットの切り口を裏地の部分だけで作れてしまう場合も多く、お台場仕立てにする必然性があまり存在しないわけです。

なおこのお台場仕立て、英語では「バルセロナ」と称します。かつてこの街には非常に有名な要塞が外側に突起して存在していたため、それにちなんだ名前なのでしょうか？

19 身頃芯

ジャケットの表情を、表地以上に決めてしまう存在と言っても過言ではないのがこれです。表からは見えないパーツであるためか、実は手抜きが行われやすい箇所でもあります。巻頭の口絵04ならびに05もご参照願います。

A 接合方法での分類

a 本毛芯

台芯や増芯など、これを構成する各部品（詳細は第2章参照）と表地とが全て糸で縫い合わされているものを指します。運針がカタカナのハの字に似た形状になることからそれを「ハ刺し」と称し、表地ではその縫い目が特に下襟（ラペル）の裏側に顕著に現れます（ただし縫い目は「ハの字」状ではありません）。

縫い糸が一種のクッションの役割を果たすお陰で、表地との親和性や湿度への適応性に優れ、型崩れが起こりにくく、耐久性も優れるなど、利点が非常に多い伝統的な手法です。しかし非常に手間がかかり、かつbやcに比べどうしても重くなってしまうためか、今日では注文服などある程度以上の高級品でしかお目にかかることができません。なお、芯地の素材にウール以外のものしか用いられていない場合であっても、表地と全て糸で縫い合わされているものについては「毛芯」と呼称します。

b 接着芯

台芯や増芯など、これを構成する各部品と表地とが全て接着剤にて貼り合わされているものを指します。

より具体的には、接着剤が付いた主にコットンやポリエステル製の織物やニットもしくは不織布で、加熱を通じ表地に接着させます。縫い糸に見られるクッション機能が存在しないため、表地との馴染みや湿度への適応性に劣り、また接着ムラも起こりやすいため、aに比べ型崩れが起こりやすく耐久性に難があります。しかし、なんといっても安価で、製作時のノウハウもあまり必要とせず、そしてジャケット全体の軽量化の決定打にできるためか、今日では大量生産品のみならず、高価な有名ブランドの既製品でも結構な頻度で見かけます。

c 半毛芯

簡単にいえばaとbとを組み合わせたもので、今日では中級品から一部の高級品にかなりの頻度で見受けられるものです。aとbとの組み合わせには様々な種類がありますが、例えば台芯の下襟（ラペル）の部分のみはaとし、残りはbとしたものが代表的です。この場合下襟の裏側に「ハ刺し」の縫い目が現れるので、高級感が簡単に演出できるわけです。

なんとも難しい芯地の選択?

上述の通り、身頃の芯は接着芯よりも本毛芯のほうが優れているというのは総じて間違いないのですが、条件次第では注文服などの手の込んだジャケットであっても、確信犯的に接着芯や半毛芯を採用する場合もあり得ることは知っておいて損はありません。例えば耐久性の良さやシルエットの維持以上に徹底的な軽量化を最重視する場合は、確かに薄くて軽い接着芯のほうが有利となります。

また、コットン・リネンそれにシルクを主な繊維とする表地の場合も、たとえ総手縫いのものであったとしても、あえて半毛芯を採用するケースが見られます。これらの繊維はウールなどに比べ熱可塑性に大幅に劣るがゆえ、アイロンによる仕上げがシルエットの構築にあまり効果をもたらさず、むしろ接着により表素材の動きが確実に抑えられる分、接着芯のほうが本毛芯よりもその構築が確実にできるからです。

さらにはコーデュロイやベルベットのようなパイル織りの表地も、硬度が大きく異なる毛芯を裏に据えると、その特徴である起毛が抜け落ち見栄えが悪くなってしまうリスクが高いため、今日では接着芯を用いるのが一般的です。

なお今日では、例えば表地一面全体に接着するのではなく、強固でかつ柔軟性に富んだ接着剤をまるでハ刺しするかのように点で接着するなど、接着芯に用いられる接着剤そのものや接着方法が相当進化しています。コスト面での勘案も含めて、今後はさらに適材適所化が進んでいくものと思われます。

B 構造での分類

a 総毛芯仕立て

表地側から裏地側に向かって順に台芯・肩増芯・胸増芯の三層、あるいはそれにフェルト芯を加えた四層で積み上げる、最も基本的かつ伝統的な構造です。耐久性に優れ、形状の維持には大きな効果があるものの、重くなってしまうのが難点です。

なお、20世紀前半まではもっと多くの層で構成されたものが一般的で、中にはフェルト芯をきれいな模様のように裏地にたたき縫いするのを通じ、強度とシルエットのさらなる向上を図ったものも存在していました。

b 一枚芯仕立て

実際には台芯と胸増芯の二層構造で積み上げるものです。かつては盛夏向けのジャケットのみで見られた仕様ですが、軽いジャケットが好まれるようになった今日では、冬物のジャケットでも用いられます。

c 上胸一枚芯仕立て

こちらは台芯のみの一層構造、しかも胸部に付くフェルト芯の大きさで作製されるものです。前身頃の下部に芯が入らないため非常に軽く、通気性も抜群に優れますが、その分耐久性や形状の維持には難があります。

イタリアを意識した盛夏向けのものに多く見られるためか、「中身がない」をイタリア語訳した「センツァインテルノ」とも呼ばれています。

トラウザーズ

1 全体のシルエット

ジーンズにストレートやスリムがあるように、一般的なトラウザーズにも様々なシルエットがあります。上に合わせるジャケットのシルエットと同様に、これにも流行があります。

A ストレート

ヒップと渡り幅の差はともかくとして、渡り・膝・裾それぞれの幅が比較的均等であるため、側面から見るとその名の通り直線状になるものの総称です［図5-18-A］。全てのトラウザーズの基本形であり、近年でも後述のBとCの要素を交配し膝の位置を意図的に高めに設定した「美脚パンツ」の人気が定着するなど、その時々の需要に応じた変化・改良が続いています。

B テーパード

Aに比べ幅が渡り↓膝↓裾へと穏やかに狭まるため、側面から見ると縦長で上辺の広い台形状になるものを指します［図5-18-B］。人体の脚部の構造に自然に沿うものなので、流行り廃りがあまりなく、落ち着いた印象に映ります。着用者の体格に応じた股上・股下に素直に設定するのが最も美しく仕上がるシルエットかもしれません。

C パイプドステム

ストープパイプとも呼ばれ、ヒップも含めAが全体的に細くタイトになったものを指します［図5-18-C］。１９５０年代後半から60年代前半のアイビーやモッズなど細身の若い世代が主導権を握った流行で、彼らの体型を生かすべく積極的に採用されました。見栄えのバランスを良くすべく、股上を浅く、股下を短めに仕上げるのが通例です。

D バギー

正に「袋」のイメージそのものので、Cとは逆にヒップも含めAが全体的に太くルースになったものを指します［図5-18-D］。１９３０年代後半から40年代にかけて主流となったシルエットで、第二次大戦前後の物資不足

[図5-18] トラウザーズのシルエット

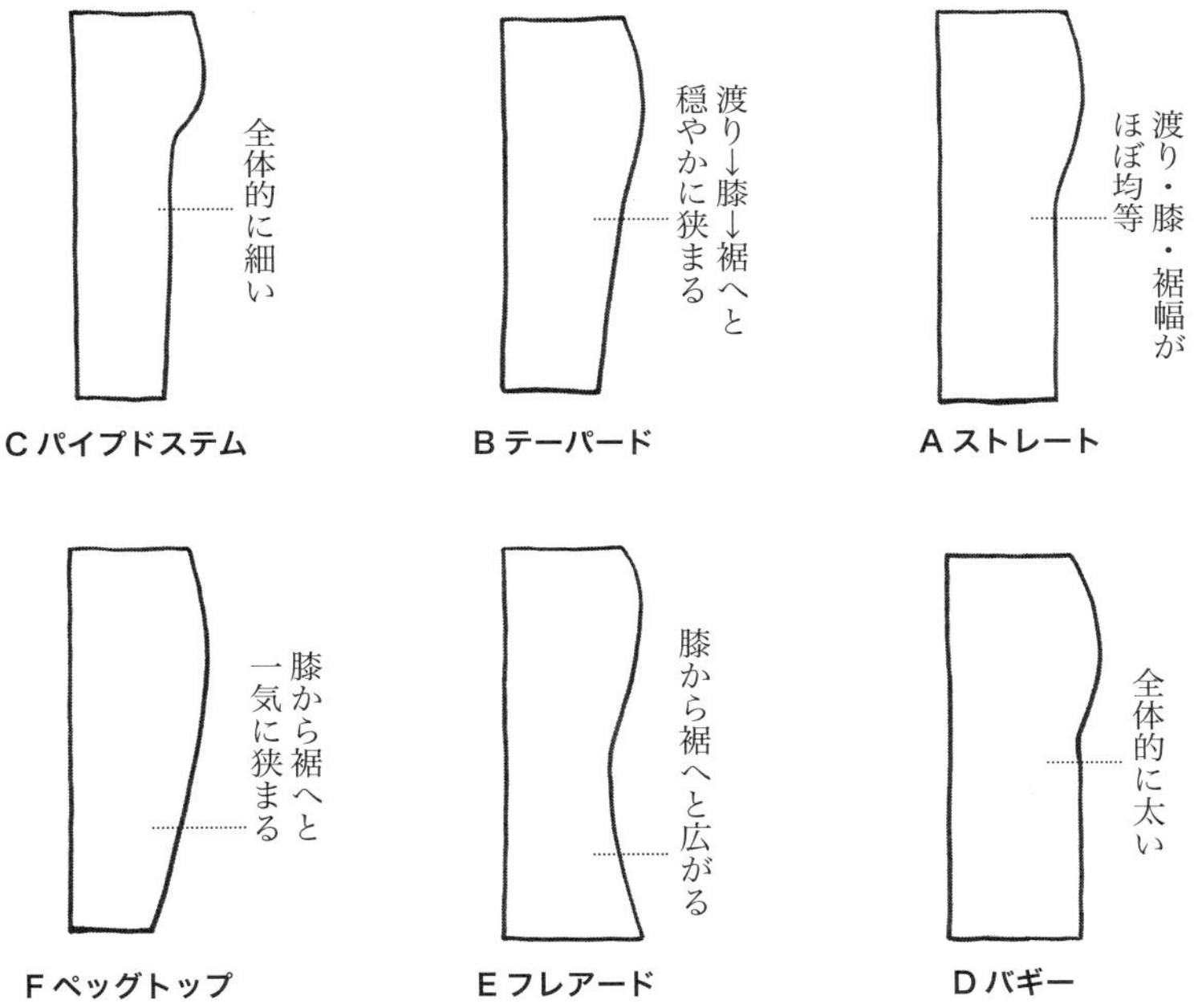

が深刻なご時世だったにもかかわらず、布を多く必要とするこれが流行したのは、何より勇ましく見えるからでしょう。こちらは股上を深く、股下を長めに仕上げるのが通例です。

なお、オックスフォード・バッグスと呼ばれる非常に極端なものも１９２０年代終盤にイギリスで瞬間的に流行しています。

E フレアード

渡りから膝までは幅が狭まるものの、膝から裾へは逆に広まるため、側面から見ると末広がり状になるものを指します［図5-18-E］。１９６０年代後半から70年代の、当時の表現でいうパンタロンを代表するシルエットです。そのうち、膝から裾まで大きく広がるものをベルボトム、穏やかに広がりAに近いものをジェントリーフレアードと称します。視覚上ヒップを小さく見せる効果があるためか、今日では婦人服の定番になっており、この効果を得やすくすべく股上は浅くする一方で、股下は長めに仕上げるのが通例です。

F ペッグトップ

ペッグトップとは洋ナシ形状のコマのこと。これに似せてヒップや渡りと膝の幅までは余裕を多く持たせる一方で、裾幅を一気に狭めることで側面から見ると下すぼみ状になるものを指します［図5-18-F］。丸く包容力のあるシルエットは近年では1980年代に流行しています。

2 股上

ここはウェストとヒップのフィット感に大いに関わります。流行で変化しがちな箇所ですが、それにいたずらに振り回されると快適性が損なわれる場合もあり、注意が必要です。

A ローライズ

股上が浅い状態、具体的にはトラウザーズの上端が腸骨（腰骨）より下にくる場合を指します［図5-19-A］。その突起より上を覆わない状態でトラウザーズを身体に固定させなくてはならない構造的な宿命を持つため、腰回りのシルエットはスリムかつタイトなものにならざるを得ません。原則的に細身の方に向いた仕様ですが、トラウザーズの上端が下腹部に被るのではなく下支えする構造になるため、下腹部の出っ張った方にも快適な場合も多く、注文服ではその種の体型の方向けに流行にかかわらず活用されていました。また小股（股の付け根）と腸骨までの距離が短めの方にも向いています。1960年代から70年代にかけて流行し、一旦衰退したものの、1990年代半ばにイタリアのトラウザーズ製造専業メーカーのものが再評価されたのをきっかけに、現在でも注目され続けています。ただし全ての人に快適とは限らないので、選ぶ際には注意が必要です。

B ミドルライズ

ノーマルライズとも呼ばれる中庸な股上の状態、具体的にはトラウザーズの上端が腸骨から臍を隠す程度までくる場合を指します［図5-19-B］。ちょうど腸骨の突起部周辺を覆う状態でトラウザーズを身体に固定できるので、安定した穿き心地を得やすい仕様です。

C ハイライズ

股上が深い状態、具体的にはトラウザーズの上端が臍よりも明らかに上にくる場合を指します［図5-19-C］。下腹部全体のみならず上腹部の一部まで覆う構造になるため、腰回りのシルエットは必然的にゆったりしたものとなり、ベルトではなくブレーシス（サスペンダー）で上部から吊るして固定するほうが快適に穿けます。また小股と腸骨までの距離が長めの方にも向いています。1930年代から50年代初めに流行し、極端でないものは80年代半ばにも多く受け入れられました。

D ハイバック

前身頃に比べ後身頃の股上を極端に深くせり上げたものを指し、その形状からイギリス英語ではフィッシュテールバックと呼ばれます［図5-19-D］。かつてのスコットランド兵のトラウザーズ＝トゥルーズの仕様が起源だといわれる、非常に古典的な仕様です。騎乗中に前傾姿勢

［図5-19］股上

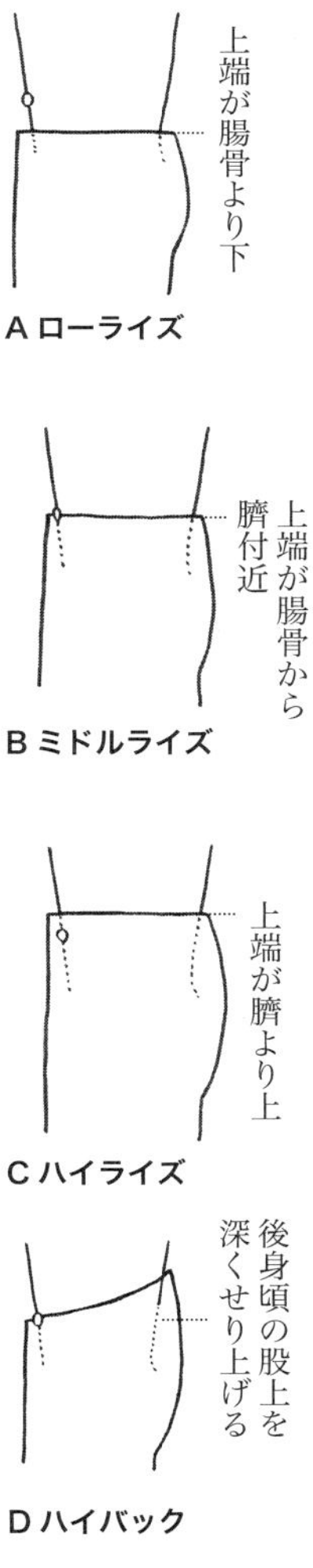

を取っても中のシャツがずり上がって外にはみ出すのを防ぐとともに、ウェストのフィット感を高めるのが目的だったようです。第二次大戦頃までは比較的お馴染みだった意匠ですが、今日でも似たような理由で注文服では一部のBやCで取り入れられる場合があります。また時にはヒップへの密着度を高める目的で、構造を簡略化させたものをあえてAと組み合わせることもあります。

3 ウェストバンド周辺

大抵のトラウザーズの上端には、身頃とは異なる帯状の別布が付き、ウェストを固定する役割を果たします。その「固定」をより確かにするための工夫は、ベルトだけではありません。

A 全体の処理

a スプリットウェストバンド

通常のウェストバンド、つまりトラウザーズ上端全体が帯状の別布で始末されている仕様です［図5-20-a］。縦幅は通常4cm前後で全体的に均一ですが、流行次第でこれより細くなったり太くなったりします。またイタリア製のトラウザーズの中には、ウェストのサポートを高める目的で背中から腹にかけて徐々に太くなっていくものもあります。

b ワンピースウェストバンド

トラウザーズ本体の上端にウェストバンドが存在しない仕様で、aに比べウェストの感触が柔らかくなります［図5-20-b］。今日ではあまり見かけませんが、1930年代後半から50年代初めにかけてアメリカ西海岸、特にハリウッドの映画俳優を中心に大流行したものです。そのため「カリフォルニアウェストバンド」「ハリウッドウェストバンド」なる別称もあります。

B 押さえ方の工夫

a ベルトループ

文字通りベルトを通しトラウザーズに固定するためにウェストバンド周辺に付けられる環のことです［図5-21-a］。本格的に普及したのは第二次大戦後で、数が多いほどベルトの固定力は強まるため、ドレストラウザーズではかつては左右4対の8個仕様が主流でした。しかし見栄えの重視とコスト削減の両面から、今日では左右3対の6個仕様が多くなっています。他には6個仕様に後身頃の背中心部にもう一つ加えた7個仕様や、腹部の大きい方向けに8個のものの下前にさらに一つ追加した9個仕様も見られます。また、ベルトを締めた際それがトラウザーズの上に飛び出さないようにすべく、かつてはこの上端をトラウザーズの上端から0・5～1㎝ほど下がった位置に設置するのが我が国では主流でした。これを「ループ下がり」と称しますが、近年は海外のものと同様に、トラウザーズの上端＝ベルトループの上端とする通称「トップループ」仕様のほうが多くなっています。

［図5-20］ウェストバンド全体の処理

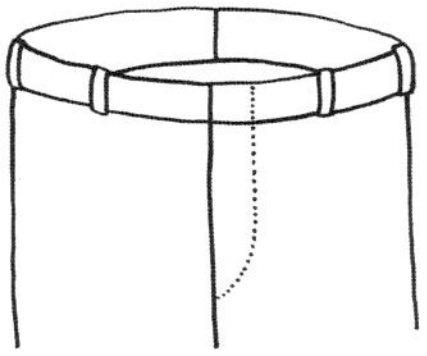

a スプリットウェストバンド

ウェストバンドが身頃と一体化

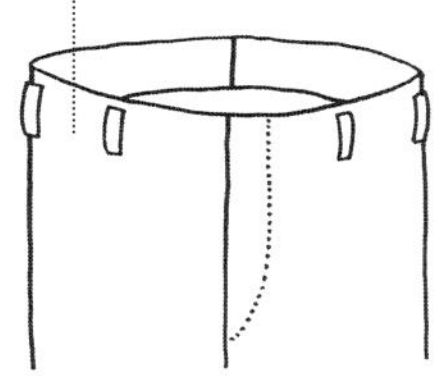

b ワンピースウェストバンド

b ブレーシスボタン

ブレーシス＝サスペンダーを接続するためのボタンです［図5-21-b］。ウェストバンド上の前身頃の左右に1対ずつ、その後身頃の背中心部に1対の合計3対すなわち6個付きます。ベルトループとの兼ね合いなのか、現在では全てをトラウザーズの裏側に付けるのが一般的ですが、トラウザーズの固定に圧倒的にブレーシスが用いられていた第二次大戦前頃までは、全て表側に付けるほうが主流でした。なお、機能と美しさを両立すべく左右の最も臍側のボタンは、前身頃がプレーンフロントの場合は折り目（クリース）の延長線上、プリーツ付きの場合は最も臍側にあるプリーツの真上に付

[図5-21] ウェストの押さえ方の工夫

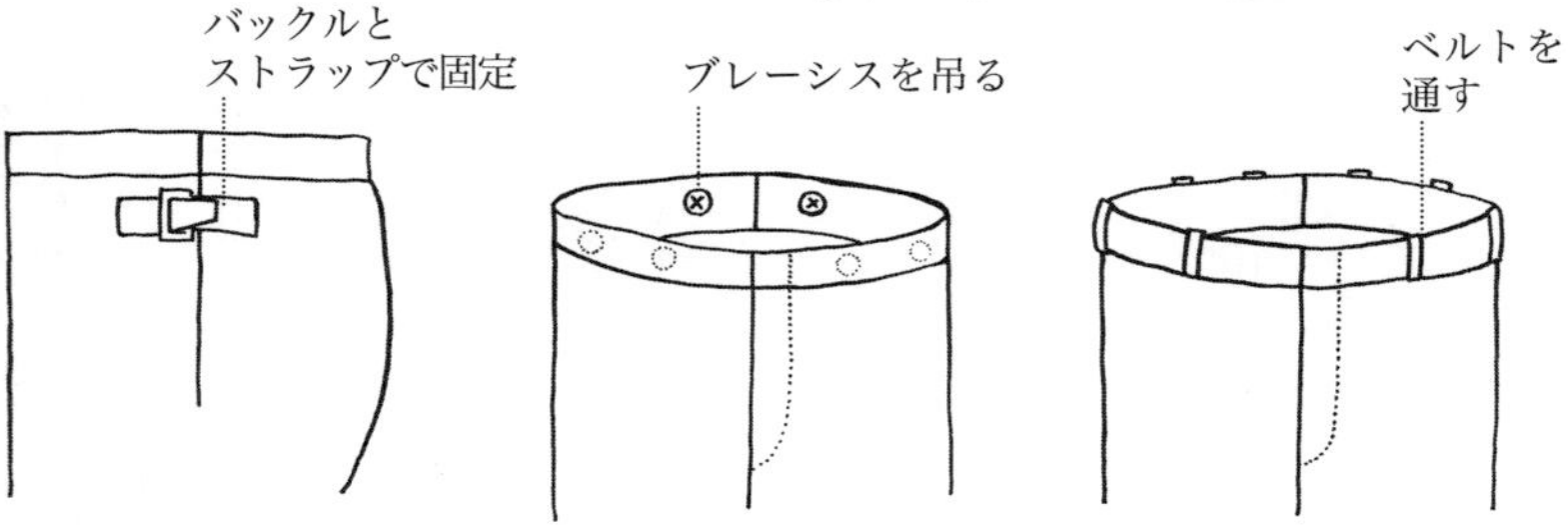

c サイドアジャスター
①バックルとストラップ

b ブレーシスボタン

a ベルトループ

けるのが不文律です。

c サイドアジャスター

ウェストバンドの両脇の腸骨の辺りに、バックル・ストラップやボタン留めのタブなどを備えてウェスト回りの微調整を可能にした意匠です[図5-21-c]。後者ではウェストバンドの背側を横長の袋状にし、両端にボタンホールタブを設けたゴムバンドをそれに通したものが有名で、考案したブランド名から「ダックストップ」なる通称が付けられています。

d 持ち出し

英語ではエクステンデッドウエストバンドと呼ばれる、上前先端のウェストバンドを下前側に若干延長させた意匠で、1930年代頃から登場したものです[図5-21-d]。その先端部の固定には、裏側にフックを設ける（表には露出しない）方法とボタンで留める方法とが見られます。

e Vカット

ウェストバンドの後身頃の背中心部にあるV字型の切り込みのことで、比較的高級なトラウザーズに散見される意匠です。頂上が凹になるハイバック後部の形状を簡略化したのが起源とされ、脊柱にあたる部分が左右に割れるため、腰部へのフィット感が若干高まります。

f バックストラップ

後身頃のウェストバンド直下の中心部にバックルとストラップを配するのを通じ、ウェストからヒップの微調整を行えるようにしたものです。もともとはハイバック（フィッシュテールバック）と併用されることの多

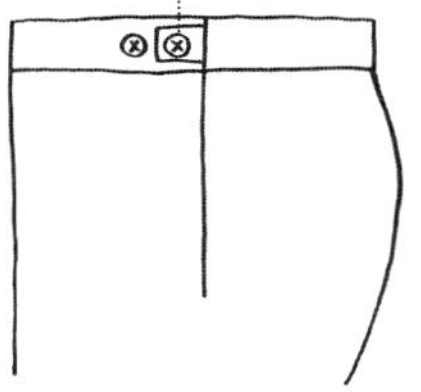

c サイドアジャスター ②ボタン留め

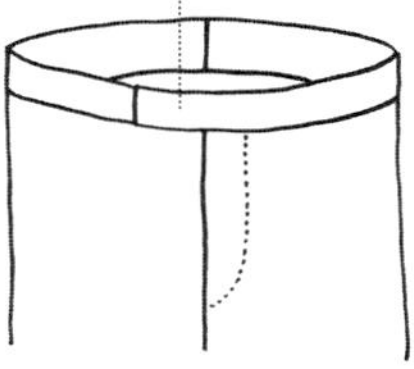

d 持ち出し

い意匠ですが、1950年代後半から60年代前半にかけて流行したアイビーのトラウザーズにおいても、これを形骸化したものが象徴的な意匠となりました。

第5章

4 フロントのプリーツ

日本では「タック」と表現しますが、これは和製英語で正確にはプリーツです。ウェストから大腿部にかけてゆとりを生み出す効果があります。

A プリーツの数・深さなど

一般的には入れる場合は左右に1対もしくは2対入れ、前者はそのまま折り目になり、後者は臍に近い1対がそれになります。コサック兵の軍服が起源とされるプリーツは、当初スポーツウェアの意匠として19世紀後半に登場し、ドレストラウザーズには1920年代後半頃から本格的に採用され始めました。

数が多ければ多いほど、深く入れれば入れるほど、ゆとりを生み出す効果が大きくなるので、入れるか否かは本来なら着用者の体型に応じて決めたいものです。例えばウェストに比べヒップの寸法が大分大きい方などに向いた意匠ですが、実際にはプリーツを入れるか否かは流行に大きく左右されます。これが重用されたのは1930年代から50年代初めにかけて、それに80年代のようにルーズなシルエットがもてはやされた時代です。その一方、股上の浅いローライズのものでは効果が出にくくなるため、50年代後半から70年代にかけて、そして2000年以降のようにタイトなものが受けた時代には敬遠されます。

［図5-22］フロントのプリーツ

c リバースプリーツ（アウトタック）　b フォワードプリーツ（インタック）　a フラットフロント（ノータック）

B プリーツの有無

a フラットフロント（ノータック）

英語では「プレーンフロント」とも称する、フロントにプリーツやダーツの類が一切付かない最もシンプルな仕様です［図5-22-a］。今日のトラウザーズの原点とも言えるフロントである一方で、細身のシルエットが流行すると必ず採用される傾向も持ち合わせています。

b フォワードプリーツ（インタック）

背側から腹側へと前向きに織り込まれるプリーツで、その付け根に指を入れると腹側から背側に押し込む形状になります［図5-22-b］。前方から見るとプリーツの開き具合が比較的わかりやすく、つまり着用者の体型に実際に合っているか否かを容易に判断できます。体型に合っている場合は、プリーツが前向きに織り込まれていることから下腹部の出っ張りを隠せる効果を期待できるものの、着用者のウエストのほうが大きい場合はプリーツが大きく開き、しかもその立ち上がりが曲線的になり、見栄えが損なわれがちです。そこが嫌われてしまったようで、現在ではあまり採用されません。しかし、股上が比較的深めでずり落ちの心配も少ないブレーシス固定のトラウザーズを好むイギリス及びその要素の濃いトラウザーズでは、構造上その危険をさらに少なくできるためか今日でもcよりまだまだ主流です。

c リバースプリーツ（アウトタ

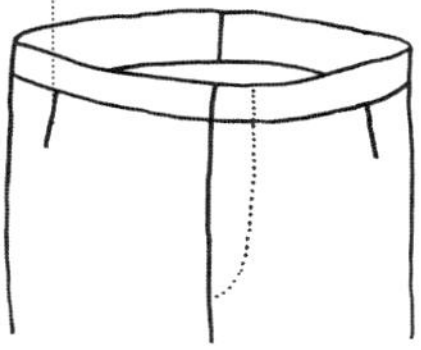

d 縫い消しダーツ

ック）

腹側から背側へと後向きに織り込まれるプリーツで、その付け根に指を入れると背側から腹側に押し込む形状になります［図5-22-c］。前方から見るとプリーツの開き具合が比較的わかりにくく、着用者の体型に実際に合っているか否かを判断しにくい仕様です。しかし、ずり落ちの心配のあるベルト固定のトラウザーズが普及するにつれ、その欠点が「たとえ多少ずり落ちてしまった場合でも、プリーツの立ち上がりの見栄えを維持できる」との解釈に転じたようで、現在では既製品を中心にプリーツ付きのトラウザーズでは大半がこの仕様です。

d 縫い消しダーツ

フロントにプリーツではなく後身頃と同様のダーツ、つまり上端から下端まで閉じ切った縫い目を入れる場合もあります［図5-22-d］。プリーツほどではないもののウェストから大腿部にかけて若干のゆとりを生み出す効果があり、通常のaではシルエットが崩れてしまうがプリーツを入れるほどでもない方、例えばウェストもヒップも細い割に腸骨のみが出っ張っている方などに向いた意匠です。紳士服ではあまり多く見かけませんが、婦人服のパンツでは比較的お馴染みで、プリーツを併用したりローライズのものにも用いられる場合も多くあります。

5 前立て

トラウザーズの前部の開閉の仕組みは、スピードを重視するか雰囲気や耐久性を重視するか、個人の好みがはっきり分かれる領域です。

A ジップフライ

ジッパーで開閉するものです。ジッパーの信頼性が増した第二次大戦後から急速に普及し、今

［図5-23］脇ポケット

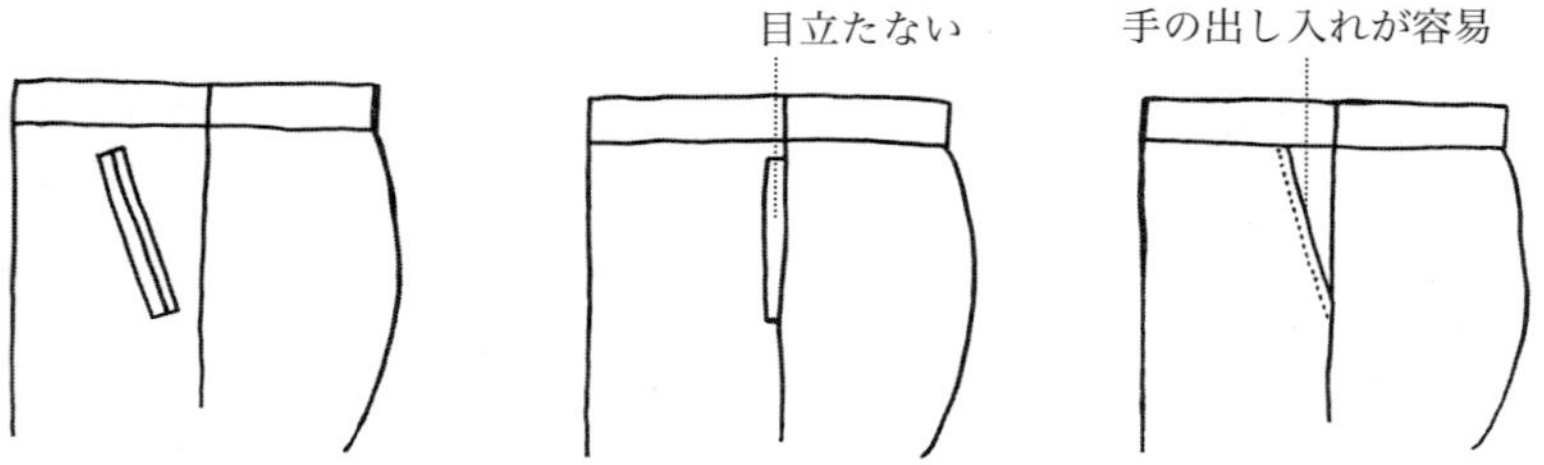

C 両玉縁ポケット　B 縦ポケット　A 斜めポケット

日では圧倒的に主流の意匠です。

B ボタンフライ

隠し前立て（フライフロント）の意匠が普及した19世紀中盤から続く、ボタンで開閉するものです。

開閉は面倒ですがAに比べ壊れにくいため、いまだに注文服では人気があります。

6 脇ポケット

機能最重視でいくのか、むしろ目立たせないようにすべきか、脇のポケットにどのようなものを付けるかは、それに何を求めるかで最適解が変わります。

A 斜めポケット

両脇の縫い目線（サイドシーム）から斜めに切り込まれたもので、英語ではその形状からスラッシュポケットとかスランテッドポケットと呼ばれます［図5-23-A］。Bに比べ活動的に見え、手を出し入れするのも比較的楽ですが、着座時に先端部がカパッと開きやすい短所もあります。

B 縦ポケット

サイドシーム上に切り口を備えたもので、そのため英語ではサイドシームポケットとか単にサイドポケットと呼ばれます［図5-23-B］。Aに比べ手の出し入れはしにくいものの、落ち着いた印象を与えるため、礼装用のトラウザーズに多用される傾向にあります。

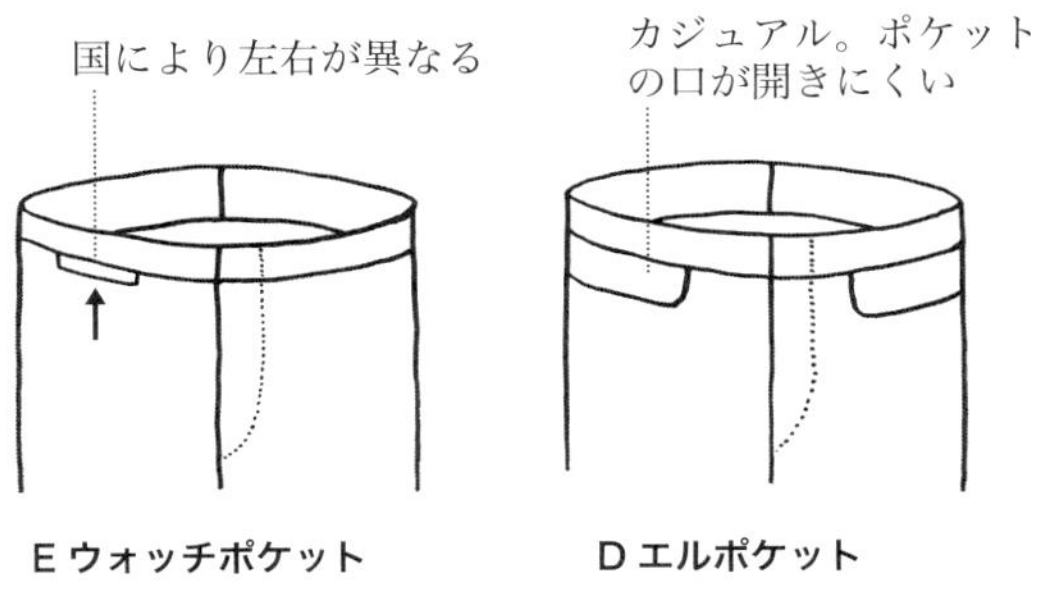

E ウォッチポケット　　D エルポケット

C 両玉縁ポケット

デザイン上のアクセントとして、ジャケットの腰ポケットと同様の両玉縁ポケットが斜めに用いられる場合もあります［図5-23-C］。イタリアやフランスのトラウザーズに見られる意匠で、大抵の場合フロントにはリバースプリーツが付きます。

D エルポケット

ジーンズのフロントポケットと同様に横長のL字状に切られたものです［図5-23-D］。アメリカではウェスタンポケットなどと呼ばれる一方で、イギリスではジーンスタイルポケットと称します。ポケットの口が開きにくくA以上に活動的に見えるため、カジュアルな印象を出したい時に限り用いられます。

E ウォッチポケット（フォブポケット）

前身頃とウェストバンドの境界線上に切り口を小さめに備えたものです［図5-23-E］。もともとは懐中時計を入れるためのものでしたが、それが衰退し用途が変化したためか、最近は「コインポケット」とも呼ばれます。イギリスやアメリカのものでは、ジャケットのチェンジポケット（チケットポケット）と同様に多くの人の利き腕に自然に対応すべく、もっぱら右腕側＝下前に付けます。一方、他のヨーロッパ諸国のもの、特にイタリアのものでは反対に左腕側＝上前に付く場合が多いようです。これには懐中時計のもともとの収納場所＝ウェストコートの上前側の腰ポケットを、それがあまり着用されなくなったためトラウザーズの類似の位置に移設したからとの説もありますが、真相

[図5-24] 股下

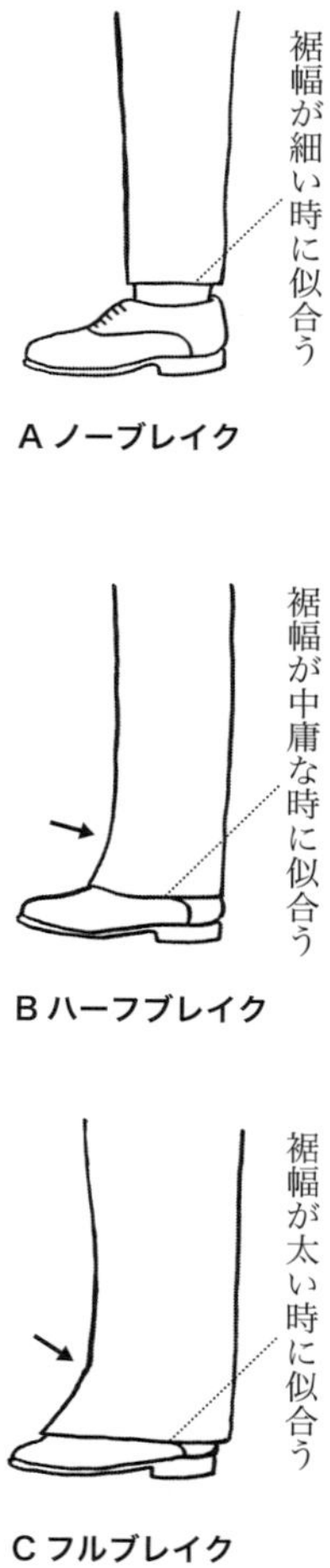

は定かではありません。

7 股下

トラウザーズの股下の長さは、その裾幅と比例関係にあります。すなわち裾幅が細ければ股下は短め、太ければそれを長めとするのが通例です。

A ノーブレイク

股下を短めに仕上げた、すなわち後身頃の下端が一般的な紳士靴のヒールカーブの先端には接しないか触れる程度で、前身頃の下端もその鳩目部とはぶつからずそれを隠さない状態です[図5-24-A]。直立静止時であっても少なくても側面からは靴下が見えてしまうので、活動的な雰囲気となります。裾幅が細い、目安としてはそれが20㎝未満のトラウザーズとの相性に優れます。1950年代後半から60年代前半のアイビーやモッズそれに昨今のようにタイトなシルエットが好まれると採用されがちです。

B ハーフブレイク

股下を中庸に仕上げた、すなわち後身頃の下端が一般的な紳士靴のヒールカーブの上半分程度を隠し、前身頃の下端はその鳩目部と軽くぶつかりその上部1/3~半分程度を隠す状態です[図5-24-B]。直立静止時には靴下は見えませんが、歩行時には見える場合もあります。中庸な裾幅の、目安としてはそれが20～22㎝程度のトラウザーズとの相性に優れるので、時代や流行に左右されずに好まれる傾向にあります。

C フルブレイク

股下を長めに仕上げた、すなわち後身頃の下端が一般的な紳士靴のヒールの上端にかかり、前身頃の下端はその鳩目部と大きくぶつかりその上部3／4程度を隠してしまう状態です［図5-24-C］。歩行時でも靴下は見えず、重厚な雰囲気に仕上がります。裾幅がある程度以上太い、大まかな目安としてはそれが23㎝以上あるトラウザーズとの相性に優れます。全体的に太くルーズなシルエットが好まれた1930年代後半から40年代にかけて、またフレアードシルエットが大受けした60年代後半から70年代にかけて主流となりました。

靴との一体感を考慮する

裾幅が細いトラウザーズの股下を長くし過ぎてしまうと、靴の甲部から足首周辺に余分な生地がまとわりついて不快です。逆に裾幅が太いものの股下を短くし過ぎてしまうと、歩く度にトラウザーズの裾がそこにパタパタあたり、こちらも快適ではありません。すなわち股下の長さと裾幅の比例関係は、機能面と美しさ双方の意味で「トラウザーズと靴とをどう一体化させるか？」の観点で考えれば、自ずと最適解が得られます。

8 裾の処理

裾の処理を指す一般的な用語も典型的な和製英語です。フォーマルウェアを除いて原則着用者の体格や心理、それにトラウザーズの持ち味に合わせての選択で構いません。

A シングル

折り返しを付けずに仕上げた処理で、本来はプレーンヘムとかプレーンボトムなどと称します［図5-25-A］。軽快で活動的な印象を与えがちな一方、Bが登場する以前に今日のものの基準が固まったフォーマルウェアの裾も必ずこの処理です。身体

［図5-25］裾の処理

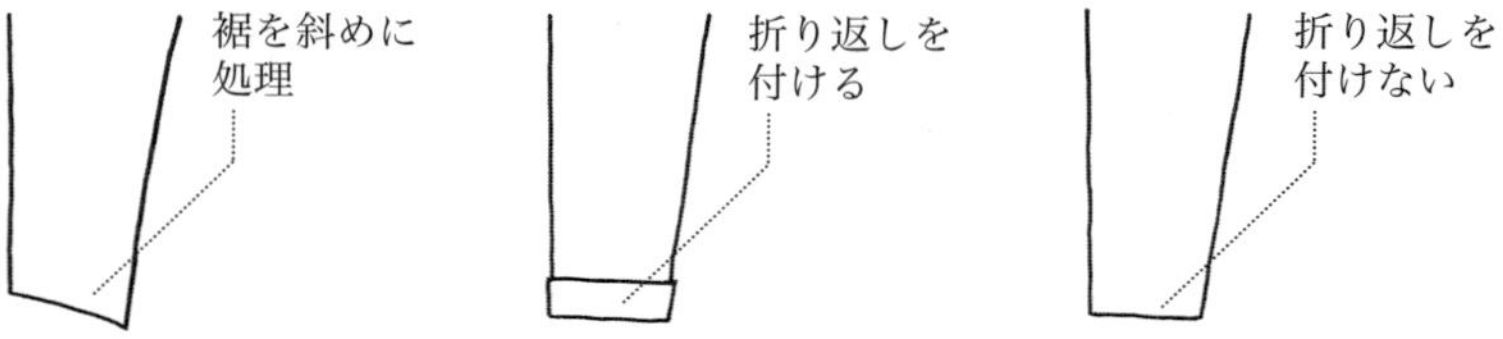

C モーニングカット　B ダブル　A シングル

の下端に横を遮る線が出ないため、足を長く見せる効果も期待できます。

B ダブル

折り返しを付けて仕上げた処理で、本来はターンナップスとかカフドボトムなどと称します［図5-25-B］。起源には諸説ありますが、雨天時に屋外の泥道を歩く際に裾をまくり上げた点は全て共通で、それゆえ屋外での活動向けと考えるのが自然です。身体の下端に横を遮る線が出るため、足下に安定感を出す効果も期待できます。なお折り返しの縦幅は、一般的にはトラウザーズの裾幅とは反比例の関係となります。すなわち裾幅が細ければ折り返し幅は太めの4・5㎝前後、太ければ細めの4・0㎝前後とすると全体のバランスが安定しますが、これには着用者の体格も考慮する必要があるのを忘れてはなりません。

C モーニングカット

礼装のモーニング用のトラウザーズに多く施される裾処理にちなんだ命名で、裾前方のダブツキ感を防ぐ目的で前身頃の裾を後身頃より短く仕上げたものです［図5-25-C］。本来はアングルドヘム、もしくは欧米では軍礼装にも多く見られることからミリタリーヘムとも呼ばれます。靴との一体感を出しやすく、裾端がスッキリまとまるのが特長で、主にAに施されますが稀にBで見受けることもあります。また傾斜は直線的に仕上げるのが一般的ですが、カーブを描い

［図5-26］ウェストバンド下のダーツ

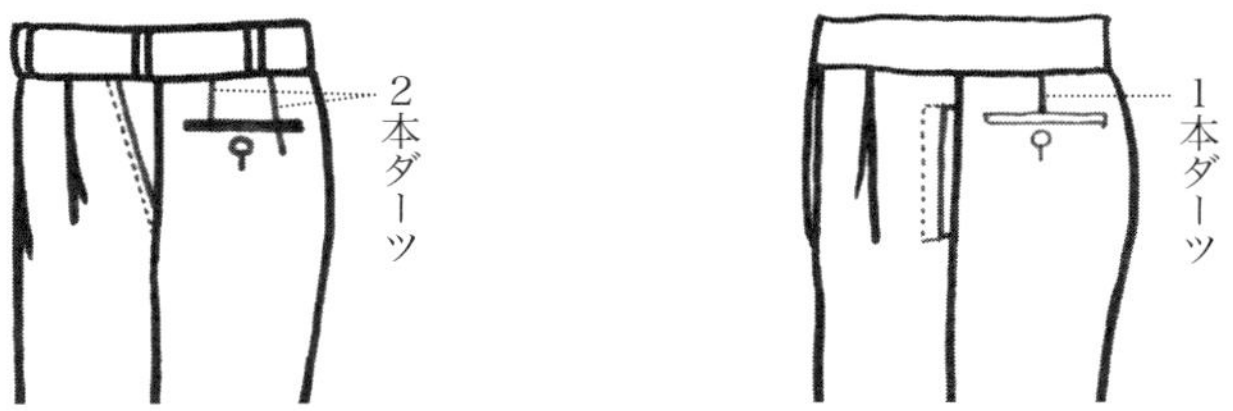

B ダーツが左右に2対　　A ダーツが左右に1対

たものも見受けられます。

9 後身頃のウェストバンド下の処理

見落とされてしまいがちですが、曲面であるヒップにどうフィットさせるかにおいて、実は非常に重要な役割を果たします。地域や用途による違いが自然と表れます。

A ダーツが左右に1対

イギリスやアメリカのトラウザーズに多く見られるものです。Bに比べダーツが少ない分、直線的で縦長のスッキリとした面構成になりがちなので、一般的にヒップが縦に長いとされるアングロサクソン系の方に向いた意匠です［図5-26-A］。ウェストからヒップへのフィット感をそこまで厳密に求める必要のないブレーシス固定のトラウザーズ向きの意匠でもあります。

B ダーツが左右に2対

イタリアやフランスのトラウザーズに多く見られるもので、日本でもこちらが主流です。Aに比べダーツが多い分、曲線的で塊《かたま》り感のある面構成になりがちなので、ヒップが球状だとされるラテン系の方や日本人には向いた意匠だと思われます［図5-26-B］。

ウェストからヒップへのフィット感が求められるベルト固定のトラウザーズ向きの意匠でも

あります。

C バックヨーク

ダーツの代わりにヨーク、つまり三角形や台形の別布が左右に1対大きく縫い付けられる場合も稀にあります。ジーンズの後姿としてあまりに有名ですが、これは19世紀のドイツやフランスのトラウザーズの意匠がそのまま持ち込まれたものです。

10 ヒップポケット

実際に使う・使わないの差が人によりはっきり分かれるのがこのポケットです。ピストルを入れる目的だったとの説から、日本では「ピスポケット」とも呼ばれますが……。

A 付けるか？ 付けないか？

ヒップはトラウザーズのシルエットを大きく左右する部分でもあり、膝と並んで着用時に力が大きくかかる部分でもあるため、美しさのみならず耐久性の面からもポケットはなるべく付けないほうが理想的ではあります。たとえ付けたとしても利き腕の後ろ側のみであるとか、厚くて大きなものは入れないなどを心掛けてほしいものです。とは言え、外出時の荷物の持ち方も絡んでなかなかそうはいかないのも現実なのですが。

B 切り口の仕様

a 片玉縁ポケット

ポケットの切り口の下辺のみに玉縁、すなわち横に細長い縁取りを別布で設けたもので、飾らないスッキリとした印象に仕上がります［図5-27-a］。着座時に大きな圧力が継続的にかかるこのポケットは、bより強度を出しやすいとの実用本位的な判断で、イギリスでは昔からこれが主流です。

b 両玉縁ポケット

ポケットの切り口の上辺・下辺双方に玉縁を別布で設けたもので、aに比べ装飾的な印象が加わります［図5-27-b］。世界的にはaよりもこちらが今日では主流ですが、これはジャケットを着用しない状態でも見栄えがすることを意識しているからかもしれません。

C 中身が飛び出さない工夫

a ボタン

玉縁の下部に付けることで中

身が飛び出しにくくする効果を狙ったものです。

既製服の場合、大抵の人の利き腕となる右腰側のポケットは、使用頻度が高くなりがちなのでボタンはあえて付けず、これを左腰側のみに付ける場合が一般的です。しかし、注文服ではそうとは限らず、左右双方のポケットに付く場合も多く見られます。

［図5-27］ヒップポケットの切り口の仕様

a 片玉縁ポケット

b 両玉縁ポケット

b フラップ

ジャケットの腰ポケットに多く見られる意匠と同様に、玉縁の上にフラップすなわち布の蓋を被せることで、中身が飛び出しにくくする効果を狙ったものです。aを併用する場合も多く、使用頻度を考慮しこちらも左腰側のみに付けるのが一般的です。

11 腰裏の素材

トラウザーズの穿き心地を作用するのがこの部分です。固定するのがブレーシス（サスペンダー）なのかベルトなのかによっても、最適解が異なります。

A 表地

綿や麻を主素材とするトラウザーズでは、表地を腰裏にも用いる場合があります。着用感より耐久性を重視したい場合や、カジュアルな要素が強いものに多く見られる仕様です。

B スレーキ

スレーキとは表面に光沢の出る仕上げを施した綿、もしくは綿混紡の裏地で、「滑らかな」とか「艶のある」を意味する英語のSleekが訛って我が国での名称になったものです。滑りが良いだけでなく肌あたりも柔らかいのが特徴です。

C ゴム付きスレーキ

腰部のずり落ちや裏返りを防ぐべく、Bの中央部にゴムを配置したものです。固定方法がブレーシスからベルトに主流が変化して以降、急速に普及したもので、これをかつて製造・販売していた企業名から、我が国では「マーベルト」なる別名も広く用いられています。

D シャツ地

イタリア的要素の強いトラウザーズに多く見られるものです。Bに比べ耐久性こそやや劣るものの、ベルトを締めてもウェストへの感触はそれよりさらに柔らかくなるのが特徴です。

E ジャケットの袖裏地もしくは胴裏地

イギリスの注文服のトラウザーズに多いものです。こちらはBとほぼ同等の耐久性が得られるとともに、ウェストへの感触はそれより軟らかくなります。

12 膝裏の付け方

トラウザーズの主に大腿部を覆う裏地を、こう呼びます。保温や滑りを良くする役割のみならず、透けを防止する役割はジャケットの裏地より大きいのではないでしょうか。着用する場の気候の違いが、仕様の違いに直接表れます。

A 裏地なし

綿や麻のトラウザーズではお馴染みですが、欧米では素材がウール系、いやツイードのような粗い素材感のものであっても極めて一般的な仕様です。表地の質感が大腿部に直に伝わって来るのが特徴です。ただしチクチク感が伴うので肌が敏感な方は避けたほうが無難かもしれません。また、裏地を付けた時より耐久性も若干劣ります。

B 七分裏地

前身頃のみ膝付近まで裏地が付く仕様で、日本のトラウザーズでは素材がウール系の場合、着用する季節を問わず最も一般的な仕様です。欧米に比べ総じて多湿な我が国では、大腿部の汗が表地に直接浸み込むのを多くの方が不快に感じるからだと思われます。

C 七分総裏

前身頃だけでなく後身頃の膝付近まで裏地が付く仕様で、主に表地が盛夏向けなど下着の透けやすいものであったり、ツイードのような生地感の粗く肌触りに難のあるものの場合に時々見られます。

D 総裏

前身頃・後身頃双方の裾まで裏地が覆う仕様です。寒冷地向けのものや、ベルベットや絹など耐久性に難があり通常はトラウザーズには用いない素材を表地として意図的に使う場合に見られる仕様です。

ウェストコート

1 Vゾーン

シャツやネクタイの覗く部分

がウェストコートの「顔」であるのは、ジャケットと同様です。枠の形状の違いや襟の有無で雰囲気のみならず、相応しい場も変化します。

A 形状

a V字型

首元から第一ボタンにかけて直線的に裁断した、圧倒的に主流のものです［図5-28-a］。広く（長く）なるか狭く（短く）なるかは合わせるジャケットの流行に連動します。

b U字型

首元からは地面に垂直気味に線が落ち、第一ボタンの近くでクルッと曲線的に裁断したものです［図5-28-b］。主に燕尾服やディナージャケット用のものに見られ、この場合aに比べ広く=ボタン位置が低くその数も

［図5-28］ウェストコートのVゾーン

a V字型

b U字型

少なくなり、またショールラペル（へちま襟）やその端に角を付けたスクエアラペル付きとなる傾向が強くなります。

B 襟(ラペル)の有無

c 襟なし

襟が付かない、ウェストコートの原点ともいえるシンプルな意匠です。dとの格の上下は特に存在しませんが、今日のスーツ、つまりジャケット・トラウザーズ・ウェストコートを同じ素材かつ同じ色柄で仕立てた組み合わせでは、こちらのほうがより一般的です。

d 襟付き（ラペルドウェストコート）

ジャケットの項の7で説明した様々な種類の襟を付けたものも多くあります。こちらはフォーマルウェアや対照的にややカジュアルなもの、つまりジャケット・トラウザーズ・ウェストコートを別の素材や色柄で仕立てた組み合わせで、今日好まれる傾向にあります。

なお首元の着心地の悪化を防ぐため、上襟=カラーがあるものでもそれは肩先から始まり、後身頃には回さない場合がほとんどです。よって、へちま襟のようなゴージラインのないものについては、ジャケットの場合とは対照的にそれを下襟=ラペルと見なします。

2 胸ボタンの数

ジャケットのそれに比べ注目されることはそれほど多くはないものの、バリエーションは意外と豊かです。数だけでなくどこに配置するかも重要なのは、ジャケットと同様です。

A シングルブレステッド

流行やシルエットで若干変動しがちではあるものの、一般的な用途のシングルのジャケットに合わせる際には、シングルブレステッドのそのボタンを掛けた状態でウェストコートのボタンを上から1つ半~2つ程度覗かせるのが良いバランスとされています。一方ダブルブレステッドのジャケットに合わせる際には、構造上ウェストコートがほとんど露出しないため、そのVゾーンの縁がわずかに見える程度が理想的になります。

a シングル3つボタン

主に燕尾服やディナージャケ

［図5-29］ウェストコートの胸ボタンの数

g ダブル6つボタン3つ掛け（ストレートヘム）　e シングル6つボタン上5つ掛け（ダブルポインテッドヘム）　d シングル6つボタン

ット用のものに見られます。Vゾーンを U字型に広く仕上げたショールラペル・スクエアラペル付きとなる傾向が強いです。

bシングル4つボタン

aと同様の燕尾服やディナージャケット用のもの［図5-28-b］がある一方で、一般的な用途のものも存在します。後者はカジュアルなものが多く、前者と極めて対照的です。

cシングル5つボタン

一般的に見られる仕様で、dに比べVゾーンを広く設定し易いため、例えば小柄な方がシングル2つボタン上1つ掛けジャケットの下に着るウェストコートなどに向いています。

dシングル6つボタン

上に合わせるジャケットのVゾーンの広さをあまり選ばないため、こちらもcと同様に一般的な仕様です［図5-29-d］。懐中時計のチェーンを通す目的のボタンホールが、上前の第四ボタンと第五ボタンの間に縦に設置されることもあります。

eシングル6つボタン上5つ掛け

dとの差が微妙で見間違えることも多いですが、一番下のボタンが、フロントカットのカーブより下に位置するため、それを閉じられない仕様です［図5-29-e］。

懐中時計のチェーン用のボタンホールが上前の第四ボタンと第五ボタンの間に縦に付く場合があるのはdと同じです。

B ダブルブレステッド

いずれの仕様も大抵の場合、胸ボタンの横間隔が第一・第二・第三ボタンと下に行くにつれて狭くなり、前面から見ると胸ボタンがV字状に配置される傾向にあります。

また、この構造ではボタンが前身頃の下部に集中するので、上に来るジャケットがシングルブレステッドであれダブルブレステッドであれ、「ボタンがいくつ見える」との表現こそ不可能ではあるものの、見え方としてはAと同様の位置関係になるのが理想です。

f ダブル4つボタン2つ掛け

主に小柄な方向けの仕様ですが、多少間延びした印象を与えがちになるためなのか、今日ではそれほど見かけません。

g ダブル6つボタン3つ掛け

Bとしてはこちらがより一般的で、モーニングを着用する際のウェストコートとして採用されることも多い仕様です［図5-29-g］。

一番下のボタンは閉じるべきか否か？

シングルブレステッドのウェストコートは、今日の一般的な用途のものについては一番下のボタンは閉じないのが慣例になっています。ジョージ4世やエドワード7世の仕草、騎乗時における利便性、それにイートン校の優良学生のみに与えられた特権など起源には諸説あります。しかし、あくまでもそれらに基づく「慣例」であって、絶対にこうでなくてはならない的な「ルール」ではありません。

・構造上、一番下のボタンが閉じられるものは、素直に閉じても、慣例に従い閉じなくても構わない。

・その一方で、シングル6つボタン上5つ掛けのようにこの慣例に基づいた構造を持つものは、下手に一番下のボタンを閉じてしまうとシルエットが崩れるので閉じない。

と考えたほうが自然です。そうでないと、燕尾服やディナージャケット用のシングルブレステッドウェストコートのように、通常時より服で礼儀を表現する必要の度合いが高い場で用いるもので、今日でもそれをきちんと閉じている理由の説明がつかなくなるからです。なお、ダブルブレステッドのウェストコートについては、一番下のボタンは常に閉じます。

3 胸ポケット

ウェストコートの胸ポケットについては、形状は箱ポケットである場合がほとんどです。服の構造や出したい雰囲気次第で、左右の胸の双方に付けるか否かが変化します。

［図5-30］ウェストコートの胸ポケット

A 付けない

C 両胸に付ける

A 付けない

胸元をスッキリ見せたい場合の他に、バックレス仕様［写真5-4］のため表地が胸元に多く確保できない場合にも胸ポケットは付けない傾向にあります［図5-30-A］。

B 左胸のみ付ける

ジャケットの胸ポケットと同じです。今日では主に注文服のウェストコートで稀に見られますが、見る人が見ればそうだとわかる意匠でもあります。

C 両胸に付ける

極々一般的な仕様です［図5-30-C］。とはいえ何かを入れてしまうと全体のシルエットが崩れるので、あくまで非常用と考え、胸ポケットには何も入れないに越したことはありません。

4 腰ポケットの形状

かつては懐中時計やライターを入れる定位置だったのが、ウェストコートの腰ポケットです。具体的な形状についてはジャケットの項の12をご参照願います。

A 箱ポケット

ジャケットの胸ポケットに付くのと同様のものです。Cに比べ意匠は簡素ですが、ジャケットで覆われる部分でもあり過度の防衛は不要との発想で、最も一般的となったものです。

B 玉縁ポケット

片玉縁・両玉縁の双方の意匠が見受けられますが、1960年代のややカジュアル寄りのものに見られる程度で、あまり多くはありません。

C フラップ付きポケット

Bにフラップを付けたもので、それよりは多く見られます。ジャケットのそれと同様に、主に屋外での着用を前提としたものに採用され、雨や埃の侵入を防ぐ役割を果たします。

5 フロントカット

ジャケットに比べ、明らかに直線的になる傾向が強くあります。またダブルブレステッドではボタン付近の縦線は地面に垂直ではなく、傾斜を若干つける場合も多くなります。

A ストレートヘム

裾が横一線の直線状になっているものを指します（175ページ［図5-29-g］参照）。ダブルブレステッドのものでは標準的な仕様ですが、シングルブレステッドのものでも1960年代に流行したことがあります。

B シングルポインテッドヘム

裾端の1点のみをV字状に尖らせたものを指します。主に燕尾服やディナージャケット、それにモーニング向けのダブルブレステッドのもので見られます。

C ダブルポインテッドヘム

裾端の2点をW字状に尖らせたものを指します（175ページ［図5-29-e］など参照）。シングルブレステッドでお馴染みの仕様で、ダブルブレステッドのものでも燕尾服やディナージャケット向けでたまに見られます。

D ダブルラウンデッドヘム

Cと似ていますが、こちらは裾端の2点を尖らせずに丸めたものを指します。シングルブレステッドのもののうち、カントリーテイストを意識したものなどで見ることがあります。

6 後身頃

通常はジャケットに隠れて全く見えない部分ですが、着用する目的や環境次第で仕様が大きく変化するのがここです。デザイン的に見ても、もっと注目されても良い部分です。

［写真5-4］バックレス仕様のウェストコート

A 背裏が裏地

上に着用するジャケットとの滑り具合を考慮した標準的な仕様です。背中に直接あたる面については、表面と同様に一般的な裏地とする場合と、トラウザーズの腰裏と同様に袖裏地や専用の裏地＝スレーキを用いる場合とに分かれます。

B 背裏が表地

防寒性や耐久性を重視し、上にジャケットを着用せずウェストコート単体で用いるのも想定した際に見られる仕様です。AやCでは多用される微調整用のバックストラップが、耐久性や見栄えとの兼ね合いか、この仕様では付かない場合が主流です。

C バックレス

後身頃に表地も裏地も全く設けず、上下の端、つまり首部と腰部のみを、エプロンのように前身頃の端から延長したバックルとストラップなどで固定する仕様です［写真5-4］。上にジャケットを着てしまえば通常のものとの見分けがつかなくなり、肩の部分も最低限の表地しか付けられない構造になるため、どんなに暑い時でもウェストコートの着用が不可欠なフォーマルウェア向けのものに多く採用されます。一般的な盛夏向けのウエストコートにも、工夫次第でもっと普及できる意匠ではないでしょうか。

第6章

あの人はなぜ、スーツ姿が凛々しいのか？

　ファッションの世界で、しばしば用いられる「コーディネート」なる言葉。英和辞典で改めて確認すると、単に「服装などを調和よく組み合わせる」のみならず、「つり合わせる」「同格・対等にする」「順序良く並べる」「行動を組織し調整する」などの意味もあります。それから考えるに、単に「カッコ良く服を着る」と言うよりも、「『その人に』そして『その場に』装いを違和感なく馴染ませる」が、その真意なのではないでしょうか。このような観点に基づき、スーツの着こなし方の基本を、「似合う」と「相応《ふさわ》しい」とのニュアンスの微妙な違いも含め、色を軸に簡潔に考察します。これだけでも、突き詰めると分厚い本が一冊書けてしまうほど膨大な内容になるのですが、本書ではその原点を触れるに留めます。

1 組み合わせ以前に大切なこと

ここではスーツを、特にビジネスの場に相応しく身に着けるための、最も基本的な事柄を示します。どう着たら良いのかわからなくなった時には、まずはここに立ち返って下さい。

A 基本的な清潔感を心掛ける

スーツにかかわらず、そしてビジネスだ遊びだにかかわらず、これは他人と一緒に行動する際にはマナーとして絶対に不可欠な要素です。

他人から注意されることはまずないでしょうが（だからこそ要注意なのです！）、ともすれば「最低限の自己管理ができていない」とみなされ、その人がもつ本来の能力より低く見られてしまいがちだからです。

これは本人にも周囲にも、大きな損失になり得ます。

皺や汚れが目立ったり、肩先にフケが多く落ちていたりなどは、絶対に避けなくてはなりません。

B サイズの合ったものを身に着ける

時代によって流行のフィット感やシルエットは変動しますし、病気などの止むを得ない理由の場合も、確かにあります。

しかし、身体に対してあまりに大き過ぎたり小さ過ぎたりするスーツを身に着けていると、それがどんなに質の良いものであったり著名なブランドのものであっても、装いに説得力が欠けてしまうのも事実です。

なお、「ちょうど良いサイズ」の詳細については第3章をご参照願います。

C 色柄の法則を意識する

まず、スーツ、シャツ、タイの組み合わせに使える色は原則3色まで、と覚えて下さい。それ以上の色が使われるとざわついた印象となり、心理的な清潔感を失いがちになるからです。

また、「柄と無地との法則」も知っておいて損はありません。スーツ、シャツ、タイのうち2つが無地なら1つは柄、2つが柄なら1つは無地とすると、装いに自然な立体感が生まれます。

3つ全てが柄物、例えばストライプ柄になると相当うるさい印象になりますし、逆に全て無地としてしまうと、問題のない場合も多いものの、必要以上に生真面目に映り過ぎることもあるからです。

　さらには柄物を複数取り入れる場合は、その大きさを服ごとに変化させると見え方に自然な立体感が生まれる点も忘れないで下さい。

　色についての詳細は後述する2～4をご参照下さい。

［図6-1］色料の三原色

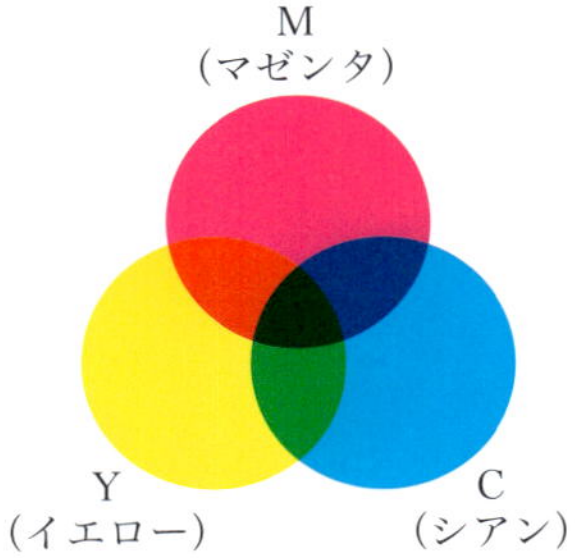

D 着こなしの「変数」を理解する

単にスーツが似合うだけでなく、その場に相応しい装いにするために、重要になるのがこれです。

　着用者の体型のみならず、季節や地位など様々な要素が絡んできます。あまり詳しくは触れていませんが、この辺りはこの章の6をご参照願います。

2 色をどう意識する？

スーツ云々を考える前に、「色」をどう意識するのか？　まずその基本中の基本をここでは確認しておきます。

A 三原色

三原色には、色料＝色の場合（赤紫・青緑・黄）［図6-1］と、色光＝光の場合（赤・青・緑）とがあります。

　色の場合は白を原点とし、そこから三色を調整し特定の色を表現します。全てが混じり合うと黒（厳密には非常に濃いグレイ）になります（減法混色）。

　一方、光の場合は光のない黒の状態を原点とし、そこから3色を調整してそれを表現し、全てが混じり合うと白となるわけです（加法混色）。

　実体のある服では当然「色」で考えます。

B 色の三属性

一言に「色」と言っても文字

[図6-2] 色相環（簡略版）

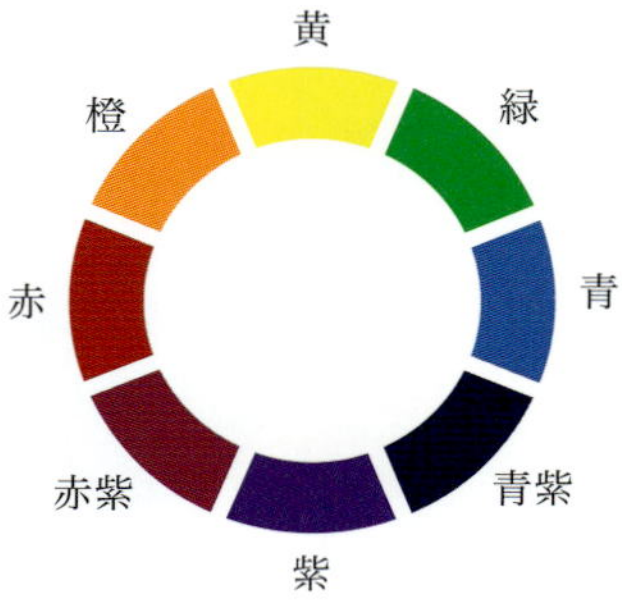

通り色々なとらえ方ができますが、その基本は、以下に挙げる3つの属性からなります。

そしてそれぞれの関連性は三次元的に、ちょうど地球儀に例えるとわかりやすいです。

・**色相**：赤・青・黄・緑のような、色の「様相の違い」です。

・**明度**：色の「明るさの違い」です。明るい・暗い、あるいは高い・低いと表現します。

・**彩度**：色の「鮮やかさの違い」のことです。高い・低いと表現します。

まず色相は、経度と見なせます。個々のものを整然と秩序立てていくと、グルッと円形状に並べられるからで、これを「色相環」[図6-2]と言います。ちょうど虹の色の順番、すなわち赤→橙→黄→緑→青→青紫→紫に赤紫を加え、この順番で時計回りに配置することで成立する環状配置です。通常は黄色を東経・西経0度と見なして一番上に配置します。

明度は自転軸と考えます。一番上の頂点＝北極点が最も明るい白、一番下の頂点＝南極点が最も暗い黒です。

そして彩度は残念ながら緯度ではなく「自転軸からの垂直距離」と考えます。それから近いと彩度が低く、遠いと高くなり、最も遠い「赤道上にある」色、つまり最も明度が中庸かつ彩度の高い色を「純色」と呼びます。

そして自転軸となる白〜グレイ（地球の核に相当する部分）〜黒を「無彩色」と称し、それ以外の色を「有彩色」と呼びます。

C 明度と彩度をまとめて考える

Bで触れた明度と彩度とをひと括《くく》りにし、色の印象をより直感的・実用的に表現すると「トーン」[図6-3]と呼ばれるものになります。

簡単にいえば、トーンは色の「明るさ」と「強さ」の位置関係を、感覚的な言葉で示したものです。

［図6-3］トーン

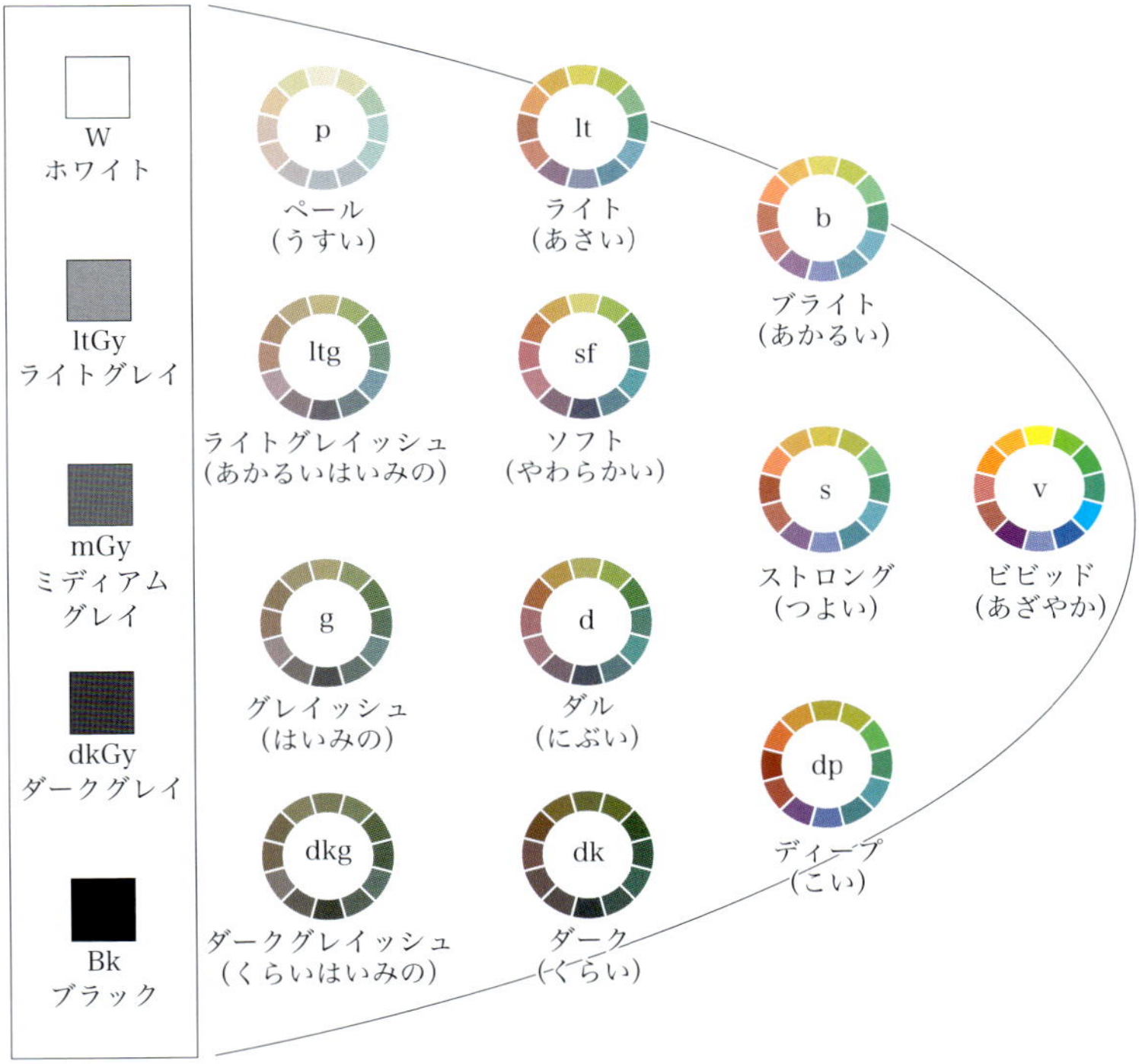
W
ホワイト
ltGy
ライトグレイ
mGy
ミディアム
グレイ
dkGy
ダークグレイ
Bk
ブラック
p
ペール
（うすい）
lt
ライト
（あさい）
b
ブライト
（あかるい）
ltg
ライトグレイッシュ
（あかるいはいみの）
sf
ソフト
（やわらかい）
s
ストロング
（つよい）
v
ビビッド
（あざやか）
g
グレイッシュ
（はいみの）
d
ダル
（にぶい）
dp
ディープ
（こい）
dkg
ダークグレイッシュ
（くらいはいみの）
dk
ダーク
（くらい）

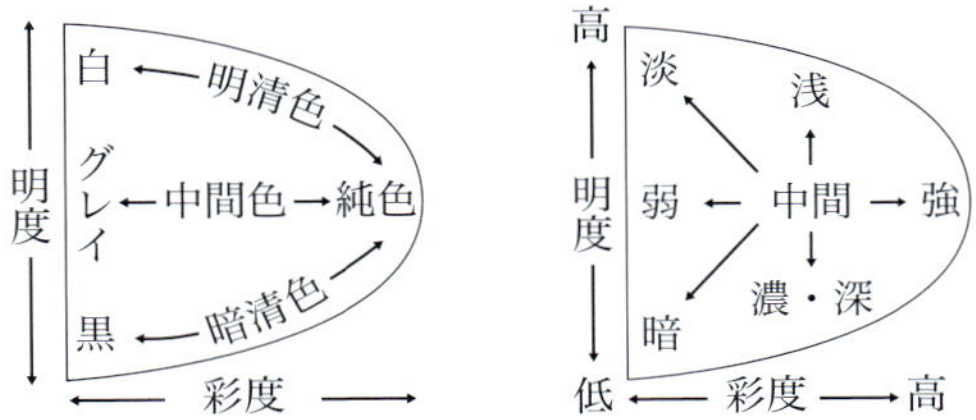
白
明清色
明度
グレイ
中間色
純色
黒
暗清色
彩度
高
淡
浅
弱
中間
強
濃・深
暗
低
彩度
高

1964年に財団法人日本色彩研究所が開発したPCCSと呼ばれる色体系によれば、トーンを用いると有彩色は色相ごとに大まかには次の4種類、厳密には明度の差で12種類に分化できます。

・**純色**：前述の通り、各色相の中で最も明度が中庸かつ彩度の高いトーンのものです。鮮やかで目立つので、元気で派手な印象を与えます。

・**明清色**：純色に白のみを加えた、明るめでくすみや濁りのないトーンのものです。白の割合が多ければ多いほど、優しく柔らかな印象が増します。

・**暗清色**：純色に黒のみを加えた、暗めでくすみや濁りのないトーンのものです。黒の割合が多ければ多いほど、誠実で重厚な印象が増します。

・**中間色**（濁色）：純色にグレイを加え、くすみや濁りを出したトーンのものです。自然で落ち着いた印象を与えます。

D 膨張色・収縮色

全く同じ背景の全く同じ位置に、全く同じ寸法の2色を置いて眺めると、赤・橙・黄などの色は飛び出して見える一方、緑・青・青紫などの色は引っ込んで見えがちです。

そして前者は本来の寸法よりもわずかに大きく見え、後者は小さく見えがちです。前者のような色を膨張色（進出色）［図6-4］と称するのに対し、後者は収縮色（後退色）［図6-5］と呼びます。

条件により厳密には多少異な

［図6-4］膨張色（進出色）

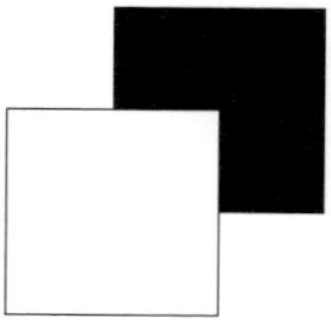

［図6-5］収縮色（後退色）

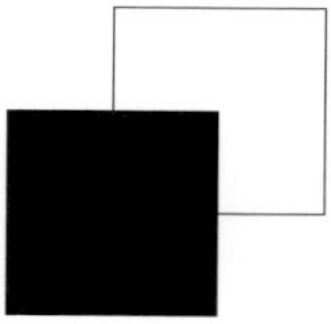

ってはくるものの、主に暖色系の色や明るい色は膨張色に、寒色系の色や暗い色は収縮色に見えがちであると、まずは覚えておきましょう。

例えば白主体の服を着ると肌の色がくすんで太って見えがちなのは、白が典型的な膨張色だからです。

一方、黒主体の服では肌の色が明るくかつ身体が引き締まって見えるのは、黒が収縮色の代表だからです。特に婦人服を中心に、カジュアルウェアで黒のものが定番になりがちなのも、これでおわかりいただけるかと思います（ただし、実は黒は明度が最も低い色でもあるので、シルエットを最もはっきり表してしまう色でもあるのですが）。

スーツの場合、同じ濃紺がベースの生地でも、真っ白のストライプが入ったもののほうがグレイのストライプが入ったもの以上に精悍さが増して、押しが強く見えます。これは、膨張色・収縮色の対比が、頭の中でより明確に処理されるからです。

E 色の面積効果

面積が大きくなればなるほど、個々の色の特徴や印象が強調・誇張される現象のことです。

明るい色は、面積が大きくなればなるほどより明るく、かつ彩度も高く見える一方で、暗い色は、そうなればなるほどより暗く、かつ彩度も低く見えるわけです。

F 「色」のイメージ

a 色相そのものが持つイメージ

様々な色には切っても切れない「イメージ」があるのをご存じの方も多いでしょう。その代表例を挙げておきますが、どの色にも、プラスとマイナス双方の印象があるのを忘れないで下さい。

なお、このイメージはスーツの色だけでなくシャツ、そして特にタイの選び方に大きな影響をもたらします。

b 軽快？　重厚？

白に軽快さを感じ、黒に重厚さを感じるのが好例で、色の重量感については色の明度が大きく関わります。つまり明るい色ほど軽快に感じ、暗い色ほど重厚な印象になります。

色の印象一覧

色		印象
赤	＋	熱い、強い、情熱的
	－	危険、派手
橙	＋	暖かい、親しみやすい、楽しい
	－	安っぽい、低俗
黄	＋	明朗、希望に満ちた、暖かい
	－	幼稚、警戒心のある
緑	＋	自然、安らいだ、爽やか
	－	未熟
青	＋	知的、冷静、神秘的、静寂、真面目
	－	冷たい、孤独
紫	＋	高貴、神秘的、妖艶
	－	不吉、派手、悪魔的
白	＋	純粋、神聖、清潔、明るい、平和
	－	緊張感のある、虚無的
グレイ	＋	中立、柔軟、落ち着いた
	－	曖昧、陰気、不安げ
黒	＋	強い、高級、都会的
	－	怖い、孤独、暗い、絶望的

c柔らかい？　硬い？

こちらも主に色の明度と関連があります。有彩色では柔らかな印象に見える色は明清色と明るめの中間色＝パステルカラーです。対照的に硬い印象に映るのは暗清色です。また無彩色ではライトグレイは柔らかく、ダークグレイと黒は硬く感じます。ただし、無彩色の中で最も明度の高い白は、必ずしも柔らかな印象が大きくは湧き上がってこないことにご注意願います。

d熱中？　冷静？

これは色の色相と彩度が関わってくる印象の違いです。色相環で向かって左上になる色、つまり赤〜橙〜黄辺りは典型的な暖色系の色で、文字通り暖かな印象です。一方向かって右側の緑〜青紫くらいまでは寒色系の色で、こちらは確かに冷たい印象があります。

そして色の彩度が高くなればなるほど、このような暖かい・冷たいの感情がより直感的につかみやすくなる傾向にあります。例えば、真っ赤のような暖色系の純色には、積極性や興奮感を覚えがちなのがその典型です。逆に、寒色系では彩度が高いと冷静さが前面に出てくる一方で、彩度が低くなると一種の沈静作用をもつようになります。

e派手？　地味？

これは色の彩度の影響が大きく、純色のような高彩度の色は派手に見えます。また明るい色も得てして派手に見えがちです。逆に彩度の低い色や暗い色は地味に見える傾向にあります。

3 色の「組み合わせ」の基礎知識

様々な印象を持つ個々の色に加え、それらを組み合わせるとさらに多層的な表現が可能になります。

［図6-6］補色

［図6-7］類似色

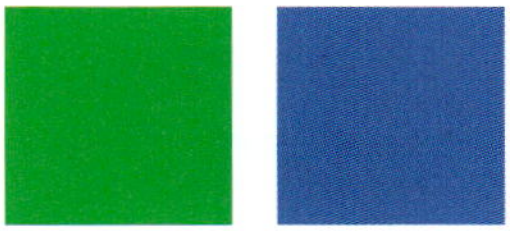

一見スーツには関係なさそうに思えるかもしれませんが、その「着方」や「色柄」を理解する上では知っておいて損のない知識です。

A 補色・類似色に見る「対照」と「類似」

2で触れた色相環において、東経・西経0度と東経・西経180度の関係のように、色相環で真逆のような位置となる色同士を「補色」［図6-6］と称します。補色同士は単色で見た時よりも、互いの色を明瞭に引き立てる効果があります。

厳密には若干異なるのですが、例えば「赤と緑」とか「紺（青紫）と黄」が補色の関係です。両者は「花と葉」「夜空と月」と覚えておけば忘れません。

一方、色相環で隣り合う色のことを「類似色」［図6-7］と称します。類似色同士は互いの色を違和感なくまとめ上げる効果があります。こちらも厳密には若干異なるものの、例えば「赤と橙」とか「緑と青」が類似色の関係になります。

なお、この補色と類似色の関係に限らず、同様の「対照」と「類似」の双方の感覚は、色の組み合わせにおいて極めて大切な概念です。色相のみならずトーンについても展開が可能で、例えば同じ色相で明清色と暗清色とを組み合わせたり、同じ色相で隣のトーン同士で組み合わせたり、服に限らず社会の様々な場で見られる配色です。

［図6-8］色相対比

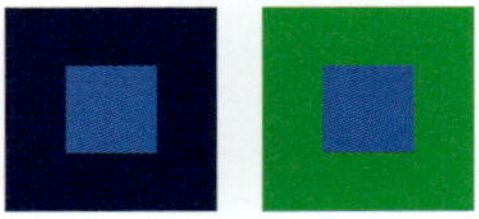

［図6-9］明度対比

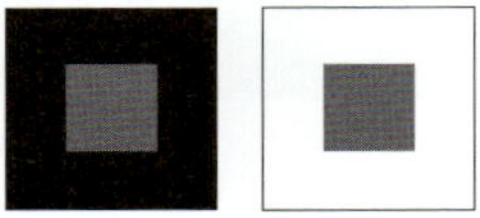

［図6-10］彩度対比

B 色の「対比」

Aの補色の関係以外にも、様々な色の対比をご紹介しておきます。

この知識があると、スーツ・シャツ・タイの組み合わせの洗練度が一気に増します。

a 色相対比

隣り合う色同士が影響し合い、色相が少しズレて見える現象です［図6-8］。例えば全く同じ位置に、全く同じ寸法かつ全く同じ色相の青緑を緑の背景と青紫の背景の前に置くと、前者の青緑は本来より青みを強く感じる一方で、後者の青緑は緑みを強く感じます。

b 明度対比

ある色の明度が周囲にある他の色の影響を受け、本来より明るくもしくは暗く見える現象です［図6-9］。

例えば全く同じ位置に、全く同じ寸法かつ全く同じ色相のグレイを白の背景と黒の背景の前に置くと、前者のグレイは本来より暗く感じる一方で、後者のグレイは明るく感じます。

この対比は明度の差が大きいほど顕著に現れる傾向にあります。

c 彩度対比

ある色の彩度が周囲にある他の色の影響を受け、本来より高くもしくは低く見える現象です［図6-10］。

例えば全く同じ位置に、全く同じ寸法かつ全く同じ色相と彩度のスカイブルーを純色の青の背景と無彩色のグレイの背景の前に置くと、前者のスカイブルーは本来より彩度が低く（鈍く）感じる一方で、後者のスカイブルーは彩度が高く（鮮やかに）感じます。

C 色の「同化」

こちらはBを逆の立場から見た感覚、すなわち背景の色を基準にした考え方です。特に細かなストライプやチェックのスーツを選ぶ際の重要な観点になります。簡単にいえば、それらに影響されて、スーツの地の色が本来とは多少違って見えてしまう状態です。

［図6-11］色相の同化

［図6-12］明度の同化

［図6-13］彩度の同化

a 色相の同化

背景の色が、模様の色の色相に近づいて見える現象です［図6-11］。

紺の背景に赤のストライプを乗せたものと青のストライプを乗せたものとを比べると、前者の紺はより赤みを帯びて見える一方で、後者は青みを帯びて見えます。

b 明度の同化

背景の色が、模様の色の明度に近づいて見える現象です［図6-12］。紺の背景に暗めの青のストライプを乗せたものとそれが明るめの青のストライプを乗せたものとを比べると、前者の紺はより暗く見える一方で、後者は明るく見えます。

c 彩度の同化

背景の色が、模様の色の彩度に近づいて見える現象です［図6-13］。紺の背景に彩度の低い黄のストライプを乗せたものとそれが高い黄のストライプを乗せたものとを比べると、前者の紺はより彩度が低く（鈍く）見える一方で、後者は彩度が高く（鮮やかに）見えます。

4 スーツにおける色の「つなげ方」

では、実際にスーツを着るときに色をどう考えると自然なのかを考察します。なるべく具体例を挙げて説明していきます。

［図6-14］スーツにおける、ベースカラー・アソートカラー・アクセントカラー

A パーツで考えられる大枠

対象が服であれ何であれ、色の組み合わせ＝カラーコーディネートの分野では配色を3つの領域に分けて考えるのが一般的です。

・**ベースカラー**：基調色とも言われ、見た目全体の印象を決定付ける色です。印象全体の6〜7割を占めます。

・**アソートカラー**：従属色とも言われ、ベースカラーを引き立てつつ全体をまとめ上げる色です。印象全体の2〜3割を占めます。

・**アクセントカラー**：強調色とも言われ、見た目を引き締める効果を果たす色です。印象全体の約1割を占めます。

喜ぶべきことにスーツはこの法則を導入しやすく、極めて合理的な着こなしが可能な服です。なぜなら着用した際の面積の関係で、ほぼ全ての人で、

・ベースカラー＝スーツそのものの色
・アソートカラー＝シャツの色（もしくはタイの色）
・アクセントカラー＝タイの色

（もしくはシャツの色）と自動的に決まってしまうからです［図6-14］。

逆にいうと、我が国ではクールビズの進展ですっかり定着しつつあるタイなしでのスーツの着用が、なぜだらしなく、あるいはともすれば信用に値しない印象に見えてしまうのかは、これだけで十分説明がつきます。視覚上の引き立て・引き締めになるものが身体の上部の真ん中から消失した＝屋台骨を失ってしまったからです。たかが1割、されど1割（下手をすると3割）だったのです。

なお、最後の「アクセントカラー」をさらに詳しく見ると、色相・明度・彩度が、ベースカラーやアソートカラーとは対照的なものを加える場合と、無彩色（もしくはそれに準ずる低彩度の色）を加える場合とがあります。後者は特にセパレーションカラーと称し、ベースカラーやアソートカラーに対し明度の差が大きいほど効果も大きくなります。

B ビジネスの場でのスーツの「色」

第4章でも詳しくお話ししましたが、色についての基礎知識が備わったこともあり、その観点を踏まえた上でスーツの色について改めて確認しておきます。オフィスウェアのカジュアル化の進行が著しい今日、服飾への感覚も自由になりつつあるものの、それでもある程度かしこまったビジネスの場面に相応しいスーツの色合いとなると、以下のような条件を備えておく必要があるのではないでしょうか。

・体型・肌の色・髪の毛の色などをそれほど問わず、誰にでも似合う色であること
・着用できる季節や場をあまり選ばず、悪い印象を与えない色であること
・シャツやタイの選択次第で、全体の印象を微妙に調整・変化できる許容性の高い色であること

これらを意識し、さらにはここまで習得した「色」の構成やイメージまで合わせて考えると、ベースカラーたるスーツは、

・白・黒以外の、客観的な印象を保てる無彩色系の色
・知的でかつ冷静な印象のある

暗清色もしくは中間色に自然に辿り着くでしょう。

この100年のビジネススーツの二大基本色であるグレイ系や紺系が、正にそれなのです。特にグレイ系は、明るいものから暗いものまで各人各様に色々楽しめるはずです。

明清色や純色は、後述する着こなしの「変数」に応じて、アソートカラーやアクセントカラー＝シャツやタイで、また無彩色の白はシャツで取り入れたほうが、簡単かつ視覚的に違和感がなく、しかも不快な印象を与えません。

第4章でも触れましたが、昨今多く見かけるようになった黒系のスーツは、この「色」の観点からも個人的にはビジネスの場にはお薦めしません。

まず、黒をスーツ＝ベースカラーにすると、色の面積効果で威圧感・孤独感がより強烈に出るため、他の人と一緒に仕事に取り組む印象には見えにくくなるからです。

そしてベースカラーが黒のような許容性の低い「最も暗い無彩色」になると、明度対比・彩度対比が顕著過ぎるがゆえに、ビジネスの場向けに合わせられるシャツやタイが限定されるのみならず、それらで印象の微調整がしにくいからでもあります。

百貨店やブランドの旗艦《きかん》店の制服でお馴染みの色ですので、都会的で洗練された印象に感じがちですが、これは店舗を通常ではない場・特別な場と顧客に思わせるための一種の「演出」です。一般的なビジネスマンならば、黒のスーツは特別な場用＝フォーマルウェア用に、別枠でとっておいたほうが無難です。

なお、色彩学の分野では、無彩色の白・グレイ・黒と有彩色のベージュ・紺・茶の6色をまとめて「ベーシックカラー」と称します。「ベースカラー」とは全く異なる概念ですのでくれぐれもご注意下さい。

ビジネス向けかどうかはさておき、実は今日の男性向けのスーツの色柄の大半は、このベーシックカラー6色の範疇に含まれるものです。これらはどれも色相をあまり感じさせないため、誰にでも取り入れやすい色だからでしょう。

また、例えば、
・ミディアム〜チャコールグレイ無地のスーツ

・白無地のシャツ
・紺もしくは濃紺地のタイ

は、典型的なベーシックカラーのみでのビジネススーツの組み合わせです［図6-15］。

配色のバランスから見ても心理的な効果から見ても、これが基本中の基本の組み合わせとなるのは、ある意味当然です。

［図6-15］ビジネスの場でのスーツの色

c スーツで色をつなげるために知っておきたい技法

他にも様々な技法があるのですが、ここではビジネスの場で着るスーツを前提に、紺系統のスーツを基に、代表例をいくつかご紹介しておきます。

a トーン・オン・トーン配色

俗に言う「色のグラデーション」の代表例です。以下の例のように色相を同様にした上で、明度の差を比較的大きめにとったものを指します。

類似色による統一感とトーンの違いによる躍動感の双方のリズムが整い、見た目にバランスの良い配色となります［図6-16］。

・濃紺のスーツ
・薄いブルーのシャツ
・紺のタイ

b トーナル配色

1980年代のイタリアのデザイナースーツの典型的な配色でしたが、着方次第では今日でも通用します。

以下の例のようにトーンを同様にした中間色同士での配色です。どれにもグレイの要素が含まれるため、ややボヤけますが

［図6-16］トーン・オン・トーン配色での組み合わせ

［図6-17］トーナル配色での組み合わせ

柔らかで落ち着いた印象となります［図6-17］。

・ブルーグレイのスーツ
・黄色みを帯びたライトグレイのシャツ
・緑みを帯びたライトグレイのタイ

c ビコロール配色

以下の例のように色相やトーンの差を比較的大きくとった、メリハリのある2色の配色です。ビコロールとはフランス語で「2色の」を意味し、若々しくスピード感の高い印象になるため、スーツのみならず特にスポーツのユニフォームに多く用いられています［図6-18］。

・濃紺のスーツ
・白のシャツ
・濃紺のタイ

d トリコロール配色

［図6-18］ビコロール配色での組み合わせ

［図6-19］トリコロール配色での組み合わせ

いわゆる「パワースーツ」の配色で、以下の例のように色相やトーンの差を比較的大きくとった、メリハリのある3色の配色です。トリコロールはフランス語で「3色の」を意味し、例えば補色の関係にある2色の中間に、白など低彩度色や無彩色をセパレーションカラーとして挟んで調和させる場合も多くあります。威厳がありつつ活動的なイメージとなるため、スーツ以上に国旗での使用率が高いことでも知られています［図6-19］。

・濃紺のスーツ
・白のシャツ
・赤のタイ

なお、以下の2つはスーツ以上にジャケットとトラウザーズ

［図6-20］ナチュラルハーモニー配色での組み合わせ

［図6-21］コンプレックスハーモニー配色での組み合わせ

との着こなしで、より頻繁に用いられる技法ですが、参考までに挙げておきます。どちらの図もジャケットとタイの配色にご注目願います。

eナチュラルハーモニー

色相環で黄色に近いほうの色を明るめに、青紫に近いほうの色を暗めにした配色のことです。色相の自然連鎖とか自然序列とも呼ばれ、日頃慣れ親しんでいる感覚に素直にのっとったものです。

紺のブレザーに黄色系のタイや金色のメタルボタンが似合うのは、単に補色の関係のみならず、この観点からも納得のいくものです［図6-20］。

fコンプレックスハーモニー

eとは対照的に、色相環で黄色に近いほうの色を暗めに、青紫に近いほうの色を明るめにした配色のことです。

目新しい印象に誘導したい場合には効果的です［図6-21］。

5 体型別のスーツの合わせ方

ここでは悩まれていらっしゃる方が多そうな7つの体型ごとに、これまでに得られた知識を総動員し、流行とは異なる観点で「似合うスーツ」を考察してみたいと思います。「悩みを上手に隠す」が、基本的な姿勢です。

なお、ここで書かれていることはあくまでビジネス向けの一例であり、後述する6に書いた通り、スーツを着る状況次第で最適解が大きく変動すること、そして何よりサイズの合ったものを身に着けることが大前提なのは忘れないで下さい。

A 色と柄で考える基本

各体型を論じる前に、以下の基本をまず押さえましょう。

①身体全体を大きく見せたいなら、膨張色＝地が薄い色のスーツ

②身体全体を小さく見せたいなら、収縮色＝地が濃い色のスーツ

③より骨太な体型に見せたいなら、「横」が意識できる柄＝チェック・プレイドがあるスーツ

④より華奢な体型に見せたいなら、「縦」が意識できる柄＝ストライプがあるスーツ

B 具体的な例

a 背が低くて細身

必要な工夫は以下の3つです［図6-22］。

・身長を高く見せる
・体格も大きく見せる
・視線を高い位置に向けさせる

スーツの色柄：身体全体を少しでも大きく見せるべく、例えば膨張色の典型であるライトグレイ～ミディアムグレイ無地とし、色の面積効果を活用します。

収縮色のチャコールグレイや濃紺系統でも、ストライプが入ったものでかつそれ同士の間隔が気持ち広く、明度・彩度も気持ち高めのものを配したものであれば、より体格を良く見せることが可能です。

スーツのディテール：意外に思われるかもしれませんが、ジャケットはシングルブレステッドなら、例えば3つボタン上2つ掛け、ダブルブレステッドなら4つボタン下1つ掛けがお薦めです。

前者は面積効果でVゾーンを高く、胸板を厚く見せることができるためです。

一方後者は、雰囲気が重厚になるのみならず身体の中心部に縦長の大きなラペルが備わるため、背が高く骨格も太くなったような視覚的効果を得られるからです。

また、ゴージラインが高めのものを選ぶのも効果的です。トラウザーズの裾はやや細めで折り返しなしのシングルとし、靴との一体感を持たせて地面との距離感を出します。

シャツ・タイ：相手の視線を少しでも上に向けさせるべく、シャツは白系をメインとし、ストライプやチェック・プレイド系でもそれらの色が主体のものを選びましょう。

タイは赤系や黄色系の明るめのものとしてスーツの色との対照性を高め、また柄は間隔が気持ち広めの水玉や小紋を選ぶのを通じ、何気なく「左右方向の線」を出すことも忘れないで下さい。

b 背が低くてガッチリ

必要な工夫は以下の3つです[図6-23]。

・身長を高く見せる
・体格は引き締まった印象に見せる
・視線を高い位置に向けさせる

スーツの色柄：まずは細く見せる必要があるので、この場合は膨張色より収縮色のほうがよいでしょう。

そして「上下方向の線」を強調させる必要もあるので、理想系の一つはミディアムグレイ～チャコールグレイ、もしくは濃紺の、間隔がやや狭くかつ明度・彩度が中庸～やや高めのストライプを配したものとなります。

無地に近いものがお好みであれば、間隔の狭いヘリンボーンストライプを配したものが効果的です。ウィンドーペーンのような「左右方向の線」が現れやすいものは控えたほうが無難です。

スーツのディテール：ジャケットはシングルブレステッドの1つボタンもしくは2つボタン上

[図6-22] 背が低くて細身向けスーツ

[図6-23] 背が低くてガッチリ向けスーツ

1つ掛けをお薦めします。どちらも縦長で大きめなVゾーンが形成されやすく、またスッキリとした印象にもなり、背が高くかつ細まった視覚的効果が得られるからです。ゴージラインを高めにしたり、スーツから少しでも「左右方向の線」を取り除くべく、例えば腰ポケットはフラップなしの両玉縁ポケットや斜めのハッキングポケットとすることも一案です。

　トラウザーズの裾は折り返しなしのシングルとし、靴との一体感を持たせて地面との距離感を出すのはaと同様ですが、膝～裾の幅には注意しましょう。この種の体型の方は下腿部の筋肉が発達している場合も多く、そこを無理に細くし過ぎると側面に余計な斜め皺が出てしまい、窮屈に見えてしまうためです。

シャツ・タイ：相手の視線を少しでも上に向けさせるとともに、膨張感をなくすべく、シャツは白系をメインとし、ストライプ系であってもそれらの色が主体のものを選びましょう。「左右方向の線」が現れやすいチェック・プレイド系のものは控えたほうが無難です。

　タイは赤系や黄色系としてスーツの色との対照性を高め、また柄はそれらの色が主体となるストライプのものを選ぶことで、「上下方向の線」を強調させる工夫も有効です。

c背が高くて細身

　必要な工夫は以下の3つです［図6-24］。

・身長の高さを生かす
・体格も大きく見せる
・不安定な印象を与えない

スーツの色柄：体格をよりガッシリと見せるべく、ある程度の膨張色のほうが良いでしょうが、度を過ぎると軽薄に見える恐れもあるので、例えばミディアムグレイ無地などがお薦めです。収縮色のチャコールグレイや紺系統の場合は、グレナカートプレイドやウィンドーペーンの入ったものなどで「左右方向の線」を足すのも有効です。

　なお、このcや後述のdのような長身体型の方は、それを長所ととらえ積極的に生かす方法、具体的にはストライプの活用なども有効な場合があることを付記しておきます。

スーツのディテール：他の体型の方が手を出せないシングルブレステッドの4つボタン上3つ掛けなども含め、実はどのようなスタイルのスーツでも似合ってしまう体格ではありますが、ウェストコートが付いたいわゆる「3ピース」にしておくのがより効果的です。胸元の重厚感が増し、体格が良く見えるからです。トラウザーズの裾は折り返しの付いたダブルとし、足元の安定感を演出します。

シャツ・タイ：胸元の安定感を出すべく、ここは「同化」の効果の出番となります。例えばシャツは薄いブルーでタイは濃紺にするなど、スーツの地の色とつながりやすい色味のものにするのがお薦めです。

　シャツではチェック・プレイドのものを活用したり、タイの柄は間隔が気持ち広めの水玉や

［図6-24］背が高くて細身向けスーツ

［図6-25］背が高くてガッチリ向けスーツ

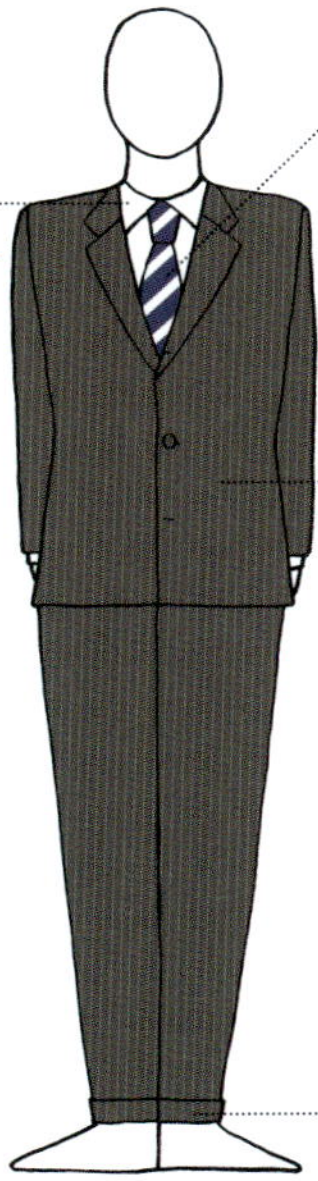

小紋を選ぶなどを通じ「左右方向の線」を意識的に出すことも肝心です。

d 背が高くてガッチリ

必要な工夫は以下の3つです［図6-25］。

・身長の高さを生かす
・体格は引き締まった印象に見せる
・威圧感を与えない

スーツの色柄：細く見せる必要があり、同時に上下方向の線を強調させ過ぎない配慮が必要なので、収縮色であるミディアムグレイ〜チャコールグレイ、もしくは濃紺で、間隔がやや広めでスーツの地の色に似た、なるべく明度・彩度の低いストライプを配したものが理想解の1つになります。ただしスーツの地

の色とは対照的な色でかつ大きめなチェック・プレイドを配したものも、体格が良いぶん着こなせてしまうのも事実です。

スーツのディテール：ジャケットは今日では最も普遍的なスタイル、すなわちシングルブレステッド3つボタン中1つ掛け、ダブルブレステッドでは6つボタン下2つ掛けをお薦めします。どちらも厚い胸板とウエストのくびれとの対比を自然と強調できるからです。

視覚的な圧迫感を少しでも取り除きたい場合は、シングルブレステッドの3つボタン中1つ掛け段返りや2つボタン上1つ掛けの選択も極めて有効になります。トラウザーズの裾はシングルでもダブルでも構いません。

シャツ・タイ：重々しい印象を与えないよう、ここは二重に「対比」の効果の出番となります。シャツは白ベースでも薄い色付きでもどちらでも構いませんが、ストライプ系であってもそれらの色が主体のものを選びましょう。「左右方向の線」が表れやすいチェック・プレイド系のものは控えたほうが無難です。

一方タイは濃紺のようなダークカラーとすることで、シャツの色とさらに対比させ、身体の中軸部に視線を集中させるようにします。また柄はそれらの色が主体となるストライプのものを選ぶことで、活発に見せる工夫も有効です。

e 脚が短い

必要な工夫は当然、

・腰高に見せる

となります［図6-26］。

スーツの色柄：身体全体の「上下方向の線」を少しでも長く見せるべく、収縮色のチャコールグレイや濃紺系統のストライプが入ったもので、しかもそれ同士の間隔が気持ち狭く明度・彩度は気持ち高めのものを配したものがお薦めです。

スーツのディテール：ジャケットでは胸ボタンの数以上にその位置、そしてウエストのくびれの位置をやや高めに設定するのが有効になります。

また着丈を本来の長さより若干短くしたり、フロントカットを丸みの強いカッタウエイにしたりなど、上半身を相対的に短く見せる工夫も必要です。後身頃に付けるヴェントを長めのサイドヴェンツとし、側面から見てトラウザーズの延長線的に演出するのも効果が高くなります。
さらにはゴージラインを高めにしたり、腰ポケットを斜めのハッキングポケットとすることで、目線を少しでも上にさせる効果を狙うのも一案です。トラウザーズではまず、股下丈を必要以上に長くし過ぎないことが肝心でしょう。少しでも脚長に見せようとそれを長くしがちですが、足元がダブつくのみならずそれで視線が下に行ってしまい、却って逆効果になるからです。同様の理由で裾の処理は折り返しなしのシングルをお薦めします。

［図6-26］脚が短い人向けスーツ

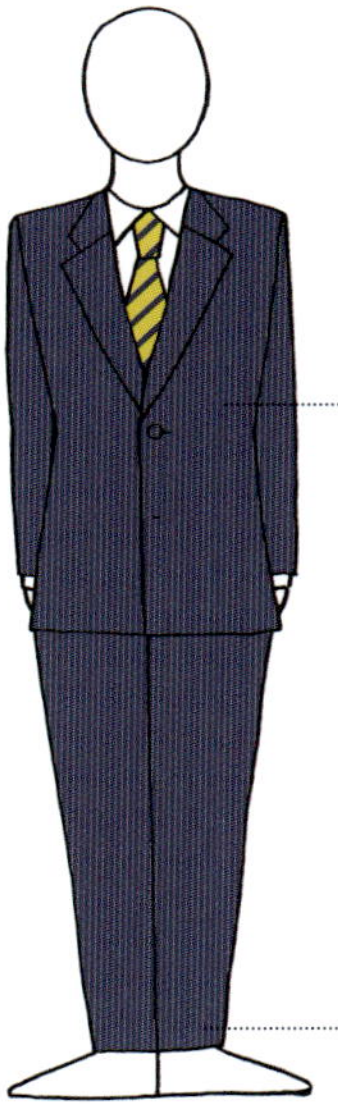

fお腹が出っ張っている

必要な工夫は、必然的に、
・腹部を目立たせない
です［図6-27］。

スーツの色柄：引き締まった演出を考え、選ぶべき地の色は当然ながら収縮色すなわちチャコールグレイや濃紺となります。できれば明度・彩度が中庸～やや高めのストライプが入ったほうが望ましいです。

スーツのディテール：bの方と似た選択となりますが、ジャケットはシングルブレステッドでは1つボタン、もしくは2つボタン上1つ掛けをお薦めします。どちらも縦長で大きめなVゾーンが形成される分、腹部を目立たせなくするからです。またダブルブレステッドでは、あまり

［図6-27］お腹が出っ張っている人向けスーツ

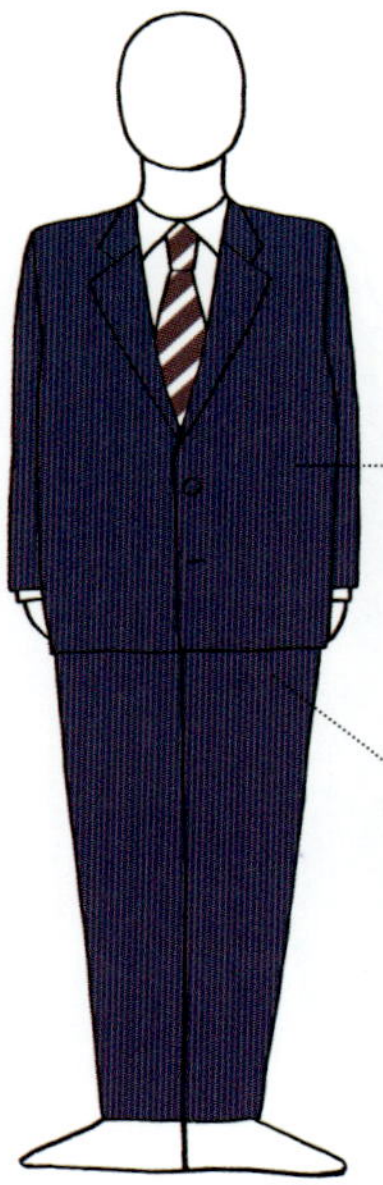

［図6-28］顔が大きい人向けスーツ

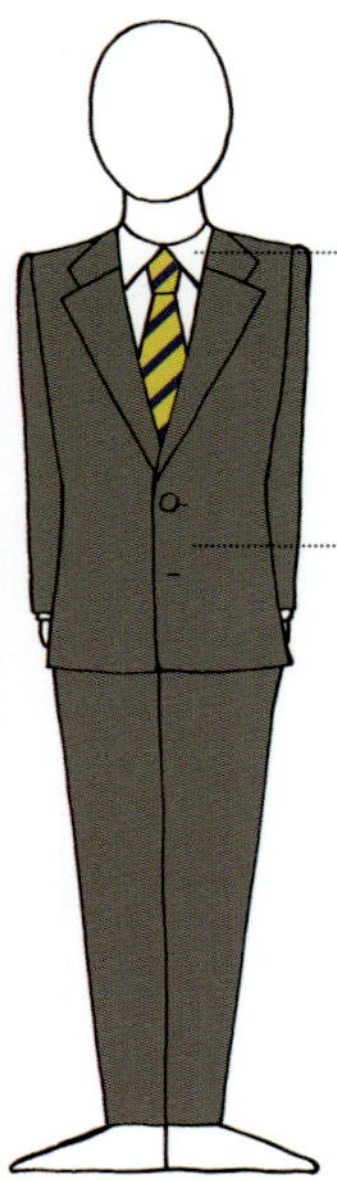

人気はないものの６つボタン下１つ掛けの活用を考えましょう。こちらもVゾーンと下襟が縦長かつ大きくなるばかりでなく、V字状のボタン配置のお陰で視線が腹部より胸板に行きがちになるとともに、腹部が拘束感の少ない着心地となるためです。

さらには胸ダーツを裾まで続く貫通ダーツ仕様とするのも、もともとこの種の体型の方向けの工夫ですので、当然ながら見栄えと着心地双方の観点で効果があります。トラウザーズでは窮屈な見え方にならないように、股上の深さと前身頃のプリーツの有無に十分な注意が必要です。この種の体型の方は股上が深く（ハイライズ）、プリーツが多く入ったものを選んで腹部を覆い隠す手段を取りがちで、それは

それで必ずしも間違いではありません。

しかし、腹部の出っ張り方次第では、股上、特に前身頃のそれを浅くし（ローライズ）プリーツを付けない仕様のほうが、トラウザーズの上端が下腹部を下支えする構造となり快適かつ余分な皺が出ない場合も多く見られます。

g 顔が大きい

必要な工夫は、もちろん、
・実際よりも小顔に見せる
となります［図6-28］。

スーツの色柄：基本的な体格にもよりますが、地の色は比較的膨張色系のもの、例えばライトグレイ〜ミディアムグレイとし、色の面積効果を活用します。

収縮色であっても、明度・彩度が中庸〜やや高めのストライプやチェック・プレイドを配することで、顔から下に視線を誘導させる作戦も可能です。

スーツのディテール：ジャケットはシングルブレステッドの1つボタンもしくは2つボタン上1つ掛けをお薦めします。どちらも縦長で大きめなVゾーンが形成される分、視線をより下方に向けさせられるからです。

また、最も重要なのが襟、ことさら下襟＝ラペルを若干大きめとすることです。これが小さいと顔の大きさが余計に強調されてしまうからです。

さらには袖山を乗せ袖（ビルドアップスリーブ）とするなど、構築的な肩回りとする作戦も有効でしょう。

シャツ・タイ：色柄というより、これらの形に気を付けたほうが良いのがこの体型の方です。

シャツは襟の開きが狭いものは厳禁。できればワイドスプレッドカラーのような広めの開きの襟がお薦めです。

またタイの結び目は、ある程度以上の体格の方であればエスクァイアノット以上の太めにまとまるものとしたほうが良いでしょう。

6 着こなしに関わる様々な「変数」

これはスーツ姿に限ったことではありませんが、「装い」というのは実は様々な要素を色々と考える必要があることを提示しておきたいと思います。

以下に挙げる要素を四則演算すると、相応しい装いは微妙に変化し、当然ながら「似合う」装い以外のものが最適解としてはじき出される場合もあり得ます。だから難しい？　いや、だからこそ装いを「ことば」にできる愉しさがあるのです。なお本書では、そのごくわずかな領域にしか触れられない点をお許し願います。

A 着用者の身体に起因する要素

・**体型**：身長の高低や体重など、「首から下」の大きさやバランスの違いです。全く同じ色やスタイルのスーツを身に着けていても、この違いで印象は大分変化します。この章の5ではこれを中心軸に据えて考察しました。

・**頭の大きさと体型とのバランス**：意外と論じられないのがこの領域です。日本人は総じて身体そのものの大きさに比べ「首から上」＝頭が相対的に大きいため、例えば欧米系の人と同じ装いをしても、見え方に大きな違いが生じることが度々あります。

・**肌の色艶**：本書ではあえて深く触れませんが、「パーソナルスタイリング」の分野では非常に重要視される要素です。やや桃色がかった肌の持ち主と、黄色みのある肌の持ち主とでは、同じ濃紺やチャコールグレイでも似合う色合いは微妙に異なります。

・**顔の表情や目鼻立ち**：顔立ちのはっきりしている人とぼやけた感じの人とでは、同じ装いをしていても受ける印象に違いが出てきます。

・**髪の毛の色**：黒髪の方と赤毛や白髪の混じった方とでは、似合う色調に微妙な変化が出てくるのは当然です。さらには髪の毛の長さやボリュームによっても印象は変化します。

B 着用者の精神からくる要素

・**性格や嗜好**：例えばラッキーカラーのように、似合う・似合わないにかかわらず着用者が好んで身に着ける色や装いについては、上手く用いさえすれば印象を残すのに非常に効果的になります。

・**その場や会う人に対しての意思**：好意的に臨んでいるのか、

あるいは雰囲気を打ち破りたいのかについても、直接言葉に出さずとも装いで示すことは十分に可能です。

C 自然環境に起因する要素

・**季節**：地球温暖化が進んでいるとは言っても、まだ日本には四季が存在します。春らしい淡い色合いや晩秋を感じさせる落ち着いたカラーなど、その季節ごとに馴染む色味があるのは、皆さんもご存じでしょう。涼やかな色や暖かみのある色をスーツ本体に取り入れるのは、ビジネスの場では少々難しいのも事実ですが、例えばタイの色合いなどに含めることは十分に可能です。

・**天候**：同じ季節であっても、天気の良い日に着たいものとすぐれない時に身に着けるべきものとでは、色やシルエットが異ならざるを得ないのは、ある程度仕方のないことです。

・**場所**：都会のオフィスと地方の自然環境が豊かな屋外とでは、装いに違いが出るのは当然と言うべきか、むしろそこまで気を遣いたいものです。

D 社会環境に起因する要素

・**職種や地位**：周囲の環境や会う人が異なってくるがゆえに、重厚長大産業の部長とＩＴ産業のマネージャーとでは仕事の際に相応しい装いが大きく異なったり、同じ会社の中でも部門や地位の違いでそれが微妙に違ったりするのは極めて自然なことでしょう。俗に言う「社風」の違いは、装いの違いに直結します。

・**その場の雰囲気**：同じ相手先に行く場合であっても、レセプションのような華やかな場に招かれた時と、研修会のような落ち着いた場に向かう時、さらには対外プレゼンテーションのような「勝負の場」とでは、スーツ姿も必然的に異なってくるはずです。

・**その場での立場**：例えばその場を仕切ることが求められる時と、脇役に徹しなくてはならない時、さらには相手に謝罪しなくてはならないのが明白な時とでは、装いを変えたくなりますよね？　その意識がとても大切なのです。

第7章

共通の意思を示す、厳格な「お約束」！

この章では、礼装＝フォーマルウェアについて解説します。歴史的に見るとスーツの祖先であったり派生形であったりする礼装。人生の節目で着用することも多いがゆえに、通常のスーツに比べ、約束事がどうしても厳格になりがちです（それでも個人的には、唯一絶対的な「ルール」ではなく、あくまでその時その時の最適解を導く「マナー」の領域の装いだとは思っていますが……)。そのポイントを、個々の礼装ごとに整理しました。ただしその前に、果たして「礼装」とはどのような本質を持つ装いなのかについても、簡単にまとめてみました。礼装に関する素朴な疑問の答えは、むしろそこに見つけられるかもしれません。

1 礼装に関する素朴な疑問

具体例を挙げる前に、礼装をより深く理解できるように、誰しもが素朴な疑問に感じがちな2点を、あらかじめ整理しておきます。

その1：なぜ礼装は皆同じような装い、しかも特に男性の場合は黒系統など暗めの装いが多くなるのか？

今日では結婚式の二次会や企業の主催するパーティイベントなど、厳格な礼装を求めない場も大分増えてはいます。とはいえ「礼装」なる響きから得られるイメージは、依然として「黒の堅苦しいスーツ姿」ではないでしょうか。

確かに慶事ではきらびやかな女性を引き立たせるべく、レディファースト的観点から男性は目立たない濃色系という発想も間違いではありません。

しかしこれをより理解するには、まず、礼装を着用する「場」を考察する必要があります。

結婚式、告別式、入学式、卒業式、授賞式、披露宴、宮中晩餐会……思い浮かべると、今日礼装が求められる場はほぼ全て、

・人生の大きな節目となる場
であるとともに、
・日頃は考えや立場の全く異なる3人以上の人が、「お祝いだ！」「悲しいなぁ」と同じ意思を持って集まる場
であり、さらには、
・招待する側・される側の双方が、互いに敬意を示す必要のある場
でもあることに気付くでしょう。

ここで、普段は立場や考えの全く異なる人々を、色に例えてみましょう。「青い人」もいれば「赤い人」も「黄色い人」もいます。彼らがある人の重大な場面に際し、共通の意思を持って1カ所に集まるとどうなるでしょう？ 第6章ならびに図工や美術の絵画の授業を思い出して下さい。様々な色を沢山混ぜていく末にできた色は、黒（実際には黒に限りなく近いグレイ）でしたよね。

これと同じで、日頃は思考も環境も各自全く異なるものの、「今日はこの人のために特別に『同じ意思』を持ってこの場に集まった同志であり、呼んでいた

だけた方にも参加していただけた方にも感謝する」というメッセージを、誰もが混じり切った色（＝黒やそれに近い色合い）の服を着るのを通じて示しているわけです。

日本に比べ西洋は、良かれ悪しかれ個人主義的な発想が根付いています。だからこそ、いざという時には団結して共通の意思を示す必要があり、それが礼装の色に表れているのかもしれません。第4章でも申し上げましたが、彼らにとって黒は、その種の「特別な色・非日常の色」的な意識が依然高いことを、覚えておいて損はありません。

その2：なぜ、西洋の礼装は昼夜で異なるのか？

西洋の礼装は「日が沈む前」と「日が沈んだ後」とでは、男女ともに明確に異なります。時刻にするとその境目はおおよそ17～18時とされ（季節や場所で当然可変します）、双方に被りそうな行事ではお開きの時間に合わせるというのが、一応のお約束事です。

理由には大抵「西洋ではかつては昼夜で服を着替える習慣があったから」とされますが、いずれの冠婚葬祭に際しても、特に男性は「黒のスーツ姿」でどうにか済んでしまう今日の日本では、この理由だけでは何となく腑に落ちない気がする方も多いはずです。

ここでもまず、礼装を着用する「場」を、昼夜別に考察してみましょう。

・主に昼間に行われる行事：結婚式・告別式・入学式・卒業式など

・主に夜間に行われる行事：披露宴・晩餐会・舞踏会など

「昼と夜とでは、行われる行事の内容が大きく異なる」点にお気付きでしょうか？　より具体的には以下の通りとなります。

昼：皆の前である重大事項を発表する「儀式」「式典」＝食べ物やお酒は原則出されない。

夜：集まった人同士で愉しむ「宴会」「パーティ」＝飲み、食い、歌い、踊る！

そしてこれは、冠婚葬祭の際に限らず日常生活の場でもほぼ同じです。つまり、人間は、「昼にやらねばならないこと」(＝仕事やかしこまった行事)と、「夜にやりたいこと」(＝飲み食い歌い踊り、あわよくば逢引きして種の保存にいそしむ)とが根本的に異なるがゆえに、両者で装いが異なるのも至極当然・自然なのです。昼の礼装が比較的地味で、夜の礼装が比較的派手なのも道理で、後者は主催者や主賓でなくてもある程度なら目立つことが許されるからです。

そしてここまで理解できると、礼装を「昼夜」の別で考えるのは、実は若干不具合があって、むしろ「儀式」なのか「宴」なのかで分けて考えたほうが適切なことにお気付きいただければと思うのです。例えば日本の内閣の認証「式」です。往々にして夜間に行われることが多いにもかかわらず、なぜ新閣僚の方々が「昼の正礼装」とみなされがちなモーニング姿で皇居に向かわれるのかは、法令の面以上にこの視点で見たほうが即、合点がゆきます。自然界は夜であっても、あの場は「儀式」つまり本来なら昼間に執り行われるものなので、「儀式の正礼装」たるモーニング姿で大正解なのです。よってこの章でも昼夜ではなく、「儀式」か「宴」か、で礼装を分類していきます。

これらを踏まえると、その「場」が以下のどのような状況なのかを多面的に思索するのを通じ、西洋の礼装は着分ける必要があることが、よりご納得いただけるかと思います。確かに少々面倒で、通常のスーツ姿に比べ「ルール」性が若干強いのも偽らざる事実です。しかし根本は他人を思いやる「マナー」(＝文字通りの「礼」)であることを忘れず、適宜「最適解」を探しつつ着こなしていただきたいと思います。

a格式がどの程度か？

国家・会社・地域・家族・友人など、主催者が誰かにより礼装は当然異なってきます。正礼装・準礼装・略礼装なるランクが生じるのはそのためです。

b儀式か宴会か？

前述のとおり自然界の昼夜の違いよりこの観点のほうが、無礼は起こりにくいはずです。双方の服の生地の違いの大枠を以下に示しておきます。

儀式の礼装：

黒以外にチャコールグレイも可。細かな柄物は大丈夫。光沢の強い生地は不可。

宴の礼装：黒以外にミッドナイトブルーも可。度を越さなければ光沢の強い生地でも大丈夫。

c招待する側か、される側か？主役は誰か？

例えば、結婚式では新婦以上に目立つ格好は禁物です。あるいはごく一般的な告別式ではモーニング着用は喪主や近親者のみで参列者は略礼装で構わないなど、「自分との関わり」を意識する必要があります。

d慶事か弔事か？

弔事の装いは極力控えめに、が大原則です。

場合によっては以下の2点も考慮する必要もありますが、通常は前述したaからdを意識できれば大丈夫です。

e参会者か執務者か？

その場の裏方に徹する執務者の場合は、そうだと周囲にそれとなく知らしめるため、わざと1カ所だけランクを落とした装いを取り入れる場合もあります。

f官民(軍人も含む)か文民か？

例えば欧州の王族が婚礼に臨む際に、形式的なものであったとしても軍務に就いている男性王族が軍服の大礼装姿なのはそのためです。

2 具体的な礼装について

ここでは具体的な礼装について解説します。ネクタイやシャツの種類も含め、着分け方がそれぞれ大きく異なりますので注意してご確認下さい。

A 儀式の正礼装

aモーニング

今日における儀式の正礼装がこの装いとなります［図7-1］。ジャケット・トラウザーズ・ウエストコートが全て異なる素材・異なる色柄の組み合わせとなり得るのは、対照的にそれらが全て同じ組み合わせであるスーツが登場する以前の様式美の名残です。なお、今日では儀式の礼装は正・準の区別がなくなりつつあり、この装いに一本化される傾向にあります。

ジャケット：この装いの呼称の

［図7-1］モーニング

起源にもなった、「モーニングコート」と呼ばれる前身頃から後身頃にかけてフロントカットが大きく斜めに切られた膝丈のシングルブレステッドジャケットを用います。胸ボタンの数は以前は2つのものなどもありましたが、今日では1つにほぼ集約されました。

色は黒もしくはチャコールグレイで、柄は無地もしくは単色で織られたマイクロヘリンボーンストライプです。

襟際からフロントカットにかけてと袖裾の袖ボタンの少し上の周囲を、細いシルクの黒パイピングで縁取る凝った仕様も20世紀前半に流行りましたが、今日ではほとんど見かけません。

その名の通りもともとは午前中に着る通常服、特に乗馬する際のジャケットとしてフランス革命後に原型が登場したものですが、その後のスーツの普及に伴い1870年代から儀式・公務用の準礼装に用いられ始め、第一次大戦前後にそれまでのフロックコートに代わり正礼装用のジャケットとして完全に上り詰めました。

トラウザーズ：日本では「コールズボン」と呼ばれるストライプトドレストラウザーズを用います。その名の通り色は黒とグレイの独特なストライプ柄が主流で、英語圏ではこの柄をウール生地であってもなぜか「カシミアストライプ」とか、かつての旅行用のトイレタリーバッグに似ていたからか「カシミアスポンジバッグ」などと称します。色が明るめのものは慶事、暗めのものは弔事向けとされ、慶事には白黒の細かなハウンドトゥース柄も用いられます。

なお、モーニングに限らず礼装用のトラウザーズは、裾に折り返しは付けない「シングル」とします。

また、裾前方のダブツキ感を防ぐ目的で前身頃の裾を後見頃より短く仕上げる「モーニングカット」とするのが通例です。

ウエストコート：色は「バフ」と呼ばれる淡いクリームや淡いグレイ・ブルー・ピンクなど、もしくはモーニングコートと同じ色柄のものを用います。特に弔事に際してはもっぱら後者が最適となります。

ちなみに日本では後者の色でかつ見返し部にボタン着脱式の白い縁取り（スリップ）が付いたものを多く見かけ、海外でも色が淡い系統のものを含め注文服でこの意匠を見ることが稀にあります。これはその下にさらにもう一枚ウエストコートを身に着けていた19世紀前半までの装いの慣わしが形に残っているものです。

ただし、日本では「縁取りの脱着で慶事・弔事双方に用いるのを可能にする」へと解釈が変化しました。

シャツ：白無地が大前提ですが、慶事では襟と袖口のみ白で身頃が淡いブルーなどであっても大丈夫な場合もあります。胸元にプリーツやフリルは付かず、襟はウィングカラーかレギュラーカラーもしくは目立たない程度のスプレッドカラーです。袖口（カフ）は元来硬めのシングルカフ（折り返しの付かない一般的な袖口からボタンを取り除いたもの。開閉はその代わりに都度付ける「カフリンクス」〈袖口を留めるボタン〉で行う）でしたが、今日では折り返し付きのダブルカフスを用いても良いことになっています。なお弔事には白無地のレギュラーカラーのものを用いるべきです。

タイ：慶事には主にシルバーグレイ系のアスコットタイもしくは一般的な結び下げ（フォア・イン・ハンド）タイ、弔事には黒無地の結び下げのものを用います。

かつては慶事には蝶タイ、例えば紺地に白のドット柄のものなども用いましたが、今日では一般的ではありません。

靴：色は黒が大前提で、ボックスカーフなど牛のカーフ・キップのスムースレザー、もしくはキッドスキン（子ヤギの革）のそれを用いた内羽根式のストレートチップが最適です。目立たないものであれば内羽根式のパンチドキャップトウや、外羽根式のVフロントプレーントウでも問題とはされません。

帽子：被る場合は、黒もしくは淡いグレイのトップハット（シルクハット）が最適となります。

ポケットチーフ：原則リネンの白無地の一択ですが、慶事ではネクタイと似た色調のものでも大丈夫な場合があります。たたみ方は頂点が3つ顔を出すスリーピークスが最も格式の高いものとなります。我が国では弔事には使わないのが良しとされています。

アクセサリー：カフリンクスやネクタイピンなどは、例えば白蝶貝や真珠を銀色系のメタルで縁取ったものなどあまり目立たないものでまとめます。特に弔事の際は極力目立たないものを用います。

手袋：本来はキッドスキンスエード製の縫い目が表に出ない内縫いのもので、色はクリームかグレイのものが正式です。ただし現在では、素材が布製であったり、色が白のものでも許されています。あくまで手に持つだけで、実際に嵌《は》めません。

ブレーシス：モーニングに限らず、正礼装・準礼装に関しては、トラウザーズの固定をベルトではなくブレーシス（サスペンダー）で行います。

色はウェストコートの色に合わせるか、黒もしくはグレイのものを用います。

靴下：黒無地で、できれば畝のないスムース編みのホーズ（長靴下）が理想ですが、畝の細いリブ編みのものでも大丈夫です。

bグレイモーニング

aのうち、ジャケット・トラウザーズ・ウェストコート、それに帽子を淡いグレイ一色でまとめたものを、このように呼びます。

ヨーロッパではaより極わずかに格下とみなす向きもあるものの、これも立派な正礼装の一つです。英国王室が所有する競馬場の名にちなみ、アメリカでは「アスコットモーニング」と呼ばれ、実際、イギリスでは彼らが主催する競馬（ロイヤルミーティング）の観戦の際や、結婚式で新郎が身に着ける礼装としてお馴染みです。

B 儀式の準礼装

cディレクターズスーツ

皇太子時代からスーツの普及に大きな役割を果たした英国王・エドワード7世が、礼を尽くしつつもaやフロックコートを着るとむしろ慇懃無礼と疑われそうな場向けに、1900年前後に考案したとされる礼装です［図7-2］。

やがて主に欧米の民間企業の重役の執務服として普及したため、このような呼称になったと言われています。同時に一部の政治家にも普及し、特にドイツでは同種の装いを好み第一次大戦後の国家再建に貢献した首相の名にちなみ、「シュトレーゼマン（Stresemann）」の名で呼ばれるようになりました。また、アメリカでは「かしこまり過ぎずぶらぶら歩ける」との意味で「ストローラー（Stroller）」なる別名も付いています。

なお、今日では儀式の礼装は正・準の区別がなくなりつつある影響で、この装いはあまり見られなくなっています。

ジャケット：別名で「ショートモーニングコート」とも呼ばれ、モーニングコートを今日の一般

［図7-2］ディレクターズスーツ

黒もしくはチャコールグレイのジャケット丈のショートモーニングコート
（これ以外はモーニングと同じ）

的なジャケットと同様の形状にしたもので、色柄などはそれと全く同じです。

帽子：被る場合はトップハットよりも軽快な印象のあるボーラーハットや、こちらもエドワード7世が広めたホンブルグハットを合わせます。

それ以外の装いは、aと原則同じです。

c 宴の正礼装

d イブニングドレスコート

礼装の中では最も着用マナーが厳格であるためか、今日ではほとんど見なくなってしまいましたが、各国の王室関係者や国家元首が主賓となる宮中晩餐会や、クラシック音楽の夜のコンサートでのオーケストラの団員、それに格の高い舞踏会や競技ダンスなどでは、まだ目にすることができます［図7-3］。

もともとこの装いは、（軍人ではなく）文民男性の最高礼装との位置付けでもありました。その名残で今日でも、勲章を佩用《はいよう》する必要がある場合は宴ではなく儀式であっても、つまり夜ではなく昼間であってもこれを着用する場合もあり、その際は「フルコートドレス」と呼び名が変化します。

ジャケット：この装いの別称の起源にもなった、「テイルコー

［図7-3］イブニングドレスコート

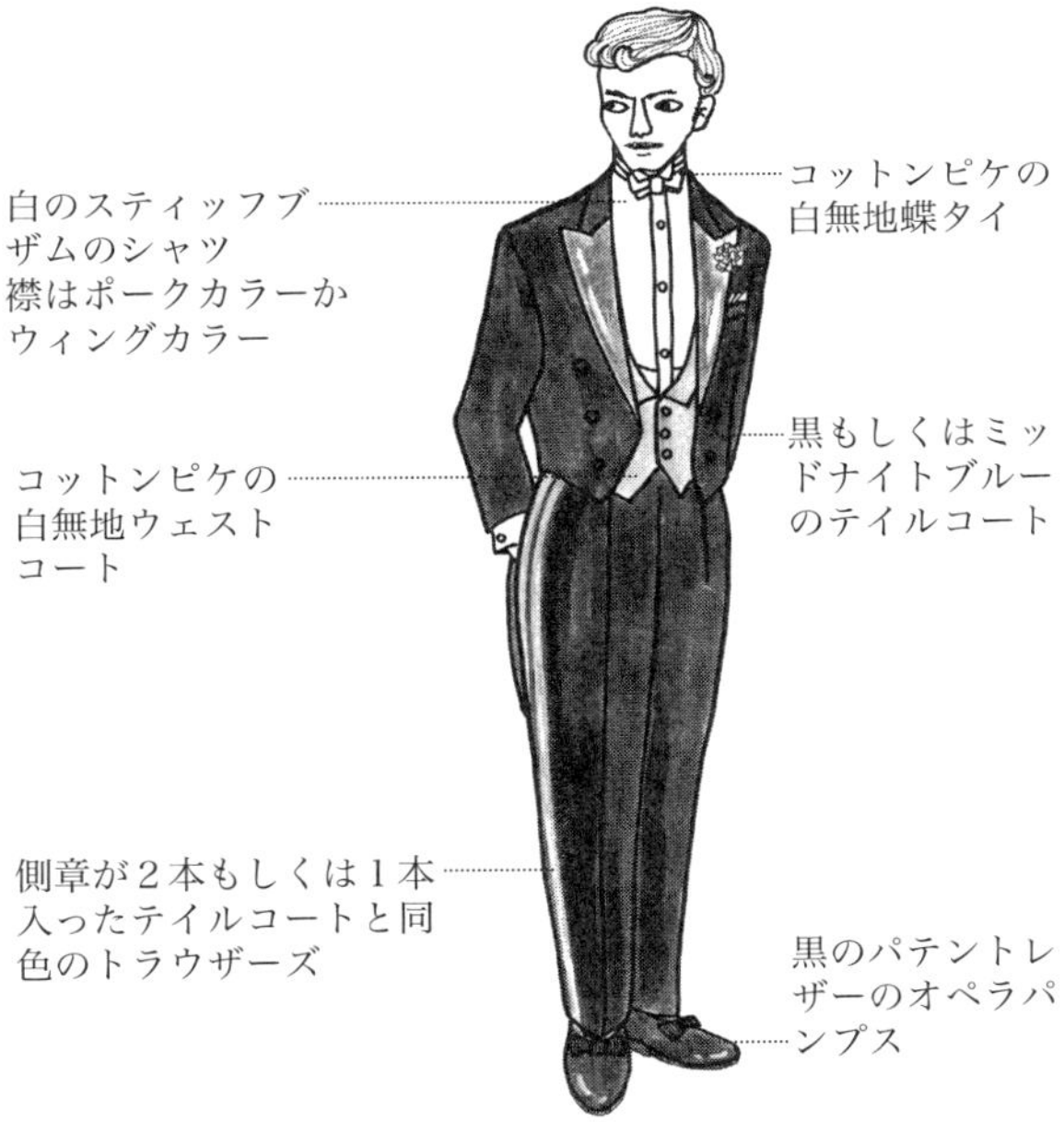

ト」と呼ばれる前身頃から後身頃にかけてフロントカットが大きく斜めに、かつ鉤《かぎ》状に切られた膝丈のダブルブレステッドジャケットを用います。色は黒もしくはミッドナイトブルーで、柄は無地が基本で、下襟全体が「拝《はい》絹《けん》」と呼ばれる同色のシルク地に覆われます。

通常は胸ボタンが6個付いているにもかかわらず、それを留めるボタンホールが全くないのも大きな特徴で、その形状から「スワローテイル」とも呼ばれ、日本語の「燕尾服」はそれを訳したものです。

原型がフランス革命前後に登場した当初はあくまで通常着の位置付けでしたが、その形状が特に舞踏の際に映えたためか、

1850年代には特に宴の際の正礼装用のジャケットとして一気に上り詰めました。

トラウザーズ：ジャケットと共地ですが、両脇のサイドシーム全体が「側章」と呼ばれる同色のシルク地のテープで覆われます。側章は今日では2本線が一般的ですが、第二次大戦前までは後述するeのものより、気持ち太い1本線が主流でした。

ウエストコート：コットン製でハニカム状の凹凸のある通称「ピケ地」で、色は原則白のみです。極々稀に、昼間の公式謁見《えっけん》の際などにはジャケットと共地のものが用いられる場合もあります。

シャツ：白無地で、胸元を硬く糊付けしたコットンのピケ地としたスティッフブザム（イカ胸）のみ着用可能となります。

襟はウィングカラーもしくはその原型である端が折り返らないポークカラーのみ。袖口はモーニングと同様に元来硬めのシングルカフでしたが、今日では折り返し付きの「ダブルカフス」を用いても良いことになっています。

タイ：許されるのは白無地コットンのピケ地、しかも蝶タイのみです。テイルコートでの来場が求められる場合には、その招待状の文末に「ホワイトタイ」とドレスコードが記されるのは、そのためです。

靴：色は黒が大前提で、牛のカーフ・キップもしくはキッドスキンのパテントレザー（エナメル）を用いたオペラパンプスが最適です。内羽根式のプレーントウでも問題にはなりません。

帽子：黒のトップハット（シルクハット）一択となります。

ポケットチーフ：今日ではリネンの白無地の一択で、たたみ方は頂点が3つ顔を出すスリーピークスが代表的です。

アクセサリー：カフリンクスやシャツのボタン代わりに胸元を飾るスタッズなどは、例えば白蝶貝や真珠を銀色系のメタルで縁取ったような、あまり目立たないものでまとめます。

手袋：本来はキッドスキンスエード製の縫い目が表に出ない内縫いのもので、色は白のみです。ただし現在では素材が布製でも許されています。あくまで手に持つだけで実際は嵌めないのは、モーニングの場合と同じです。

ブレーシス：色は白のみです。

靴下：黒無地が大原則。可能で

あればシルク製のスムース編みのホーズが理想です。

D 宴の準礼装

eディナージャケット

これはイギリス英語での表現で、アメリカ英語の「タキシード」なる呼称のほうが、日本では遥かにお馴染みでしょう［図7-4］。

イギリス以外でのヨーロッパでは「スモーキング」と称し、由来の違いが呼び方の違いに直結するものの、いずれも1870～80年代に原型が登場した点、そしてdの簡略化を目的に創造された点では同じです。

かしこまった礼装を要する場が加速度的に減少している今日では、もはや宴の正礼装に限りなく近づいている存在といえ、宮中晩餐会のような格式のある場でも見られるようになっていいます。また正礼装・準礼装の中では唯一、弔事での着用を想定していないものであるためか、他のものに比べ意匠選択の許容度が高いのも特徴です。

ジャケット：一般的な着丈のジャケットで、シングルブレステッドであってもダブルブレステッドであっても同格です。

色は黒もしくはミッドナイトブルー、柄は無地が基本ですが、多少であるなら光沢があっても許されます。

襟は原則的にはピークドラペルかショールカラー［図7-5］で、前者なら下襟全体に、後者なら襟全体に「拝絹」と呼ばれる同色のシルク地に覆われます。ただし今日では、下襟全体がそれに覆われたノッチドラペルのシングルブレステッドのものも多く見られるようになってきています。

トラウザーズ：ジャケットと共地です。両脇のサイドシーム全体を「側章」と呼ばれる同色のシルク地の1本線テープで覆うのが特徴です。

ウエストコート：①ウエストコート（ただし一般的なものに比べVゾーンが広い＝胸ボタンの数が少ないもの）［図7-4］、②①を腹部にのみ巻く形状にしたボタン付きのカマーベスト、③②からボタンも取り除き襞《ひだ》付きの帯状としたカマーバンド［図

[図7-4] ディナージャケット その1

7-5」の3種類が存在します。この中では①でかつジャケット・トラウザーズと共地のもの、もしくは②か③でジャケットの拝絹と同種の黒のシルク地を用いたものが格上と見なされます。

なお、ジャケットがダブルブレステッドの場合は、これらを省略することも可能です。

シャツ：白無地で、胸元の上下方向に細かな襞を備えたプリーテッドブザム（襞胸）のものが標準的で、中にはプリーツの代わりにフリルが付けられているものもあります。

襟はウィングカラーかレギュラーカラーどちらでも大丈夫です。袖口はモーニングと同様に元来硬めのシングルカフでしたが、今日では折り返し付きの「ダブルカフス」でも良いこと

[図7-5] ディナージャケット その2

になっています。

タイ：拝絹と同種の黒のシルク地を用いた蝶タイが最も普遍的です。ディナージャケットでの来場が求められる場合には、その文末に「ブラックタイ」とドレスコードが記されるのは、そのためです。

場が許すのであれば鮮やかな色柄の蝶タイやクロスタイのようなものであっても構いませんが、その場合はウェストコート、カマーベルト、カマーバンドも同じ色柄の生地として全体を調和させます。

靴：色は黒が大前提で、牛のカーフやキップもしくはキッドスキンのパテントレザーを用いたオペラパンプスか内羽根式のプレーントウが最適ですが、目立たないものであれば同種の素材を用いた外羽根式のVフロントプレーントウでも問題とはされません。また、きれいに磨かれたものであれば、アッパーがパテントレザーではなく、上質なボックスカーフのスムースレザーのものであっても構いません。

帽子：被る場合は黒のホンブルグハットなどが理想的です。

ポケットチーフ：基本はリネンの白無地ですが、状況に応じて鮮やかな色柄のものをもってきても構いません。たたみ方もお好みで大丈夫です。

アクセサリー：カフリンクスやシャツのボタン代わりに胸元を飾るスタッズなどは、例えば黒蝶貝やオニキスを金色系のメタルで縁取ったようなものなど、他の礼装に比べ多少華やかなものを用いても問題ありません。

手袋：本来はキッドスキンスエード製の縫い目が表に出ない内縫いのもので、色は白のみです。ただし現在では、素材が布製でも許されています。あくまで手に持つだけで実際に嵌めはしないのは、他の礼装の場合と同じです。

ブレーシス：色は黒、もしくはタイやウェストコートの色味に合わせます。

靴下：黒無地が大原則です。可能であればシルク製のスムース編みのホーズが理想です。

fホワイトディナージャケット

別名サマーディナージャケット。その名の通り、盛夏向け・避暑地向けのディナージャケットとしてeとほぼ同じ頃に登場し、若干のアレンジを経て1930年代に欧米で一気に普及したものです。今日でもクラシック音楽の夏場の夜のコンサート、特に屋外で行われるものではオーケストラの団員がこれを着用しステージに臨む場合が多くあります。

ジャケット：eから色を白、もしくはオフホワイトに変えるのが大きな違いです。襟に拝絹は付けても付けなくても構いませんが、汗によるシミを防ぐため、今日では付けない場合が多いようで、仮に付ける場合は表地と同じ白にするのが一般的です。

ウェストコート：暑さを考慮しウェストコートよりカマーベスト・カマーバンドを合わせる場合が圧倒的に多く、色はタイと合わせて黒無地とします。

帽子：被る場合は通気性に優れたパナマハットが理想で、バンドをタイの色に合わせて黒とします。

トラウザーズや靴など、それ以外の装いは通常のディナージャケットと原則同じです。

E 略礼装

gダークスーツ

［図7-6］ダークスーツ

慶事なら淡色のウェストコートにしても可
色はミッドナイトブルーかチャコールグレイ
黒の内羽根式ストレートチップ

様々な場面に対応でき、最も応用が利く礼装は、もはやこれなのかもしれません［図7-6］（口絵01もご参照願います）。

日本ではこの装いは黒無地のイメージが非常に強く、確かに地域や場によっては、特に弔事の際には適切・無難なのは間違いありません。とは言え、こればかりを「礼装」と考えてしまうと、むしろ慇懃無礼と思われてしまう事態もあり得ます。「一歩手前のもの」や、後述するオッドウェストコートのように慶事の際にアレンジ可能なアイテムを合わせて用意しておくと、何かと重宝するのも事実です。以下、正礼装・準礼装とは異なる点に絞り解説します。

色：我が国では黒無地のものが

圧倒的に主流ですが、その他に主に儀式向けにチャコールグレイ、主に宴向けにミッドナイトブルーのものを用意しておくと便利です。原則的には無地を理想とはするものの、単色で織られたマイクロヘリンボーンストライプなど遠目に無地に見えれば細かい柄が入っていても差し支えありません。

形：ジャケットがシングルブレステッドであれダブルブレステッドであれ、ウエストコート付きのほうがより「らしく」見えるのは事実です。

また、トラウザーズの裾は正礼装・準礼装と同様に折り返しなしの「シングル」にしておいたほうが、この用途としては明らかに向いています。

オッドウエストコート：ジャケット・トラウザーズと共地のものに加え、aに合わせるのと同様の淡い色味のものが1着あると、慶事の際には印象を華やかに変えられるのでお薦めです。

タイ：慶事では一般的な結び下げ（フォア・イン・ハンド）タイに加え、蝶タイも有力な候補に挙がってきます。

色は濃紺のピンドットなど清楚な印象を有しているものであれば大丈夫です。弔事の際は当然ながら黒無地の結び下げです。

靴：色は黒が大前提ですが、ボックスカーフなど牛のカーフやキップのスムースレザーを用いていれば、内羽根式のストレートチップをはじめ内羽根式のプレーントウ、それに目立たないものであれば内羽根式のパンチドキャップトウや外羽根式のVフロントプレーントウでも構いません。

ブレーシス：正礼装・準礼装と同様にトラウザーズの固定はベルトではなく、できる限りブレーシス（サスペンダー）で行っていただきたいです。色はスーツの色に合わせたものであれば問題ありません。

靴下：スムース編みのホーズが理想ですが、細いリブ編みのものでも大丈夫です。黒無地以外にスーツの色に合わせたものを用いても差し支えありません。

h 紺無地のブレザー

もはや日本では高校生までで「卒業」する服へと歪曲させられてしまった紺無地のブレザーも、国際的には着こなし次第で慶事の略礼装へと立派に昇華できるものです［図7-7］。
大人がきれいに着てこそ真価が発揮できる服であり、もっと活用されるべきですが、メタルボタンが目立つこともあり、その場の主役が誰であるかを忘れずに身に着けたいものです。以下、正礼装・準礼装とは異なる点に絞り解説します。

［図7-7］ブレザー

形：シングルブレステッド、ダブルブレステッドどちらでも大丈夫ですが、後者のほうがやはり風格は増します。
自らの所属先のものであれば、その紋章を胸元のワッペンやメタルボタンに刻むのは大いに結構です。しかし、そうでなければ絶対に避けるべきで、無闇にそれらを付けてしまうと、かえって無粋になるので注意が必要です。

トラウザーズ：色柄の面で様々な応用が可能です。チャコールグレイの無地や白黒の細かなハウンドトゥース柄などにすると非常に落ち着いた印象になる一方で、白無地とすると快活な印象が一気に引き立ちます。

オッドウェストコート：黄色や赤など鮮やかな色彩のこれらをしっかり、しかも品良く受け入れてくれるのが、紺のブレザーの最大の特徴です。礼を失しなければ色柄である程度遊んでしまっても大丈夫です。

タイ：一般的な結び下げ（フォア・イン・ハンド）タイに加え、蝶タイも有力な候補に挙がってきます。礼を失しなければ色柄である程度遊んでしまって構わないのは、ウェストコートと同じです。

靴：場が許すのであれば、これはかなり応用が利きます。仮に白無地のトラウザーズを合わせるとしたら、黒いボックスカーフの内羽根式ストレートチップでなくても、白スエードもしくは白ヌバックのそれを履けば清潔感が引き立ちます。

意外な所ではダブルモンクストラップとの相性にも優れています。この場合、ブレザーのメタルボタンが金色系なら靴のバックルの色もそれに合わせるのをお薦めします。

靴下：スムース編みのホーズが理想ですが、細いリブ編みのものでも大丈夫です。紺無地が理想ですが、合わせる服の色合いに合わせたアーガイル柄などでも洒落ています。

礼装の現状

本章の初めでも触れましたが、近年、特に21世紀以降は、礼装が大分変化してきている印象を受けます。

まず、正礼装と準礼装の垣根がなくなりつつあります。具体的には「儀式の礼装」は正礼装のモーニングに、「宴の礼装」は準礼装であるディナージャケット（タキシード）に統合されつつあるようです。「やらねばならない儀式」向けにはより厳かな正礼装が選ばれ、「楽しむのが大前提の宴」向けには、よりリラックスして着用できる準礼装が生き残ったと考えるのが自然なのでしょう。

また「宴の礼装」へと昇格しつつあるディナージャケットについては、合わせるアイテムにも変化が起こり始めています。

例えば、アメリカ映画のアカデミー賞の授賞式（夜間に執り行われるとともに、起源が晩餐会でもあるため、「式」であっても着用するのは「宴の礼装」です）などを見ると、ディナージャケット姿でありながら、蝶タイではなく黒無地の結び下げタイをしている俳優を最近は多く見かけます。

しかし、日本ではその種のタイは弔事向けのみと刷り込まれているがゆえに、その姿に正直かなりの違和感を覚える方も多いのではないでしょうか。

さらには、オフィスウェアの

カジュアル化が進み、日頃スーツを着なくても仕事が可能で、かつ多くの収入を得られる層が増えている現状も手伝い、従来あくまで略礼装に過ぎなかったダークスーツの「礼装度」が、明らかに増してきています。通勤時間帯の都心の電車に乗っていると、クールビズの期間中でなくとも、ダークスーツ姿のビジネスマンを見る頻度が明らかに減っていて、それが「特別な服」になりつつあることを肌身で感じさせてくれます。

著名なレストランやイベントの招待状などのドレスコードを見ても、「スマートカジュアル」など曖昧で得体のしれない表現、悪く言えば一見どうにでも解釈可能でありながら、そこに赴く方々を真には思いやっていない、つまりは「マナー」を感じさせない自分勝手な表現が近年すっかり多くなりました。これもタイをきちんと締めたダークスーツ姿が、既にある程度以上格式ある礼装になってしまっていることの裏返しなのかもしれません。

古今東西を問わず、服飾の歴史は「かつての日常着が次の時代、もしくはその次の時代の礼装に昇格し、やがて消え去る」の繰り返しです。

好むと好まざるとにかかわらず、あと数十年もすれば今日の礼装が全て消え去り、スーツ姿ですら、冠婚葬祭の場でしか見ることができなくなることも十分予想されます。

第3部

嗜好を生かしたスーツを着こなしたい人のために

第8章

スーツの歴史は、20世紀の歴史そのもの！

この章ではスーツ誕生以前から今日までの歴史を振り返ります。どのような服もそうなのですが、スーツも時代の情勢によって大きな変化を遂げてきました。単にシルエットやディテールが移り変わるだけでなく、素材や縫製の面では科学技術の進化も何気なく取り込んでしまっていた、正に時代の産物なのです。また、それに派生した、各国別のスーツの特徴についても簡単に触れておきます。気候や文化の違いにより、スーツはそれぞれの土地ごとにカスタマイズされていった「適応力に優れた服」であることを、改めて認識していただければと思います。

スーツは時代を映す鏡

一口にスーツと言っても、時代の空気を吸い込むことで様々な変化を遂げています。ここではスーツ姿の著名人の写真などを通じ、その年代ごとの特徴を探ってみましょう。

スーツ黎明期

スーツの原型が屋外に姿を現し始めた1860年代の男性を描いたイラスト。今日の感覚とは正反対に、その起源はあくまでカジュアルな装いとして始まった。第一ボタンしか胸ボタンを掛けていない点にも注目したい。

20世紀初頭

皇太子時代からファッションリーダーとして名を馳せ、スーツ姿の地位向上に最も大きな貢献を果たした20世紀初頭の英国王エドワード７世。当時の最先端の装いながら、今日的視点ではまだまだ素朴な印象を受ける。

© www.TopFoto.co.uk/amanaimages

1920 年代終盤

クラシック音楽と現代音楽との橋渡し役、フランスの作曲家モーリス・ラヴェルの1929年に撮られた写真。当時のスーツ姿の理想を正に地で行く伊達な装いは、彼の遺した傑作「ボレロ」と同様に精緻でかつ華やかな印象。

© Boris Lipnitzki/Roger-Viollet/amanaimages

1950 年代前半

1953年の映画「ローマの休日」のあまりに有名な1シーン。グレゴリー・ペックの大きめで重厚さを感じる装いは第二次大戦中〜後に流行だったもの。困難にもめげず強く生き抜きたかった世相が色濃く反映されている。

© MPTV/amanaimages

1950 年代終盤

ジャズ界の巨匠マイルス・デイヴィスの1959年のライブで撮られた一枚。シルエットは当時のスーツらしくごくごく中庸だが、ダブル2つボタンのジャケットを選ぶあたりに音楽でも常に一歩先んじた彼らしさが表れている。

©photobygettyimages

1960 年代前半

1960年代前半のザ・ビートルズ。細い襟幅の細いスーツは、当然ながら体型の細い若い世代にしか似合わない。他の装いと同様に、スーツにおいても流行の仕掛け役が大人から若者にシフトしたのを象徴するような一枚。

© Courtesy Everett Collection/amanaimages

1970 年代初め

ミック・ジャガーの1970年代初めのスーツ姿は、大きめの襟のジャケットとフレアーな裾のトラウザーズが際立つ。有名ブランドの既製品ではなく、ロンドンのテーラーによるビスポークだったからこそ可能なシルエット。

© PA Archive/PA Images/amanaimages

1980 年代終盤

1990年公開のアメリカ映画「プリティ・ウーマン」の一コマ。主演のリチャード・ギアは当時流行の頂点に達したソフトな色合いとシルエットのスーツを着用。このユルさと包容力が、当時の男性と女性の憧れだった。

© SNAP Photo/amanaimages

1 スーツの歴史の概略

スーツが今日に至るまでの歴史的変遷を大まかに見ていきます。19世紀後半以降、時代の影響をまともに受けてきた服であることをご理解いただければ幸いです。1920年代以降のスーツの変遷に関しては、[図8-1]もご参照下さい。

A 「スーツ登場以前」の装い（1840年代終盤）

今から150年以上前、すなわち1850年前後のヨーロッパでは、今日の感覚とは逆で、ジャケット、トラウザーズ、ウエストコートを別色・別柄・別素材で組み合わせるのが「ある程度以上の身分や地位がある人のマナーに適った身嗜み」であり、それらを全て同じにするのは配慮に足りないとの認識でした。略していないのは「それが可能なだけの富と権力をもち、秩序を築く側である」というメッセージであり、またその3つには求められる生地の性能も異なるため、別々で組み合わせるのは合目的的でもありました。

なお、ここでいうジャケットは現在の形状とは異なり、要はモーニングコートやテイルコートそれにフロックコート、つまり少なくとも後身頃が膝近くまである丈長のものです。しかしこの構造、気楽にくつろぐ際には正直窮屈だという感覚が次第に出てくるようになった結果、当時のイギリスで一つの解決案が登場します。社交界のパーティの場や自宅において、男性同士が別室＝談話室（ラウンジ）でソファーに座りながら歓談するような砕けた場では、それより丈が短くゆとりもある簡単な構造の上着に着替えるようになったのです。それが今日のスーツの超・原点となる「ラウンジ・ジャケット」です。

B スーツの原点の登場（19世紀後半）

1860年代になると「ラウンジ・ジャケット」を基に、ジャケット、トラウザーズ、ウエストコートが同じ色柄の同じ素材で作られた一揃いの組み合わせも、やはりイギリスで登場し

60年代前半	60年代後半	70年代終盤	80年代後半	90年代	00年代中盤
狭	狭	中	広	中	狭
細	太	中	中	中〜広	細
短	長	長	中	中	短
浅	浅〜中	中	深	中	浅
短	長	長	長	中	短
狭	狭	中	広	中	狭
狭	狭	中	中〜広	中	狭
狭	広	中〜広	中	中	狭

ます。そしてそれを言い表す際、“Jacket”の代わりに英語で「一揃い」を意味する“Suit”が用いられ「ラウンジ・スーツ」と呼ばれるようになります。これが今日のスーツの直接的な原点です。ちなみにスーツは英語では“Suit”と記し、最後に“s”は付きません。

スコットランドの農民の作業着から着想を得たとも言われるこの「一揃い」は、その起源もあってか登場当初は不躾な服として受け止められ、あくまで室内着的な扱いでした。しかしそれまでの装いに比べて気楽に着ることが可能で、作る側も効率良く作製できることもあり（この時代は既製品が英国で認知され始める時代ともほぼ重なります）、ジワジワと運動着そして街着として普及し始めます。1860・70年代に英国で首相を務めた政治家で女性にも人気の高かったディズレーリや、イギリスの権力の頂点に立つとともに19世紀後半の欧米でのファッションリーダーでもあったアルバート・エドワード皇太子＝後の英国王エドワード7世が、プライベートな場でこれを好んで着ていたことも印象の改善につながったようです。なお、これが登場した当時のジャケットは、襟の形状は今日のシャツのそれに類似し、胸ボタンは喉元にかなり近い位置に付いた第一ボタンのみを留めるものでした。

C スーツの定着と基本形の完成（19世紀末〜20世紀初頭）

19世紀から20世紀に移り変わ

［図8-1］年代別スーツの大まかな特徴

	20年代	30年代	40年代	50年代中後半
肩幅	中	中～広	広	中
下襟幅	中	中～太	太	中
上着丈	短	短	短	中
股上	中	深	深	中
股下	中	中～長	長	中
渡り幅	中	中～広	広	中
膝幅	中	中～広	広	中
裾幅	中	中～広	広	中

る頃には、ラウンジ・スーツがビジネスウェアとしても活用され始めます。この現象はヨーロッパよりも因習に囚われない新世界・アメリカのほうが先行したようです。当時から急速に発展した知識集約型のサービス業に適した「同質性」を自明的に所持していたことも、その普及を後押ししました。

ジャケットの襟は今日と同様の構造になり、トラウザーズに折り目（クリース）が付き、裾の処理に折り返し（ダブル）のものが頻出するようになったのもこの頃からです。

そして第一次大戦を境に、それまで儀式の準礼装兼ビジネスウェア的な地位だったモーニングが儀式の正礼装に昇格したのに伴い、ラウンジ・スーツは欧米はもとより世界的に見ても完全に定着することになります。今日的なスーツの価値観は、この頃に基礎が築かれたと言っても良いのでしょう。

D 華麗なスーツの時代（1920年代後半～30年代）

1920年代も後半になると、基礎が完成したラウンジ・スーツに、いよいよ構造上の進化や「美しさ」の観点が本格的に加わり始めてきます。ジャケットでは肩パッドの形状や厚みで肩回りのシルエットを構築するようになったり、前身頃に胸ダーツが本格的に付き始めたりするのはこの頃からです。後者はもともと、チェストを立体的にして胴囲のダブツキを解消するとともにジャケットの重さを分散させる、着心地改善のためのあくまで技術的な考案でした。しかしその結果、胴囲のくびれやチェストに生ずる独特なゆとり皺＝ドレープがジャケットに美しく表現されるようになったのです。

　またトラウザーズでは、前身頃にプリーツ（タック）が付いたものが主流になります。下腹部の出っ張りを隠せる効果や歩行のしやすさを期待して取り入れた工夫だと言われていますが、やがてこちらも折り目をより美しく出しやすいこと、そしてメリハリのあるジャケットのシルエットとの連続性を出しやすい、要はより格好良く見えることが着目され、急速に普及しました。用いられる生地も色柄に華麗で品のあるものが多く、スーツが最も美しかったと評されることの多い時代です。

E 厳《いか》ついスーツの時代（1930年代終盤〜50年代前半）

　しかし、ラウンジ・スーツのさらなる美的進化は、時代が許してくれませんでした。1939年に第二次大戦が勃発したからです。どんな国であっても戦後も含め物資不足による供給制限が厳然と行われた時代であり、前の時代とは対照的に生地や裏地に関しては地味でお金がかかっていない、端的にいえば、明るい色味なのに印象の暗いものが圧倒的に主流となります。生地の無駄使いと見做《みな》されたウェストコートの省略もジワジワ広まり始めます。

　しかし皮肉なことに、この時代は20世紀の中で最も構築的なスーツが好まれた時代でもありました。やがて「ボールドルック」などと称されるようになったスーツは、ジャケットは生地をシングルブレステッド以上に用いるダブルブレステッドも一般的で、肩回りが非常に厚くかつ大きい逆三角形型シルエット、そして襟幅も非常に太いのが特徴です。

　また、トラウザーズも股上が深く全体的に太めであり、物資のない厳しい状況の中でも何とか工夫し頑張って生き抜きたい姿勢が、当時のラウンジ・スーツの形には直截的に表れていたのです。

F スーツの近代化（1950年代中後半）

第二次大戦の戦中並びに戦後の厳しい状況を抜け出した1950年代中盤になると、ラウンジ・スーツはその名から「ラウンジ」が省略され、いよいよ単純に「スーツ」と呼ばれるようになります。シルエットも落ち着きを取り戻し、前の時代に比べジャケットの肩パッドは薄く、襟は小さくなり、トラウザーズも細くなり始めます。この時代は、20世紀のスーツ史の中でも最も中庸なシルエットだった頃かもしれません。

それ以上に、この時代は様々な面でスーツが近代化されていった時代です。物資不足が原因で戦中に広まったウェストコートなしの省略形、すなわち「2ピース」での着方が、楽な着用感ゆえかそのまま主流となったのが典型です。ジャケットに関しては後身頃にヴェントが、ヨーロッパでビジネス用途のものにもようやく入り始めます。「長い丈のジャケットの後継者」としてスーツのジャケットを見ていたアメリカでは、20世紀初頭にはヴェントをそれと同様に付けるのが当たり前だった一方、「長い丈のジャケットの省略形」との意識が残っていたヨーロッパでは、この頃までヴェントは乗馬用などカントリーユースのものにしか入れなかったのです。

また、トラウザーズの前立てがボタンフライではなくジップフライになり、身体への固定方法も主流がブレーシス（サスペンダー）からベルトになるのもこの頃です。さらには1930年代から徐々に表れていた傾向、すなわちスーツの流行を生み出すのはもはやその故郷たるイギリスではなく経済成長著しいアメリカ、しかもそれが注文服から既製品へという流れが完全に確定した時代でもありました。

G 「若い世代」のスーツ（1950年代終盤〜60年代前半）

先進国において人口に占める若い世代の割合が一気に増したこの時代は、彼らの体型的な特徴、すなわち大人の世代に比べ細身であることを強調できるスーツが主役に躍り出ます。つまり、前の時代に見られたスリム化の傾向が一層強まったのです。ジャケットのシルエットは細身のボックス型で、肩回りはコンパクトで襟幅も細く、トラウザーズは股上も浅めで全体的に細いものが主流となりました。アメリカ発のアイビーやイギリス発のモッズなど、当時のファッションブームに見られるものがその典型例です。

またこの時代は、それまで婦人服を主体に活躍していた欧米の著名なデザイナーが高級既製服＝プレタポルテの分野でスーツ、すなわち紳士服の象徴たる領域に本格的に参入し始めた時期でもあります。「ブランド」でスーツを選ぶ時代の始まりです。

さらには、スーツに「科学技術の進化」が直接的な影響を与えるようになります。具体的には、ナイロンやポリエステルなどの合成繊維が本格的に使われ始めるのがこの時代です。最初はポケットの袋地などからスタートし、次第に生地そのものにもこれらをウールに混紡・交撚《こうねん》されたものが普及して行きました。また既製品のジャケットの芯地に接着芯が本格的に活用され始めるのもこの頃からです。

H デザインされたスーツの時代（1960年代後半～70年代中盤）

女性以上に男性の装いが派手になったピーコック革命やサイケデリック、それにヒッピーなどのカウンターカルチャー全盛のこの時代に最も敏感に反応できたのは、恐らくフランス・パリの著名なデザイナーたちでしょう。前述の通り、その前の時代から紳士服の領域にも足場を築き始めた彼らは、正に「前例のないスーツ」を次々と発表し、洋の東西を問わずお洒落に敏感な層の共感を得ていきます。

この時代のスーツは、端的に言えば「メリハリの激しいスーツ」です。ジャケットは極端なコンケーブショルダーで、肩回りがタイトな割に襟幅は非常に太く、くびれの激しい胴囲から末広がりの裾へと至るものが代表例でした。一方トラウザーズは、股上が浅めでヒップから膝にかけてはタイトであったものの、そこから裾へは一気に広がるフレアードシルエットが主流です。生地も発色がきれいで、柄も大きいものが好まれました。婦人服の要素が巧みに取り込まれていったデザインは、ウーマンリブ運動など当時の世相とも決して無縁ではないでしょう。

Ⅰ 脱構築的なスーツの時代（1980年代）

スーツのもつ構築性や拘束的な固定観念に素朴な疑問を抱き、不定形的なアプローチが積極的に試みられたのがこの時代です。イタリア発のいわゆる「ソフトスーツ」や、日本のデザイナーによるスーツがその象徴でした。

全体のシルエットは非常にゆったりとした「丸み」を強調したもので、成熟した大人の余裕や包容力を表現したかのようです。ジャケットの肩回りは厚くて広いものの、肩パッドに婦人服のそれと同様の軟らかいものを意識的に用いることで「軽さ」を演出しました。トラウザーズも股上を深めに設定し、プリーツを多く入れ裾へと次第に絞り込まれるようなペッグトップ型が市場を席巻します。生地も、婦人服と見間違うかのような軟らかいもの、これまでの紳士服にはなかった淡く微妙な色合いのもの、さらには、ここ200年近くヨーロッパで日常着としては禁じ手的存在だった黒無地などが積極的に活用されます。

実はこの時代のスーツは完全なオリジナルか？と問われると、正直疑問が残ります。様々なディテールを凝視すると、イタリアのソフトスーツは1940年代のボールドルック的な要素を、そして日本のデザイナーのものはスーツの起源たるラウンジ・スーツの要素を巧みに採り入れている形跡が明らかに見てとれるためです。とはいえ、用いた生地や芯地に関しては、当時の技術の粋が積極的に用いられていたのは間違いありません。

Ｊ 主役ではなくなるスーツ（1990年代以降）

20世紀末以降の大まかな流れとしては、まず、「お手本になるスーツ」の中心軸がイタリアに一気に移ってしまった感じがあります。もともと時代の求める美への嗅覚に優れているのみならず、既製品であれ注文服であれ、そして伝統的なものであれモードなものであれ、企画・製造するためのインフラが先進国の中ではまだ整っているからです。地球温暖化や先進国の少子高齢化傾向も、軽く柔らかな仕立てに手馴れていたイタリアの製造業者にとってはある意味追い風だったかもしれません。

そして2000年代に入ると、これまで以上の軽快さを求める象徴なのか、スーツが1960年代前半のもの以上にタイトでコンパクトなものが目立つようになります。それに付随して、スーツ登場以来切っても切れない縁と思われていたタイを身に着けなくなるケースが増加しているのは、ご承知の通りです。

さらに、オフィスウェアのカジュアル化の大幅な進展に伴い、20世紀の紳士服では常に主役であり続けてきたスーツがその地位をそろそろ追われつつあるのも、残念ながら否定できません。

ただし考えようによっては、「仕事で止むを得ず着る」というような単なる管理ツールとしてではなく、自らの「ことば」としてスーツを開放し、逆に様々な場面で積極的に活用できる可能性が広がっているとも解釈できます。スーツを生かすも殺すも、着る側の意識がますます重要になっているわけです。

2 ところ変われば風味も変わる!

近年はグローバル化・画一化が急速な勢いで進むスーツのスタイルですが、ここでは主要国別の特徴を解説します。形だけではない「姿勢」の違いまで感じ取っていただけたらと思います。

A イギリス

「スーツを生み出し広めた国」である、イギリスのスーツ[図8-2]は、そうであるがゆえに、時代や流行に左右されつつも、その基準や模範たるべき宿命を常に背負い続けてきたといえます。個性を尊重しつつもそれらはむしろタイやシャツで表現され、スーツそれ自体の生地やシルエットそれにディテールは概して普遍的です。「この仕様は元来この動作を損ねないため」など、それぞれの選択に本来の用途に由来する機能美が自然かつ厳然と備わり、その核心が引き継がれてきたからです。さらにはそれを理解し合える者同士の共通言語としての役割も備わり、

「身体を守り姿勢を保った上で動作を容易にする」ポリシーから見ても、乗馬服や軍服に影響を受けたマナーやモラルまで感じさせてくれます。

シルエットの面では、ジャケットのチェストをしっかり支えた上で、立体的に仕上げ胴囲の絞りへとつなげていくアワーグラス型であるのが、時代を超えた一番の特徴です。これも当初はジャケットの重さを首や肩に集中させないため、要は着心地改善のための技術的な回答だったものが、結果として美しさまで備えてしまったわけです。また、トラウザーズはブレーシス（サスペンダー）で吊り、プリーツを入れる場合は圧倒的にフォワードプリーツ（インタック）になる傾向が高いのも特徴です。

［図8-2］イギリスのスーツの特徴

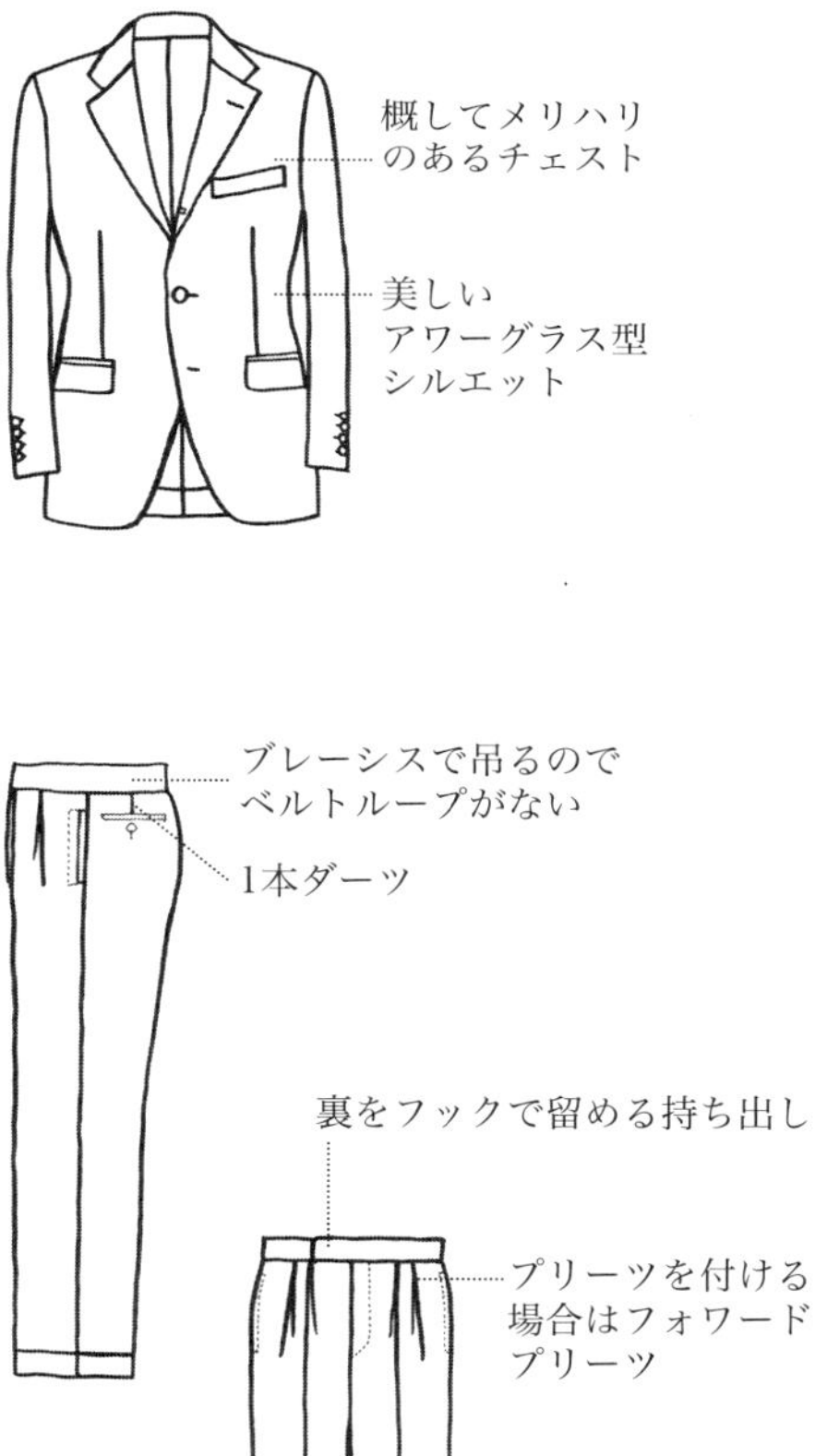

そしてこのような傾向の生みの親が、日本語の「背広」の語源の一つともされる首都ロンドンの小さな通り＝サヴィル・ロウ周辺や、注文主の多い金融街＝シティに集中する、ビスポークを扱うテーラー（注文服店）間の切磋琢磨であった点は特筆すべきです。今日でも各々の店舗ごとに、得意分野や設計上の特徴＝ハウススタイルの違いが微妙ながらも決定的にあります。製造量はともかく、イギリスのスーツは注文服が昔も今も主役であり続け、既製品は著名なブランドのものであっても脇役に過ぎません。ただそのためなのか、近年、既製品に関しては、前述した「宿命」を完全に忘れ果ててしまった安易なものも多く残念でなりません。

B アメリカ

欧州に比べビジネスウェアとしての役割が早く定着したアメリカのスーツ［図8-3］は、その後の圧倒的な経済発展も手伝い、他のどの国のものよりも「ビジネスを有利にかつ円滑に進めるための戦略的な服」としての意識付けが徹底されて来ました。自由なイメージのある一方で、「今日はこんな交渉だからこの色柄」のように自らの立場を主張する着こなしに配慮する傾向も案外高いのです。誰が大統領になっても主に着用するのはグレイや紺の無地のスーツだったり、ハリウッドの映画で太いストライプ入りのダブルブレステッドスーツの人物が出てきたらマフィアだと誰も説明せずとも理解できたりなど、スーツの種類と職種との相関性もヨーロッパ以上に明確に存在します。

シルエットは、ヨーロッパの最新流行に憧れかつデフォルメしてしまう傾向も常にあるものの、基本的にはジャケットは肩・チェスト・胴囲・ヒップの横幅がほぼ均一で直線的に見えるややルーズなボックス型です。胸ダーツを入れない場合も多く、胴囲に絞りを入れてもキツくはしません。ご存じのようにアメリカは多民族国家であり、最大多数の最大幸福を望むとなると必然的にゆとりのあるこのシルエットに辿り着くのでしょう。

気楽な室内着だったスーツの原点＝ラウンジ・スーツにも近く、20世紀初頭には既に定着したこのシルエットは、ヨーロッパに比べアメリカのスーツが既製品主導で浸透した点とも密接に結びつきます。人口の自然増や移民の増加に伴い、早く着たい消費者と多く作って売りたい生産者の双方の理に適ったのです。またナイロンやポリエステルなどの合成繊維を活用し始めたのも、アメリカのスーツが他国より先んじました。トラウザーズのベルト留めもヨーロッパより早い時期に普及しました。

C フランス

首都のパリはファッションの都として誰もが認めるにもかかわらず、いざ「フランスのスーツ」と耳にしても、イメージがパッと思い浮かぶ方は大分少ないのではないでしょうか。

1960年代から70年代にかけては、パリのデザイナーやビスポークテーラーによるスーツは影響力が絶大で、「世の中の『こ

[図8-3] アメリカのスーツの特徴

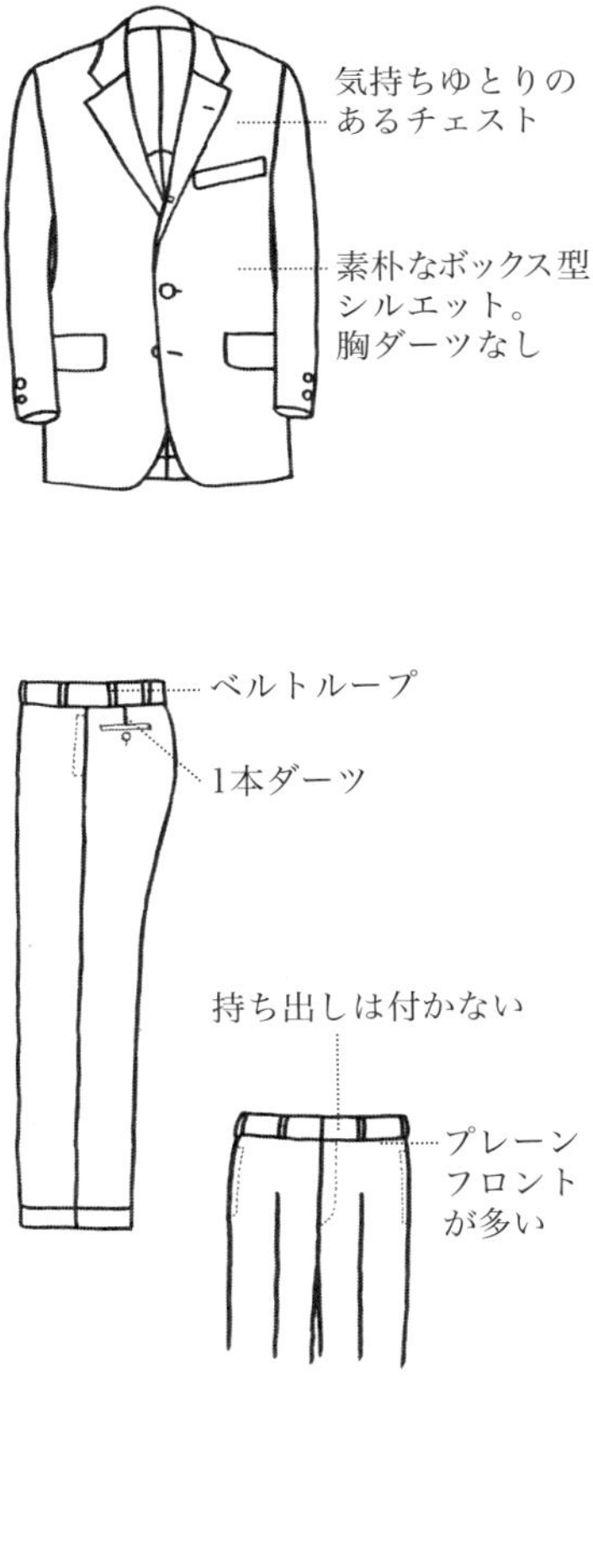

れから』を映し出す服」として時代の最先端を突っ走っていました。しかし、近年は往時の存在感がなくなりつつあるのが少々残念です。既製品に関しては、有名なブランドのものであっても生産はイタリアなど海外のものばかりになっています。

　ただし、手縫い主体の最高級レベルのビスポーク＝グランムジュールに関しては、フランスのスーツは審美眼のある方なら身震いしてしまうほどの佇まいがあるのも事実で、もっと評価されてしかるべきです。シルエットそのものはイギリスのものとそれほど極端な差はないものの、印象がよりスッキリ見えるというのか、「手仕事の跡を残さない」クールさがあります。

　また、シングルブレステッドの場合、下襟の形状はフィッシュマウスラペルが圧倒的なのも特徴で、テーラーによりその角度は微妙に異なります。これは生地の経緯《たてよこ》を歪ませないための工夫が起源だったようですが、注文主の身体と顔とをいかに断絶させずに魅せるかにもつながる、高い美意識の結晶のような気もします。ビスポークテーラーであっても、いや、そうだからこそデザイナーのオートクチュール的な感覚が備わっているのは流石と言うべきでしょう。

D イタリア

　注目されだしたのは1950年代以降ですが、「美しいスーツ」なる言葉から大概の人が今日まず思い浮かべるのは、恐らくイタリアで作られたものでしょう［図8-4］。イギリスのものほど宿命や機能美に囚われるわけでもなく、アメリカのものほど経済的戦略性が問われる状況にもなかったがゆえに、素直に軽快な着心地の追求、そして彼らが得意とする「今はこうすればカッコ良く見える」に邁進できた結果が、現在の評価に表れているのだと思います。イタリアのスーツからはどのようなものであれ、社会性以上に個々人がもつ「色気」が表情に直接出てくるのは興味深い点です。

　俗に「クラシコ・イタリア」と呼ばれる伝統的なものに関して言えば、シルエットはイギリスのものに類似したアワーグラス型ですが、ジャケットでは胴囲の絞る位置がそれより若干低く（胸ボタンの位置が低いわけではない）、チェストのみならずヒップも強調されがちです。またそれに比べ、芯地は軽く軟らかなものを緩く固定させる傾向にあります。そしてトラウザーズにプリーツを入れる場合は、もっぱらリバースプリーツ（アウトタック）です。

イギリスのものに極めて近く重厚なミラノのもの、肩線や脇ダーツの取り方や鋭いフロントカットに古典的要素が残るフィレンツェのもの、シルエットが中庸なローマのもの、雨降り袖に代表される素朴なナポリのもの……。個々のテーラーやメーカー・ブランド以上に地域による個性の違いが明確なのは、気候・風土の多様性や統一国家にまとまったのが遅かったことも影響しているのでしょう。そして伝統的なものと現代的なもの（モーダ・イタリア）とが、さらには既製品と注文服とが互いに

［図8-4］イタリアのスーツの特徴

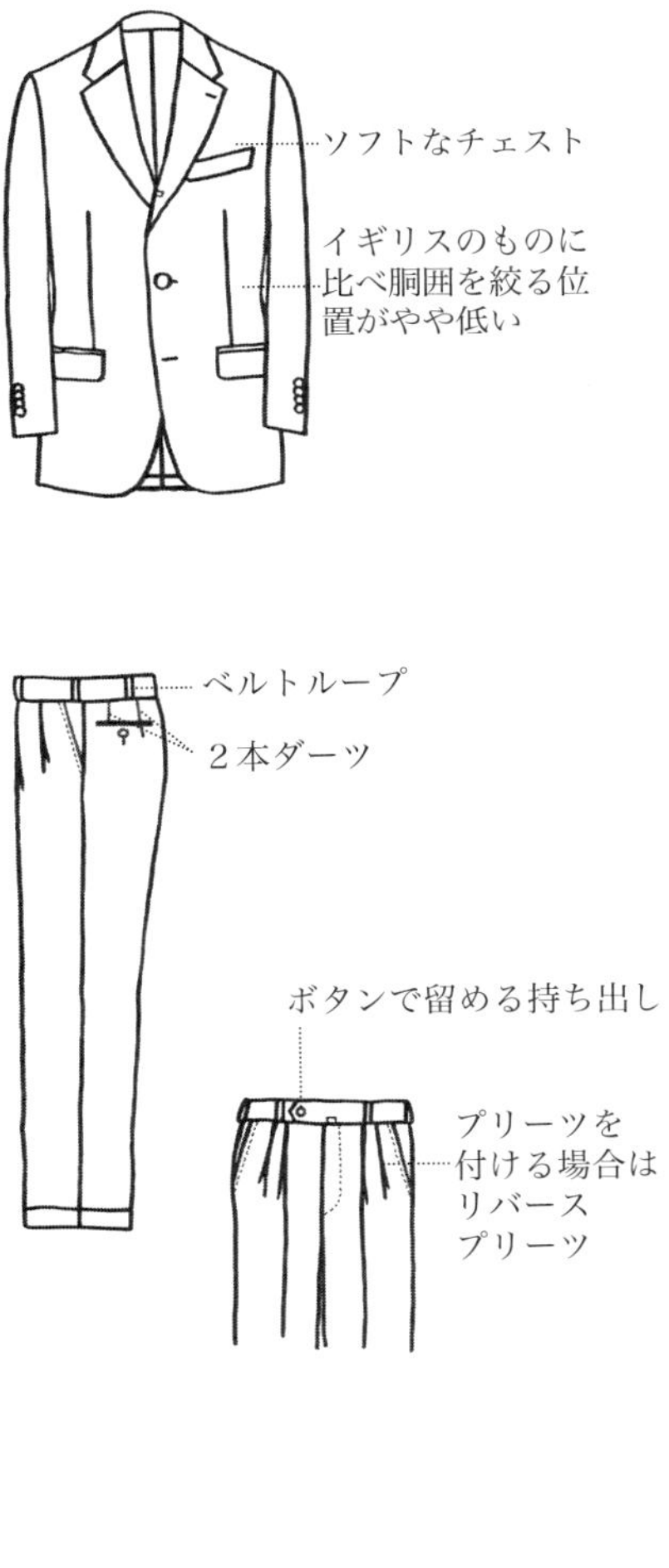

刺激を受け合って進化した点も、この国のスーツの今日の高い評価をもたらした大きな要因です。それぞれの立場で、生地や芯地の工夫や進化に果敢に挑戦し続けた点も忘れてはなりません。

E 日本

我が国におけるスーツの意味はと問われると、端的にいえば「西洋文化としての受容体そのもの」なのかもしれません。第二次大戦前までは誕生国であるイギリス、戦後から1960年代中盤までは既製品への移行も含めてアメリカ、その後80年代半ばまではライセンスビジネスを巧みに絡めてフランス、その後は手作りへの再評価もあってイタリアと、構造やスタイルの手本とする国の変化や推移は、近代国家としての価値観の変化や推移をトレースするかのようです。

逆に言うと、様式的な独自の主体性や自立性は、これまでほとんどなかったのかもしれません。いや、例えば和室で胡坐《あぐら》をかく際でも快適なようにゆとりを余分に持たせた仕立てであるとか、黒無地の3ピースを略礼装として普及させるとか、「現地化」がなかったわけではありません。しかし、残念ながらそれらがスーツの凛々しさや美しさ、さらには型紙作成の技術向上に直接はつながってこなかったような気がしてならないのです。ミシンであれ手であれ、縫製そのものの丁寧さは客観的に見ても世界最強クラスなのですが。

ただ、21世紀に入って以降はそんな受動的な姿勢が徐々に改まりつつあるのも事実で、各国のお手本を尊重しつつも、それを飛び越えて行こうとする作り手が、特に注文服の分野でこれまで以上に活躍が目立ち始めています。今注文服を一番楽しめる国はどこかと問われれば、自信をもって日本と答えられます。様々な国のスタイルのスーツを高次元に、しかも予算に応じた満足度で仕立てることが可能なのは実は現在の我が国のみ、正に夢のような状態だからです。型紙を作成する方はともかく、実際に服を縫う、ことさら手で縫い上げる方の高齢化に伴う激減という非常に深刻な課題があるものの、ジーンズの最高級品がいつの間にか日本製になったのと同様の動きが、スーツにも起きているのも確かなのです。

第９章

この一着はどこで作られ、どこで買える？

デザインのみならず、品質面や価格面でも世間には様々なスーツが存在します。またそれらは、様々な条件が複雑に絡んで決まるものです。この章では、その条件、すなわちスーツの作られ方・売られ方にはどのような種類があるのかについて、多面的に解説します。以下に挙げる各分類では、アルファベットが先に進むに連れて大まかには高価格になるよう構成しましたが、例外も多々あるのでその点はご注意願います。また、高価格のスーツが全ての人にとって「良いスーツ」であるとは限らないことも、あらかじめお伝えしておきます。

1 「嗜好・体型への対応度」による分類

大まかには既製品と注文服に分けられ、さらに細かく見ると以下の4つに分類することができます。なお、注文服の各呼称や内容については各店舗で相当異なっており、またその基準についても定義が統一されていないため、現状では消費者に大きな混乱を招いてしまっていることも付記しておきます。

A 既製品(レディメイド)

かつては「吊るし」と呼ばれた、事実上完成済の状態で売られるものです。ディテールの変更は不可能で、寸法の変更も無料で可能なのはジャケットの袖丈やトラウザーズの股下の仕上げ程度です（近年はそれらも有料の店が増えています）。また有料であっても、直せる箇所はジャケットの胴囲やトラウザーズのウェスト程度と極めて限定的で、修正可能な数値の幅も広くありません。物理的には修正そのものはある程度は可能ですが、シルエットが崩れたり着心地が悪化したりし得るため、大幅な修正が必要な場合は、別サイズのものや別ブランドのものにしたほうが快適に着用でき、しかも修正費も少なくて済みます。

我が国では1960年代後半から70年代前半にスーツの主流となったもので、その時期はスーツの品質以上に「ブランド」がもてはやされるようになった時期とほぼ一致します。

長所

・「実物」を試着し確認した上で購入できる。

・購入後すぐに着用できる。

短所

・生地・ディテール・寸法などで、妥協せざるを得ない箇所が必ず出てくる。

・定番品でないものは「売り切れ」のリスクを伴う。

B パターンオーダー

既製品から近似のサイズを選択した上で、発注・作製する注文服の中では最も簡単な形態で、事実上Aの個別発注とも言えるものです。生地や裏地、ボタンなどは、あらかじめメーカーやブランドが用意した範囲の中から選択可能ですが、寸法の修正は限られた箇所のみ、例えばジヤケットの袖丈や胴囲、トラウザーズの股下やウェスト程度で、修正可能な数値の幅も限られています。ディテールの変更も不可能、もしくは最小に限られます。ただしその分納期は早く、発注から約半月程度で完成する場合が多いようです。

従来の製造ラインを大幅に改造することなく対応可能であること、また製品在庫の圧縮にもつながることから、Aの衰退を見越した既存の有名ブランドやセレクトショップが、近年この方式に活路を見出そうとしています。また一部の量販店でもこの方式を採用し始めています。

なお、「パターンオーダー」は和製英語です。類似のシステムを英語圏ではメイド・トゥ・メジャー（Made to Measure）、イタリア語ではス・ミズーラ（Su Misura）と言いますが、ブランドによってはこれよりCに近い仕組みの場合もあります。

長所

・注文服の割に早く完成する。
・基本のデザインやディテールには変化がないので、完成後のイメージを想像しやすい。

短所

・既製品ほどではないが、生地・ディテール・寸法などで、妥協する箇所が出てくる。

C イージーオーダー

採寸のためだけに作られた近似サイズのジャケットやトラウザーズなど（これを「ゲージ服」といいます）を試着し、それに広範囲な修正・補正を加えた形で発注・作製する注文服です。いわばBとDの中間の形態で、型紙こそ既存のものを活用しますが、それに寸法の修正のみならず、第3章でお話しした前肩やO脚への対応など、体型補正もある程度細かく付け加えられます。またディテールの変更はもちろん、ジャケットの胸ボタンの数や襟幅、それにトラウザーズの股上丈などデザインの根幹に関わる箇所の変更にも対応できます。生地や裏地、それにボタンなどは店舗が用意した範囲の中から選びますが、Bに比べてその範囲は大きく広がり、発注から完成までに約1～2カ月程度かかる場合が多いようです。

日本では大手のアパレル企業

や百貨店のオーダースーツ部門、オーダースーツの専門店チェーンそれに生地メーカーなどが、1960年代頃から縫製工場とともにこの仕組みを構築し始めました。今日ではシステムとして大分洗練され、中には完成前にフィット感や細かな寸法を確認するための「仮縫い」[写真9-1]が設定できたり、基本の型紙を縫製工場のものではなく店舗固有のものを用いることが可能な場合もあり、Dにかなり近い存在になりつつあります。そのため、従来Dのみを取り扱ってきたテーラー（注文服店）であっても、職人、特に縫い手不足の解消やメニューの充実を目的に、これを活用するケースが近年非常に増えています。

なお、この「イージーオーダー」なる言葉も和製英語です。

[写真9-1]イージーオーダーの仮縫い

提供：OLD HAT

長所

・寸法のみならず、体型のクセや好みに応じて修正可能な範囲が比較的広い。
・ビスポークに比べ完成が早い。

短所

・完成時の姿が既製品やパターンオーダーに比べ想像し辛い。
・ビスポークに比べれば、体型補正の緻密さには若干劣る。

D ビスポーク

語源は英語の"Be Spoken"、つまり顧客と作り手とがあれこれと話し合う所から製作が始まる、今日まで脈々と続く注文服の原型です。注文主の体型や嗜好に完全に対応すべく、細かい採寸を行うとともに型紙をゼロから起こす点が他の注文服との決定的な違いです。また工場での分業制による流れ作業ではなく、小規模なアトリエや職人個人の家などで製作するのが一般的なのも、既製品や他の注文服とは異なります。

フィット感やデザインを確認する「仮縫い」が少なくとも1回はつき、店や注文内容次第ではそれが複数回つく場合も多々あります。全体のデザインやディテールを物理的に不可能でない限り細かく設定でき、生地や裏地、それにボタンなどに関しても、店舗により限度の違いはあるものの、膨大な種類から選択が可能です。またその生地に関しても、余裕を持って裁断するため、将来体型が変化してしまっても、極端でない限りはそれに対応した「お直し」にも最も柔軟に対応できます。

技術面では最高峰の存在ですが、緻密に作り上げる分、職人の作業が多岐にわたるため、かなり高額となり、また発注から完成までには少なくとも約2カ月、場合によっては1年以上かかる場合もあり得ます。また、作り手の得意とするスタイルとは明らかに異なる注文を出してしまうと、全体のデザインが妙にチグハグになってしまうリスクもあり、発注主側があらかじめ作り手の「芸風＝ハウススタイル」や「得意技」を見極める必要もあります。つまり、ゼロから作り上げるとは言っても「何でもかんでも可能」の意味ではないことに注意すべきです。

なおこの「ビスポーク」なる表現、今日ではBやCであっても用いることが多くなってきました。しかし本来の意味で使用可能なのは、この種の注文服の場合のみです。

長所

・生地やデザイン、それにディテールの要望を、妥協なく突き詰められる。
・他の注文服では不可能な細かな寸法の調整や体型補正も可能である。
・体型が変化した際の「お直し」にも十分対応できる。

短所

・どうしても高額になりがちで、完成までの納期も長い。
・完成形が想像しにくく、作り手の「芸風」「得意技」を事前に見極める必要がある。

「自分仕様」の注文服への再評価

21世紀に入って以降、スーツを何らかの形の注文服で入手する人が、実は日本では徐々に増えているようです。これにはパターンオーダーやイージーオーダーなど、従来からあるビスポークの簡略形が徐々に進化し、金銭的に手の届く範囲で、しかも感度の高い「自分だけの一着」を、より容易に仕立てられるようになってきたことがまず影響しています。また、オフィスウエアのカジュアル化が進んだことへの反作用もあるでしょう。「真の個性」をあえてスーツ姿で追求したい人や、「普段はもう着ないけど、せめてここぞの一着くらいは妥協なく……」と従来のもの以上の品質を求める層の受け皿が、もはやブランドものの既製品ではなく注文服に取って代わりつつあるのです。

2 縫製方法による分類

これは「工業用ミシン」を用いる場合と「手縫い」の場合とに大別できます。そしてその比率や、「流れ作業による分業制」か「1人もしくは若干名で完成させる」かにより、さらにいくつかに分類されます。

A 機械縫製(マシンメイド)

工業用ミシンを積極的に用いて、パーツごとに担当の職人が分業し流れ作業的に縫い上げてゆく方式です。作品としての質感には若干劣るところがあるものの、効率に優れ個体差が少なく安定した品質を保てる方法です。そのため、既製品とパターンオーダー、それにイージーオーダーのものは大抵これで製作されています。

B 要所手縫い

分業制の流れ作業であることは機械縫製と同様ですが、例えばジャケットの襟付けや袖付け、それにボタンホールの縫い込みなど、着心地や見栄えを大きく左右しがちな箇所については手縫いとし、他の箇所は工業用のミシンで縫い上げてゆく方式です。主にイージーオーダーの一部で取り入れられています。

C ハンドメイド

後述するDとしばしば混用・

誤用されがちですが、こちらは我が国では「縫製工場での分業制による流れ作業ではなく、1人～若干名の職人のみで縫い上げる」という意味で用いられ始めたものです。そのような理由から、工業用であれ足踏み式であれ、ミシンを多用する場合も結構あります。主にイージーオーダーの高級品などに用いられますが、既製品でも見かけることがあります。

D 手縫い

　本来は、工業用ミシンを用いず、全て手で縫い上げる方式をこう呼びます。実際には後見頃の背中心線のような原則的には直線が望ましい箇所や、ポケット地の縫製など、ミシン縫いの強度のほうが望ましい箇所にのみミシン（ただし足踏み式のもの）を用いる場合も、このように呼ばれます。

　前述したCとの混用・誤用を避ける為、今日ではこちらをより厳密に「総手縫い」「フルハンドメイド」などと表現するようになっていて、手間が掛かるためビスポークでないとまずお目に掛かることができません。近年は工業用ミシンも、そして縫製用の糸も大分進化し、これと機械縫製や要所手縫いとの区別がかつてほど付き難くはなっているものの、それらに比べやはり全体のシルエットがより丸く、人体の形状に近く立体的に仕上がる傾向にあります。

　ちなみにこれに該当するかどうかのマーカーは、実は意外な箇所で、例えばジャケットの腰ポケットやトラウザーズのヒッププポケットにある「玉縁」です。ここが手縫いならそのスーツは手縫いの確率がかなり高いです。具体的には、そこを指で上から下になぞった際に、手縫いの場合は機械縫いに比べて、段差を明らかに感じません。

　また、トラウザーズのサイドシーム・インシームの縫い代の始末、ちょうどジーンズの耳の部分（セルヴィッジ）に該当する部分の始末もマーカーになり得ます。ここがロックミシンではなく手で「空カラゲ縫い」［写真9-2］されて生地の端がほどけないよう始末している場合は、相当な割合で手縫いです。当然

［写真9-2］空カラゲ縫い

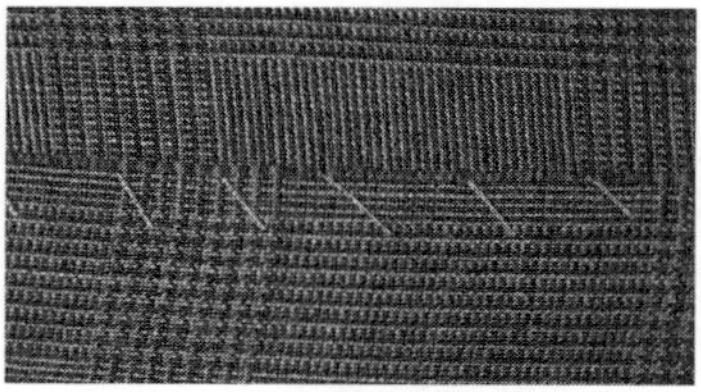

提供：OLD HAT

［写真9-3］手縫いによる八刺し

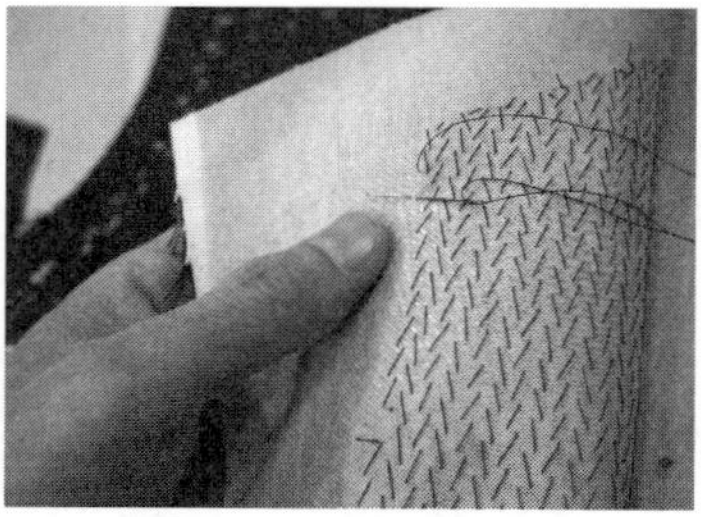

［写真9-4］手縫いによる
ゴージライン作成

上記写真2点提供：Bespoke Tailor Dittos.

ながら下襟に台芯を据え付ける八刺し［写真9-3］や、下襟と上襟をつなげるゴージラインの作製［写真9-4］も、手作業で行われるので、襟の表情も格段に立体的になります。

E 丸縫い

　CであれDであれ、全工程を通じ、1人の職人が縫い上げかつ仕上げる場合を特にこう呼びます。「丸ごと」縫い上げてしまうことからの命名で、場合によっては採寸や裁断の段階から仕上げまで1人の職人のみで製作することもあります。

　何せ1人で製作しますので、各パーツの雰囲気にズレがなく、全体として調和のとれた作品になります。原則ビスポークでしか見られない作り方ですが、近年では一部の既製品にもこの種の表現を売りとした商品が見られるようになってきました。

　ただ、実はこの言葉も、スーツに関しては定義が極めて曖昧となります。すなわち「ジャケット・トラウザーズ・ウェストコートの全てを、1人の職人のみで製作する場合」のみならず、

「ジャケット・トラウザーズ・ウエストコートを、単体ごとにそれぞれ別の職人1人ずつで製作する場合」もこのように呼ばれるからです。

とはいえ、両者に優劣を付けるのは、はなはだ無意味と思われます。

それぞれの縫製や仕上げに特有の技術を要するため、前者が可能なジェネラリスト的な職人は確かに極めて限られる一方で、それが常に最高の作品を生み出すのかと問われると、必ずしもそうとは限らないからです。後者、すなわちそれぞれを別のスペシャリストが縫製・仕上げたほうが高品質な一着になる場合も多く見られます。

ミシンvs手? いや、適材適所が肝心です!

機械縫製に比べて、手縫いのほうが概して見栄えに優れ、着心地の良いスーツに仕上がりますが、昨今はそればかりが最高とは言えなくなっています。例えば1990年代以降に主流となった、番手《ばんて》の細く撚《よ》りの甘い糸を用いた繊細な生地でスーツを仕立てる場合です。このような生地では、下手に手縫いをするより調子を合わせた工業用ミシンで縫い上げたほうが、余計な皺が発生しにくく、美しい印象の一着に仕上がる傾向にあるようです。要は、生地との相性に合わせた縫製を選ぶ必要があるのです。そしてもちろん、着心地やシルエットには採寸や型紙の精度も影響することも忘れてはいけません。

3 生地や付属品による分類

これらの用い方もスーツの価格に意外と大きな影響を与えます。逆に言えば、少しでもコストダウンを図りたい場合、真っ先に手が付けられてしまいがちなのがこれらです。

A 生地

スーツの価格にそれなりの影響を与えるのが、生地の価格です。一般的には主に以下の要素でその価格に差が生じます。

a 繊維の違い

同じ重さの生地であれば、例

えばウールとポリエステル混紡のものよりウール100%の生地、ウール100%のものよりウール80%カシミア20%の生地のほうが、実際の品質はともかく価格は高くなりがちです。

b 生地の密度

撚るのに高い技術の必要な細《ほそ》番手《ばんて》の糸を経糸・緯糸ともに高密度に織り上げた、重くて打ち込みのしっかりした生地が、糸をたくさん使うことになるため、本来は一番高価格です。しかし軽くてしなやかな生地が好まれる昨今は、むしろその真逆の打ち込みが甘い生地のほうが高価格の場合も極めて多くあります。

c 生地の製造・流通形式

どのように企画・製造され、どう流通するかでも生地の価格は変化します。このルートは大まかに分けると以下の3ルートが存在します。なお、有名なところのものには、[写真9-5]のような「織りネーム」と呼ばれる一種のブランドタグが、生地に付属します。日本ではこれをジャケットの裏地に付けることが好まれますが、欧米ではあまり見かけない慣わしです。

①ミル

簡単に言えばメーカー、すなわち自社で企画し糸を製造もしくは調達した上で、その生地を自社工場で織り上げ自社のブランド名で販売する企業です。製造元がそのまま販売まで行うので中間マージンがかからない分、価格は相対的には安くなります。ただし生地の種類は後述の②のものに比べ少なめで、また基本的には最小の販売単位が一反(約50m)となるため、スーツ1着分のみ購入というような融通性には欠けます。近年では代理店や生地商を通じそのような小ロット販売も実質的に可能にしている場合も多く見られます。

②マーチャント

こちらは生地商、つまり自ら企画し糸を調達した上で、その生地を①で織らせた後に自社のブランド名で販売する企業です。在庫機能がある分、同じ品質のものなら価格は①のものに比べ若干高くなるものの、最小の販売単位が小さいので、トラウザーズ1本分のみ購入というような高い融通性があります。また生地の種類も①のものに比べ豊富です。最近は①を複数傘下に入れてグループ化する企業も増えています。

［写真9-5］生地の織りネーム

提供：OLD HAT

③ブランド

有名なファッションブランドのみならず、それとは何の関係もない業界のブランドの名がついた生地も、中には存在します。要はライセンスビジネスの範疇で企画・製造されたもので、価格は②のもの以上に高くなる傾向にあります。

B 芯地

ジャケットの土台となる芯地については、縫製作業が容易な接着芯のものに比べ、技術がより必要になる本毛芯を用いたもののほうが、当然ながら価格は高くなる傾向にあります。ただし、一部の有名ブランドのものについては、接着芯を用いたものであっても高価な場合も多く見られます。

C 付属品

ボタンや裏地など、付属品の違いも価格の差に案外表れがちです。例えばプラスチックボタンよりもホーンボタンやナットボタン、裏地ではポリエステル製のものよりキュプラ製のものなど、総じて天然素材を用いたほうが価格は高くなります。

4 生産国による分類

先進国で生産したものの価格が高くなり、発展途上国で作られたものが安くなる傾向は他の商品と変わりません。ただし生産国が後者でも、著名なブランドの商品やハンドメイド系の商品には高品質でかつそれなりの価格がするものもあります。

A 中国などのアジア諸国

我が国で出回っている既製品で、スーパーマーケットや量販店などで売られている低価格なものの多くは、日本に比べて人件費が安い中国を中心とするアジア諸国の縫製工場で作製されたものです。日本で企画され縫製する機械なども国内の工場と同様のものを用いているためか、特段のこだわりがないのであれば、必要かつ十分な品質は備えています。近年は内外の著名なブランドの既製品であっても、縫製はこれらの国で行われる場合も多くなり、なかなか侮れない存在になりつつあります。また手先の器用な職人を多く集めやすい環境にある中国では、日本や欧米向けにハンドメイドの既製品やイージーオーダー品が縫われる場合も数多くあります。

B 日本

既製品でも中価格帯以上のものや、注文服の場合は主に日本国内で縫製されます。実は日本では既製品であれ注文服であれ、縫製に実際に携わる職人の数が確実に減り続けています。低価格なものは中国などのアジア諸国での生産に転換する一方で、欧米のブランドはライセンス生産を止め本国と同じ企画・生産とする傾向が強まっているため、この20年で実力のある縫製工場が相次いで閉鎖してしまったのは非常に残念です。注文服に関してもかつてに比べ需要自体が落ち込み、針と糸で手縫いのできる職人のなり手がなかなか見つからず、今日の職人の引退後を考えると顔が青ざめてしまうのも事実です。機械縫製の既製品から丸縫いのフルオーダーまで全ての縫製インフラがまだ整っているのは、先進諸国では日本とせいぜいイタリアくらいで、技術水準も極めて高いため、それをどう残し、生かすのかは、当然、私たちのスーツとの付き合い方にかかっています。

C 北米

アメリカのブランドの既製品では、主に中~高価格帯のものでアメリカやカナダで縫製されたものを時折見かけます。広い国土をもつ割に縫製工場も職人ももはやごく少数ですが、ヨーロッパ製のものとはひと味違う雰囲気のものを作り出しています。ちなみにアメリカやカナダで売られている既製品の低価格帯のものは、中南米やアジア諸国で生産されたものが主流です。

D ヨーロッパ

日本で売られているものを含め、既製品の分野ではそのブランドの国籍がどこであれ、高価格品についてはイタリアで縫製されるのが今日では半ば約束事のようになっています。かつては西欧諸国の中では人件費が安かった点、生地の生産地も近い点、そして流行を的確にとらえたデザインが可能な点など、結果的にこの国に収斂されていった理由は多々あります。一方、注文服については、パターンオーダーやイージーオーダーの類は、やはり既製品と同様の理由でイタリアの縫製工場やアトリエが技術・知名度ともに結果的に抜きん出てしまったようです。しかしビスポークとなるとイタリアの各都市のみならずパリやウィーン、そして世界的に著名なテーラーが集積するサヴィル・ロウのあるロンドンなど、ヨーロッパ各地に未だ独自の文化が残っています。いずれにせよ、縫製に実際に携わる職人の数が確実に減り続けているのは日本と同様で、今後どうなるのかは予断を許さない状況です。ちなみにこの地域で売られている既製品の低価格帯のものは、東欧圏やトルコそれにチュニジアといった周辺諸国やアジア諸国で生産されたものが主流です。

5 販売ルートによる分類

スーツをどこで購入するか？

かつてはその選択肢が百貨店かテーラーそれに紳士服店程度だったものが、今日では極めて多岐にわたります。そして製造元や価格も、それに応じて大きく変動します。

A スーパーマーケット

中心部・郊外を問わず、大規模な総合スーパーマーケットの衣料品売り場では、結構な割合で既製品のスーツやジャケットを扱っています。以前は「とにかく着られれば十分！」という発想で作られた低価格商品も多かったのですが、昨今は流行や新素材・新技術を巧みに取り入れているものも見かけます。客層や価格帯は主に後述するBのaと重なります。

B 量販店チェーン

a 郊外型

その地域の中心地からやや離れた主要幹線道路沿いに、比較的大規模かつ駐車場を完備した独立店舗を構える形態です。ただし最近は都市部でも、駐車場がない代わりにビルの2・3フロアを用いた形態でも見かけます。また、大規模なショッピングモールの中に全く別の屋号で出店しているケースも増えています。30代以上の世帯主、すなわち仕事上スーツを着なくてはならないものの、住宅ローンや養育費などでそこまでお金はかけられない層が主要な顧客です。1970年代中盤に登場して以降次第に大きなシェアを占めるようになり、今や後述するbを含めて、我が国ではスーツの販売元として最も一般的な存在になりました。当初は価格の安さを徹底的に売りにしていましたが、近年は機能性を追求した新素材や新技術の導入に最も積極的に取り組んでいる感もあります。「お洒落なスーツ」や「長く着られるスーツ」を売る場とは必ずしもいえないかもしれませんが、見方を変えると合成繊維メーカーや縫製工場の格好の技術披露・検証の場になっているのは確かです。

b 都市型

都市部のビルの2・3フロアを用いた形態で、実はそのほとんどはaが別ブランドで出店しているものです。主要な顧客層が20代前半~30代前半であるためか、置いてある商品も郊外型量販店のものに比べ、品質的にはそこまでの違いはないものの、流行をより意識したものが中心となります。後述するDやFより割安に購入できるためか、21世紀に入ってから一気に店舗が増えました。身長とウェストの2サイズで大まかに区切った上で商品を選ばせるなど、販売方法にも独特なものがあります。

C アウトレットモール・アウトレットショップ

本来は在庫削減を目的に、各企業の売れ残り商品を大幅に値引きして売りさばく場として登場した形態です。主に郊外の主要幹線道路沿いや高速道路のインターチェンジの近くに確保した広い敷地の中で、BやFそれにHなど企業ごとに店舗を一軒一軒ゆったり設けるのを特徴とします。消費大国・アメリカで登場し、日本には大手不動産業者がプロデュースする形で1990年代末期に紹介され、以後着実に増加しています。イレギュラーサイズの方や流行をあまり気にされない方なら、価格が大幅に下がった状態で商品を見つけられる非常にお買い得な場かもしれません。ただし、最近は意味合いが変化し、このような場でのみ売られることを前提とした専用商品が品揃えの主流となっているため、以前のように掘り出し物が見つかるチャンスは減ってしまったようです。

D 百貨店

百貨店すなわちデパートは、特に日本では呉服店を起源とするところが多いこともあり、伝統的にスーツのような重衣料は得意とする商材でした。特に20世紀後半はそれを購入するためのメインルートであり続け、少し前までは他の商品と同様に「デパートで買ったスーツ」が、そのまま「高級なスーツ」を意味していました。百貨店自体のバイヤーが仕入れる「平場」と国内外の著名なブランドのインショップが同居し、かつ幅広い年齢層を意識し既製品から注文服まで扱うなど、同じ建物の中で様々なものを一気に確認できるのは今日でも大きな強みです。

ただ、近年は消費の成熟化並びにオフィスウェアのカジュアル化の進展が影響し、力を入れている店舗とそうでない店舗との二極分化が進み、前者であっても以前に比べ取り扱いの量は減っている印象を受けます。

E 紳士服店

いわゆる「メンズショップ」と呼ばれる形態で、主に国内の様々なブランドのものを仕入れて売る店舗です。個人経営の店舗が多かったためか今日では大分少なくなり、その概念は後述するFに吸収されてしまったといえるでしょう。

F セレクトショップ

自社のオリジナル品を含めた複数のブランドの商品を、独自の基準で文字通りセレクトした上で併売する形態の店舗です。

我が国では1980年代から一気に発展し、現在ではその大手チェーンの店舗名は、事実上の「ブランド」になっています。百貨店の顧客と同等かそれ以上にお洒落に敏感な層を顧客対象とし、その年齢層は時代を重ね徐々に広がってきました。著名なブランドの裏方に徹していた国内外の縫製工場に早くから着目し、そこと共同企画したものを工場名を謳って売る方式、すなわち「ファクトリーブランドの別注品」を表舞台に上げ世に広めた点は、大いに評価すべきです。消費の成熟化に対応し「どのブランドの商品か?」以上に「どこが作った商品か?」を購買動機につなげたわけです。ただし昨今では、異なるセレクトショップ同士のその種の商品を区別しにくい印象も正直あり、今後はセレクトショップ自体が消費者にセレクトされる時代になるのかもしれません。

G オーダースーツ専門店チェーン

原則として既製品は扱わずイージーオーダー品を中心に展開する店舗で、名称にこそ表れてはいないものの、経営母体がアパレル企業や縫製工場、生地問屋などである場合が多く見受けられます。都市部での立地が多く、主要な顧客層は30代以上ですが、昨今ではより若い世代向けの店舗も増えています。それに伴い、フィット感と価格の値ごろ感とを両立させる従来の姿勢に加え、ファッショントレンドを巧みに取り入れる傾向も目立つようになり始めています。既に1960年代から多く存在していましたが、注目が集まるようになったのはやはり、注文服が再び脚光を浴びるようになった21世紀に入ってからです。

H 有名ブランドの直営店

文字通り、1つもしくは同一企業がもつ2、3のブランドの商品のみで構成される店舗です。もっぱら都市部に立地し、東京では欧米の著名なブランドのそれが銀行の支店の敷地跡にできるなどを通じ、ここ20年で一気に増加しました。品質以上にデザイン、いやそのブランドの「世界観」を買う店舗といえるがゆえに、従来はそれを壊さぬよう既製品のみを扱う店舗が大部分でした。しかし、時代の要請に合わせて近年ではパターンオーダーを展開するところも増えています。同じ品質のスーツであれば「ブランド名」が付く分、価格は総じて高くなります。

I テーラー

かつては紳士服の主流だった注文服、すなわちビスポーク専門もしくはそれを主体とする店舗です。企業の形態をとっているところもありますが、大半は個人経営であるため、店主や職人の技術力やセンスに負うところが大きいのが長所でもあり短所でもあります。

我が国では1960年代以降は短所、例えば流行を追い切れない点や納期が長くかかる点ばかりが強調され、また職人の数が減少したこともあり次第に衰退し、もはや絶滅寸前のレベルにまで店舗の数が落ち込んでしまいました。しかし、バブル経済崩壊後の1990年代中盤辺りからは逆に長所、つまり顧客の要望をより高い次元で実現できる、価格に見合った品質が得られる点が再評価され、一部の店舗には再び大きな注目が集まっています。また職人減少をフォローしつつ値ごろ感の演出もすべく、従来のビスポークに加え、イージーオーダーの要素をメニューに組み込むなど、一種の近代化・多層化に取り組んでいる店舗も中には見られます。

J ネット通販

購入前の試着が不可能という決定的なハンデがあるものの、既製品の購入では、今後存在感を一気に増してきそうなのがこれです。

「大まかなサイズとジャケットの袖丈・トラウザーズの股下を合わせてくれれば十分」という感じの、フィット感にあまりこだわらない層や、同種のものをリピートで購入したい層にとっては、わざわざ実店舗に出向く必要がないばかりか、そこが閉まっている深夜・早朝でも購入可能なのは時間の節約＝生活効率の向上に直接つながるからです。実店舗の家賃削減を価格に反映できることもあり、今日ではA・B・Fなどでここに注力していない企業を探すほうが難しくなっています。

第10章

お気に入りをより長く、楽しく着こなすひと手間！

この章では、普段のスーツのお手入れに関して、その方法や用いる道具について、また異常時への対応について解説します。さらには後半では体型変化に伴う「お直し」についても記載します。お手持ちのスーツのトラブルを未然に防ぎたい方にはもちろんのこと、不幸にも何らかのトラブルが生じてしまった際にもお役に立てることを念頭に、色々と取り上げましたので、上手に活用していただければと思います。お気に入りのスーツが長く着られるヒントに、必ずなるはずです。

1 スーツを手入れする

購入時にお気に入りのスーツであっても、お手入れを何もしないと型崩れなど劣化がどんどん進みます。その一方で、実は過保護に扱っても劣化の原因となり得ます。ここでは日頃行いたいことについて、順を追って説明します。

A 毎日の手入れ

帰宅後、スーツを脱いでからのお手入れをご紹介します。わずかな時間しかかからないものの、これをする・しないでスーツの寿命は確実に差が出ます。経年で落とせなくなってしまった汚れや虫食いで泣きを見たくないなら、どうか面倒臭がらずに行って下さい。

a 基本はブラッシング

スーツ、ことさらウール系のもののお手入れの基本は、これに尽きます。慣れれば3分程度で終わるので、帰宅後、風通しの良く乾燥した場所で以下の手順で行って下さい。

①ポケットの中身を全て取り出し、トラウザーズに付いたベルトやブレーシス(サスペンダー)も全て外します。これを面倒臭く思ってはいけません。

②ジャケット、トラウザーズ、ウエストコートのどれでも、「上下方向」にブラシをかけます[写真10-1]。まずは「上から下」に。比較的力を入れても大丈夫です。ハンガーに掛けた状態のほうが行いやすいでしょう。ただしジャケットの襟部は、立てたまま全体を裏に返し、手で持ったほうがブラッシングしやすくなります。

③次に「下から上」へのブラッシングです。②以上に内部の埃をたたき出す感覚です。

④最後にもう一度「上から下」です。いったん立てた毛を均す感じです。

⑤ジャケットの襟元・袖口・脇下やトラウザーズの裾など、汚れやすい箇所はブラッシングだけでなく、必要に応じて、水を含ませて固く絞った濡れタオルで軽く拭いておきます。

⑥肘や膝などの曲げ皺が多く出るところは、必要に応じてスチーマーをあて、それを消

[写真10-1] ブラシをかける

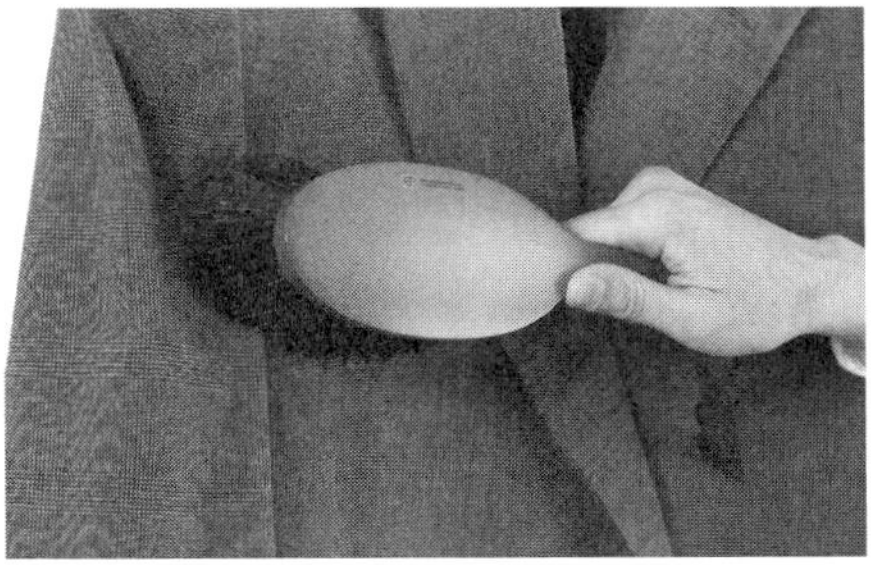

[写真10-2] スチーマーをあてる

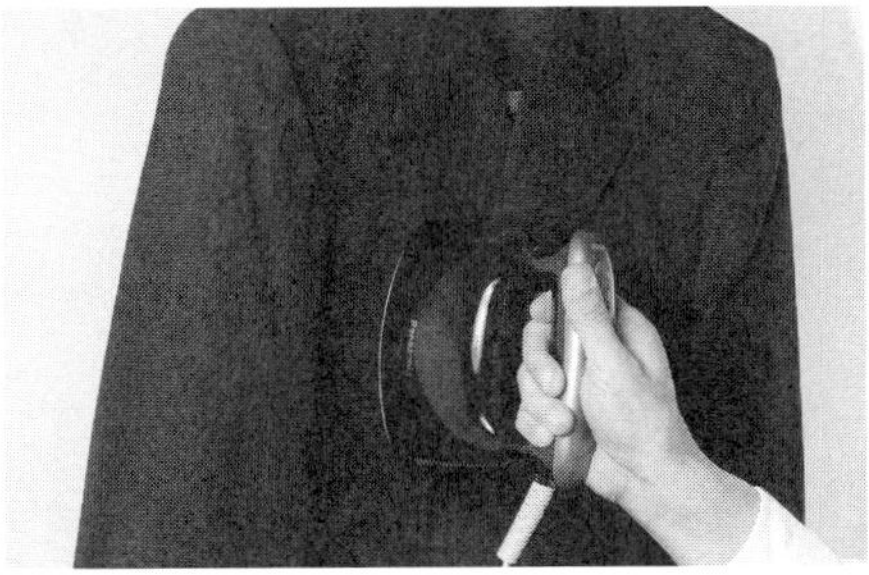

しておきます[写真10-2]。

⑦十分に乾燥させ湿気を取った後、ハンガーに掛けて洋服箪笥やクローゼットに入れます。スーツについた皺は回復するのに自然の状態で少なくとも中2日はかかるので、例えば月曜日に着たものの次の出番は、できる限りその週の木曜日以降にしたいものです。

なお、ウール生地を用いたスーツであっても、実はブラッシングしないほうが良いものも中にはあります。具体的には、イタリア製の生地などに多く見られる、極細の糸を用いて織られた、軽量かつ滑らかな風合いのものです。表面が繊細過ぎてブラッシングに耐えられず、下手をすると不要なテカリを発生させがちだからです。

従ってこれらは、水を含ませて固く絞った濡れタオルで全体を軽く拭くのが最善の手入れ方法となります。特に皺が出た部分は、その周辺を上下方向に伸ばすように拭くのがコツ。その後十分に乾燥することを忘れないで下さい。

b 毎日の手入れの道具

前述のaで用いる道具を、ここで一通り確認しておきます。

①洋服用ブラシ[写真10-3]

[写真10-3] 洋服用ブラシ

[写真10-4] タオル

[写真10-5] スチーマー

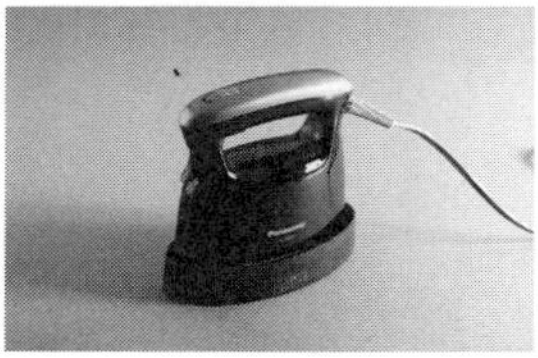

これがないと始まりません。柄がつくものとつかないものがありますが、手のひら大のものが力を入れやすく扱いも楽です。毛の材質は掃くパワーの大きな豚毛《ぶたげ》と繊細な馬毛《うまげ》とがありますが、しっかりした生地のスーツが多い方なら前者、やや柔らかなものが多い方なら後者と、お好みとスーツの材質で選んでいただいて構いません。

いずれにせよ、毛の密度が高いものを選んで下さい。そしてたまには、櫛などで根元に溜まった綿埃を掻き出すとともに、ぬるま湯で軽く洗うのを忘れずに。なお、小さな藁箒《わらぼうき》でも代用可能です。

②水を含ませて固く絞った濡れタオル[写真10-4]

スーツの素材をあまり気にせず使えるのがこれです。新品のものよりも、何度か洗濯して繊維が抜けにくくなったもののほうがお薦めです。台所などで用いられる、薬剤を染み込ませていない万能クロスで代用しても構いません。

③スチーマー[写真10-5]

簡単にいうと、スチームアイロンの「蒸気を出す」機能に特化したもの。近年、機能と使用感が驚くほど向上しており、単にスーツについた不要な皺を取るのみならず、アイロンがけの難しいエリアの整形や、汗やタバコなどの不快な臭いを除去する役割も果たします。

B アイロンのかけ方

スーツを何回か着たり、特に悪天候の時に身に着けると必然的にヨレヨレになってしまいます。それを回復させるのがアイロンがけです。一見難しいように思われるかもしれませんが、慣れてしまえばそこまで敬遠する必要もありません。

aアイロンがけの前に知っておきたいこと

生地が焦げたりテカったりするなどの万が一のトラブルを防ぐためにも、以下のことはまず頭に叩き込んでおいて下さい。

①繊維ごとの温度設定を厳守する

家庭用スチームアイロンには、生地の繊維ごとに温度設定ができる目盛りがついているので、必ずそれに従って下さい。

②あて布を用意する

生地の焦げやテカりを極力防ぐもう一つの予防策がこれです。専用のものもありますが、ハンカチや手ぬぐいのような綿生地で十分効果を発揮します。

最近はアイロン本体に被せられる便利なものも登場しています。

【注意】

以下のアイロンがけの写真では、場所と動作を明確に示すため、あて布を用いていません。

③なるべく大きめで立体的なアイロン台を用意する

スペース上の問題がなければ、平板で小さなものよりこちらのほうが断然美しく、かつ効率良く仕上げられます。

④アイロンを持たないほうの手の使い方が肝心！

生地を伸ばしたりしっかり固定させたり、こちらの手を文字通り上手に活用できるようになると、仕上がりも格段に美しくなります。

bジャケットにアイロンをかける

ジャケットには表地と裏地の間に様々な芯地が入っており、しかもアイロンがけによる整形自体が製造時の重要な工程でもあるため、本格的に行うのはクリーニングの際にプロに任せたほうが確実です。

ただし、部分的になら行うに越したことはありませんので、以下簡単な方法を示しておきます。

近年ではスチームアイロンではなく、Aでご紹介したスチーマーを用いて、しかもハンガーに吊るしたままで類似の効果を簡単かつ確実に出すことも可能になっています。

[写真10-6]

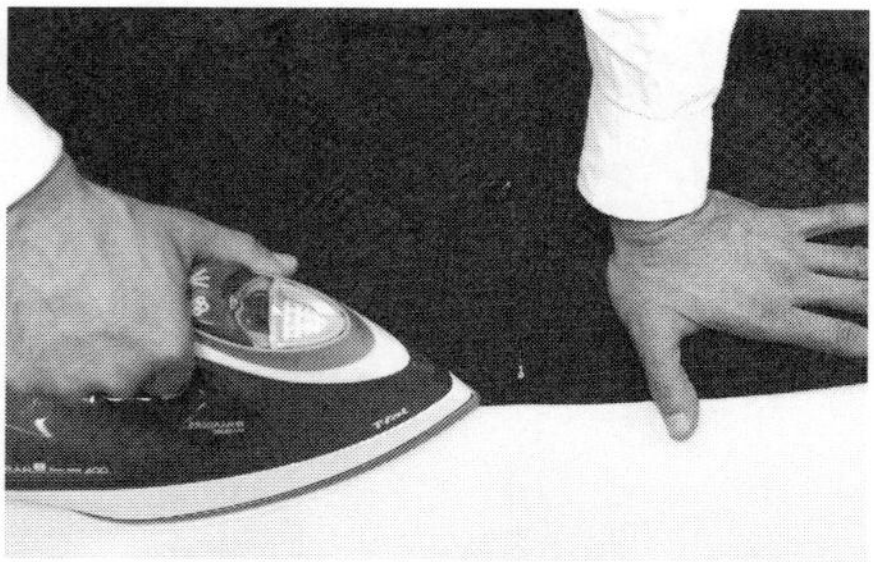

①前身頃は裏地の側から、芯地を手で引っ張りながら上から下にかけます[写真10-6]。

②裏地の引きつれや伸びを、同時に回復させます。

[写真10-7]

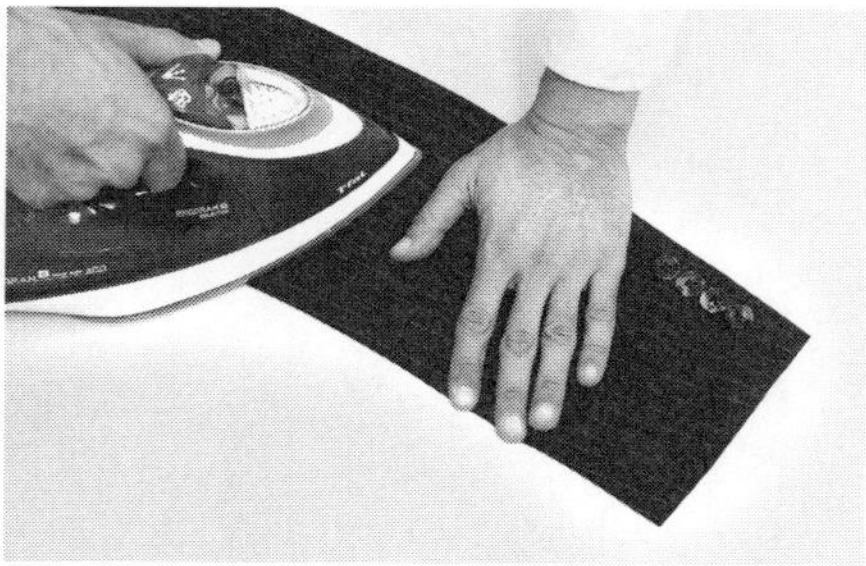

③袖部は表側から、袖山を潰さないよう本来のカーブに沿ってかけます[写真10-7]。特に肘の周辺は、ドラウザーズの膝の周辺と同様に細かな曲げ皺が多く出る部分なので、スチームを多めに吹かしてそれを除去しましょう。

[写真10-8]

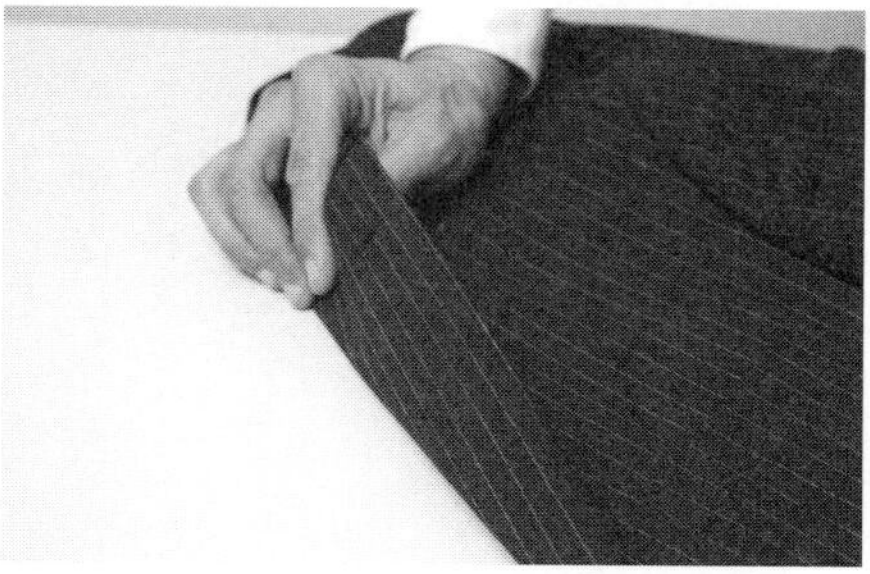

④下襟周辺は、それを立てて裏に返した状態で[写真10-8]、表側から、こちらも芯地を手で引っ張りながら上から下にかけます。

⑤④の余熱で、返り点周辺から下襟のロールを自然につけ直します。

cトラウザーズにアイロンをかける

折り目（クリース）をつける目的もあるため、ジャケット以上にアイロンがけをする頻度が高くなりがちなのがトラウザーズ。ただしあまりに頻繁にかけてしまうと、生地を傷めることに直結するので注意が必要です。そしてアイロンがけの際には、前も後ろもクリースが乱れたり重複することなく、あるべき位置にピシッと一本線に仕上げることが何より肝心です。ちなみに、前身頃がフラットフロント（ノータック）の場合は、股より上に関してはこちらもAでご紹介したスチーマーを用いて、しかもハンガーに吊るしたままで同様の仕上がりを簡単かつ確実に出すことも今日では可能になっています。

①まずヒップポケット周辺を裏側からかけます。

②ウエストバンド周辺を、腰裏を整えつつ、トラウザーズの上端のカーブに沿って裏側からかけます［写真10-9］。

③前立て部を、表地のカーブを確認しつつ、裏側から上から下にかけます［写真10-10］。

［写真10-9］

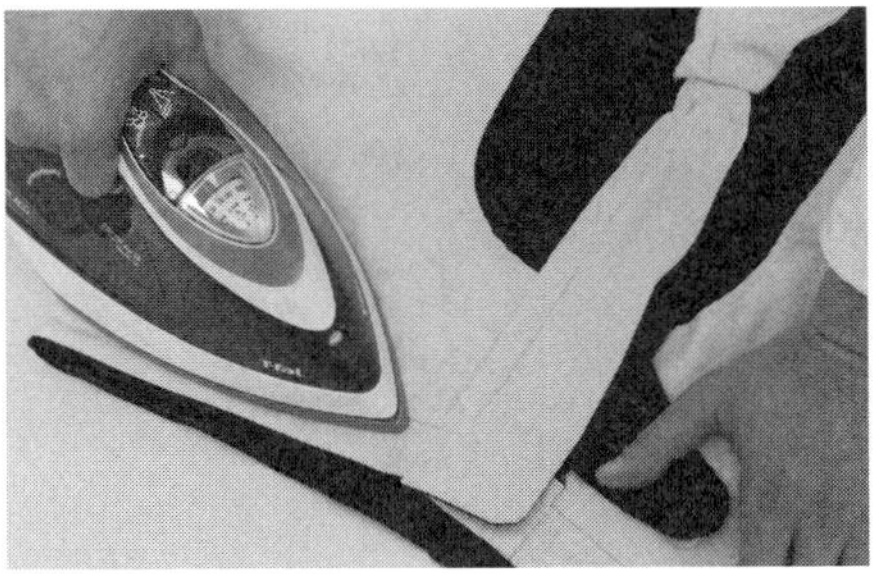

［写真10-10］

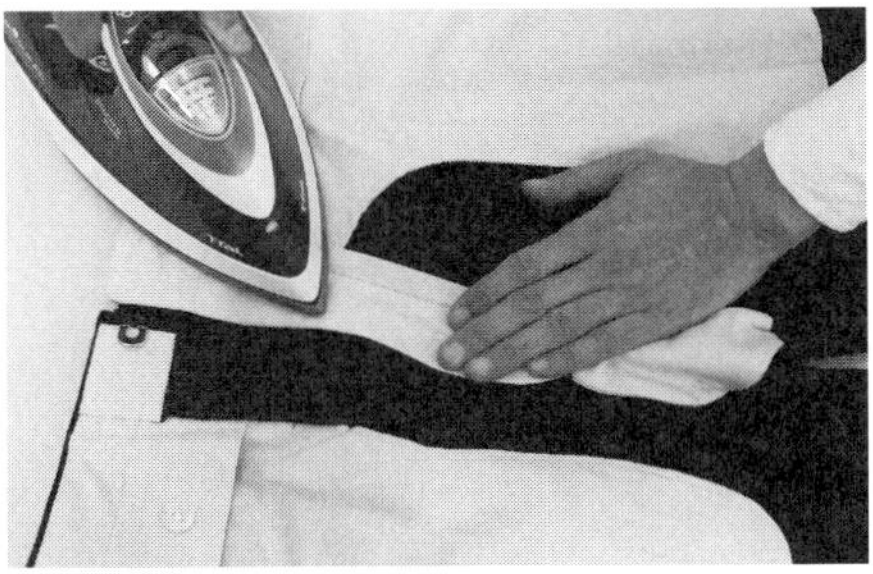

第10章

[写真10-11]

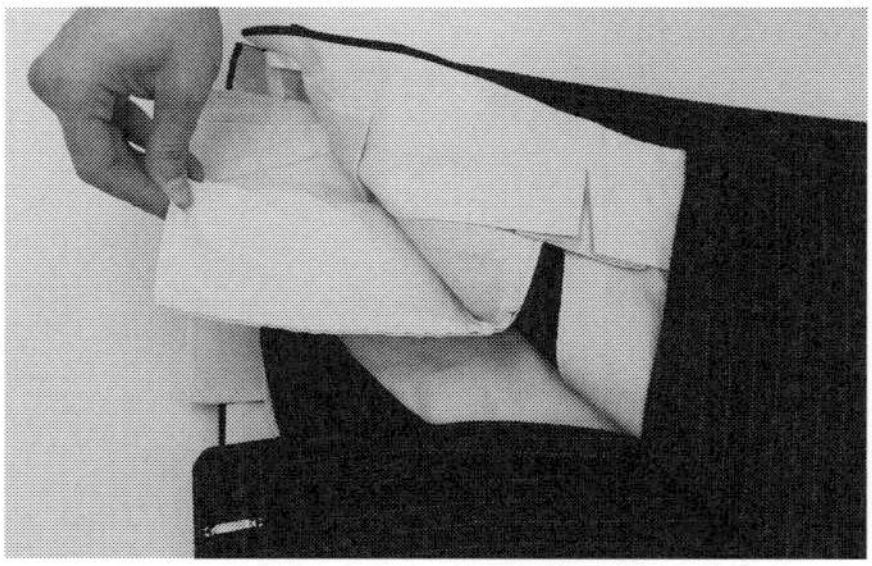

④小股《こまた》より上の形状を整え、ヒップポケットの袋地を、いったん外側に出します[写真10-11]。

⑤サイドシームとインシームの位置を、前後方向でしっかり合わせます。

⑥⑤の状態で小股と裾をまっ

[写真10-12]

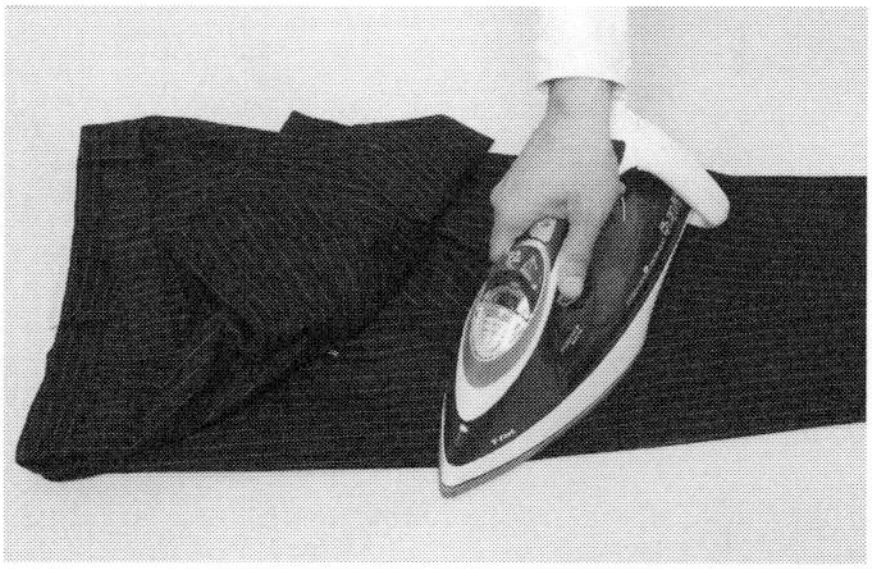

すぐ引っ張ると、ちょうど膝の部分がたるむはずです。その箇所からまず前身頃側を、内股側で下から上へとアイロンがけし[写真10-12]、フラットフロントの場合は小股と平行の位置まで、プリーツつきの場合はその上端まで徐々に折り目を作っていきます。サイドシームがまっすぐになっているかどうかを、都度確認しながら行うのが、上手く仕上げる秘訣です。

⑦後身頃も同様に、膝から小股まで内股側で下から上へと徐々にアイロンがけし、折り目を作っていきます。

⑧今度は裾から膝にかけて、前身頃・後身頃ともに内股側で下から上へと徐々にアイロンがけし、折り目を作っていきます。

なお、個人的にはズボンプレッサーの類の使用はお薦めしていません。確かに簡単かつ短時間に折り目が作れるのですが、それがいったん二重についてしまうと、元通りにすることが困難だからです。また、これに頼り過ぎると生地を傷めてしまう原因にもなり得ます。あくまで急ぎの際の応急処置的に用いて、できれば多用は控えて下さい。

C クリーニングはどうする？

この十数年で、様々な意味合いで考えや状況が大きく変化してしまったのがこの「クリーニング」についてです。

ひょっとすると今日、スーツに関して最も多くのトラブルを抱えてしまっている分野は、スーツそのものよりもこちらかもしれません。その辺りも含めてお話しします。

a クリーニングの種類

①ドライクリーニング

原理は、1830年代にフランスでたまたま発見された、有機溶剤を用いて汚れを落とすやり方です。②では対応できない油溶性・不溶性の汚れが落とせ、しかも型崩れや収縮が極めて起こりにくいのが長所です。有機溶剤は今日では圧倒的に石油系で、かつてはフロン系のものも用いられていましたが、オゾン層破壊との関連から今日では使われていません。

②ウェットクリーニング

家庭での洗濯に類似した、水と洗剤で汚れを落とす原始的な方法です。型崩れや収縮のリスクがあるものの、①では対応できない汗などの水溶性の汚れが落とせ、またベタ付きの少ない仕上がりとなるのが特長です。

b クリーニングの現状と頻度

1990年代頃までは、スーツの洗濯、特にウェットクリーニングでは型崩れや収縮のリスクが高いウール系のものの洗濯については、ドライクリーニングのみで行われるケースが圧倒的でした。しかし、

・水溶性の汚れは落とせないので、例えば汗の多く出た箇所は、むしろクリーニング後にゴワついた生地感になり得る

・廃棄基準が厳しい有機溶剤は再利用を前提とするが、その濾過《ろか》が雑に行われると稀に服に黒ずみなどが起こり、クリーニングとは真逆の結果を起こし得る

・洗浄能力が強力過ぎて、生地の風合いを落としてしまうこともあり得る

などの理由から、我が国では

これのみに頼るクリーニング業者は徐々に少なくなっています。

対照的に、ウェットクリーニングで起こりがちだった型崩れや収縮については、技術の進化でリスクが減少しているようです。そのため近年では、ドライクリーニングの後でウェットクリーニングも行う「二度洗い」方式を、顧客から追加料金をもらう形で採用する業者も増えています。一般的に油溶性・不溶性の汚れのほうが水溶性のものより比重が軽い＝上の層にあるため、この順番で洗うほうが、ウエットクリーニングを先に行うより汚れが確実に落とせるからです。

ただし、特にウール系の生地では、繊維の表面を覆い水分・油分双方をはじく役割を果たす鱗状のスケールに、ドライクリーニングであれウェットクリーニングであれ大なり小なりのダメージを与えてしまい、結果としてこの繊維の大きな長所＝防汚性を損ねてしまいがちなのは確かなようです。

そのためか今日では、「よほどの汚れがつかない限りは、ウール生地のスーツは洗わないほうがいい」との考えに立つ人も、それなりの数に上ります。これを支持するのは、単に汚れが落ちなかっただけでなく、シルエットや芯地・裏地の据えつけを壊されてしまったようなクリーニングのトラブルに巻き込まれた経験のある方や、彼らを顧客にもつビスポークテーラーに多いようです。

少し前までは「なるべくこまめにドライクリーニングに出す」がお気に入りのスーツと長く付き合うための条件と、半ば常識的に言われて来たのですが……。どうもこの辺りにも、近年スーツの「価値観」が相当変化している片鱗が見え隠れしている気がしてなりません。

着用頻度や汚れのつき具合、それに生地の色などでこの頻度は当然変動しますので、あくまでご参考程度ですが、例えば週一日着用するスーツであれば、Aの「毎日のお手入れ」さえきちんとしていれば、クリーニングは前述の「二度洗い」方式で、
・汗を多くかく春夏物で1シーズンに1回。多くて2回
・コートで上を覆う場合も多い秋冬物は1シーズンもしくは2シーズンに1回

程度で十分でしょう。

衣替え（この言葉も死語になりつつありますが）でしまう前に行い、次のシーズンに改めてパリッと着る感覚です。そしてそのためには、ご自宅の近所で信頼の置けるクリーニング店を見つけておくことも肝心です。

c 自宅で洗う?

２０１０年前後から量販店のスーツで見られるようになった「自宅で洗えるスーツ」は、時間的理由や経済的な理由でクリーニング店でのスーツの洗濯を不本意ながら敬遠しがちな層に向けたものです。自宅で洗っても収縮や型崩れをしないよう、表地・裏地・芯地そして縫製にアスリートウェア並みの先進的なものが、積極的に採用されています。また、どの店舗・ブランドも国内の大手合成繊維メーカーなどと手を組んで開発・製造しているだけあり、ガラパゴス的な側面こそ多少あれど、シーズンごとに実用的なアップデートも怠っていません。よって見た目の質感やデザインの好みはともかく、多くの方からの支持を得て、今や彼らの看板商品になっているのも、納得できるものがあります。

そんな「洗えるスーツ」ですが、実際に自宅でそうするにはいくつか注意点があります。取り扱いに関する表示を事前に必ず読んでから臨んで下さい。

①洗濯機を用いるものやシャワーを用いるものなど、店舗やブランドにより「洗い方」に大きな違いがあります。まず、どの方式なのかを絶対に確認して下さい。

②必ずスーツのジャケットとトラウザーズとを、同じタイミングで洗って下さい。それが異なると、両者で色味が微妙に変化してしまうこともあるからです。

③洗った後の乾燥は、自然乾燥に限ります。急いでいるからといって乾燥機を用いるのは厳禁で、手でキツく絞るのも控えましょう。

④自宅で洗えるといっても、そう頻繁に洗ってしまうとダメージも早く起きてしまうようです。洗えるのは年に2・3回程度＝クリーニング店に持って行くのとほぼ同

様の頻度と考えて下さい。

⑤この種のスーツは洗濯時の型崩れを防ぐべく、製造時に形状記憶処理がなされているケースが主流です。その影響で、いわゆる「お直し」には一般的なものより制約がより多く存在する傾向にあります。具体的には寸法を直せるのは、ジャケットの袖丈とトラウザーズの股下とウエスト程度ですので、購入時には心理的な「割り切り」も必要でしょう。

2 スーツを保管・携行する

ここではスーツの保管や携行について、気を付けるべきことを取り上げます。これに関しても注意を払うか払わないかで、スーツの寿命が大きく変化します。

A ハンガーでの保管

日頃気を付けるべきことを、順を追って説明します。

a ハンガーそのものの注意点

型崩れを防ぐべく、ハンガーはジャケットの肩幅や形状に合い、しかも肩先に厚みのある立体的なものを選んでいただきたいです。クリーニング店から戻ってきた時に付属する平面的なものは、正直向いていません。材質は購入時にカバーと一緒についてくる樹脂製のものより、吸湿性と形状安定性の高さを考慮すると、木製のしっかりしたものを別に用意したほうが、やはり理想的です。近年は自分のスーツに合わせてオーダーできるハンガーも売られています。

b しまう環境

部屋に備え付けの押し入れやクローゼットでは選べる環境にない場合も多々あるものの、直射日光があたらず湿気が少なく、しかも通気性の良い場所にしましょう。また、状況に合わせて定期的に防虫剤や除湿剤をこまめに交換することも大切です。掃除の際などで構わないので、定期的な換気も忘れないで下さい。

c しまう状態

面倒でもポケットから中に入れたものを全て取り出し、ボタンもすべて外した状態で、またトラウザーズからはブレーシス（サスペンダー）やベルトを外した上でハンガーに掛けましょう。もちろんその前に、ブラッシングなどで汚れを落としたり湿気を取り除いておくのを忘れずに。余裕をもった間隔で収納することも、収納時の皺を防ぎ通気性を確保する点では大切です。

また収納時には、余分な埃の付着を防ぐべく、カバーを掛けておきましょう。これは原則的にはスーツの購入時に付属するスーツカバーで十分です。従来のものはナイロン製など通気性に難があり、静電気も起こしやすい＝埃を寄せやすい素材のものが多く薦められませんでしたが、近年のものはその点が改善された不織布製のものが多くなっているためです。そのようなものがない場合は、例えば着古したドレスシャツをきれいに洗濯した上で代用するのも手です。

B 衣装ケースでの保管

オフシーズンのスーツであっても、型崩れを防ぐべくハンガーに掛けた状態での保管が望ましいです。

しかし、収納スペースの都合で衣装ケースに入れて保管せざるを得ない場合もあります。

その際の保管方法＝正しいたたみ方を記します。実はこれ、上手に行えばハンガーでの保管よりも皺になりにくい場合もあります。

またこの方法は、海外旅行などでスーツをスーツケースに入れて持ち運ぶ必要がある際にも応用が可能です。

a ジャケット

①背中の部分を平らに広げ、裏地に出た皺を伸ばします［写真10-13］。

②前身頃の下前の上に上前を重ねます。

③袖をそのカーブに合わせて前身頃に重ねます。

[写真10-13]

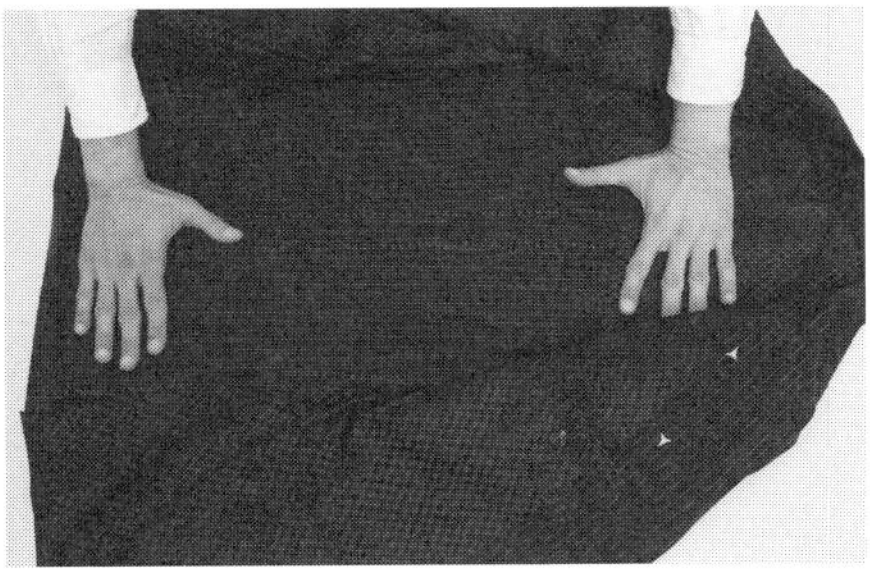

[写真10-14]

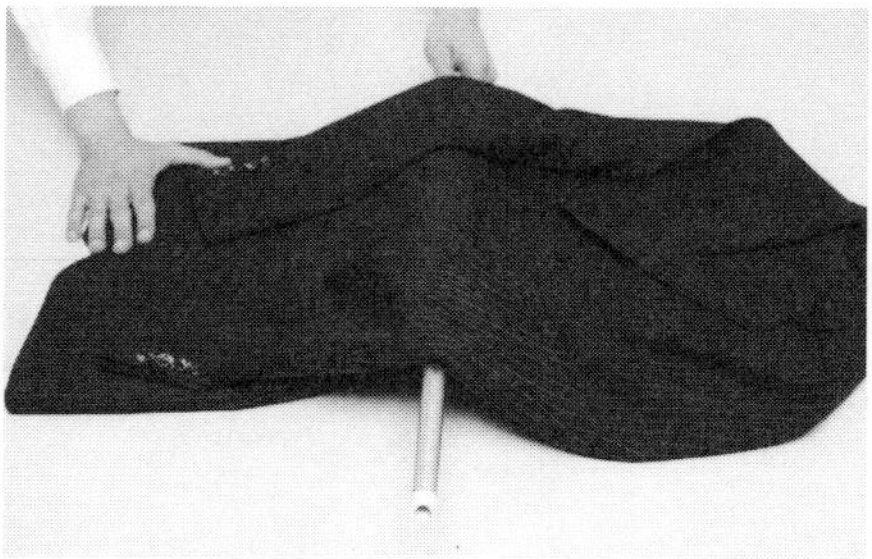

④背中の中央部、ジャケットが最もくびれた場所に、丸棒を裏側から左右方向に差し込み[写真10-14]、そのままジャケットを持ち上げた状態で2つに折りたたんでから、丸棒を抜きます。

⑤2本のタオルを丸め、それを

[写真10-15]

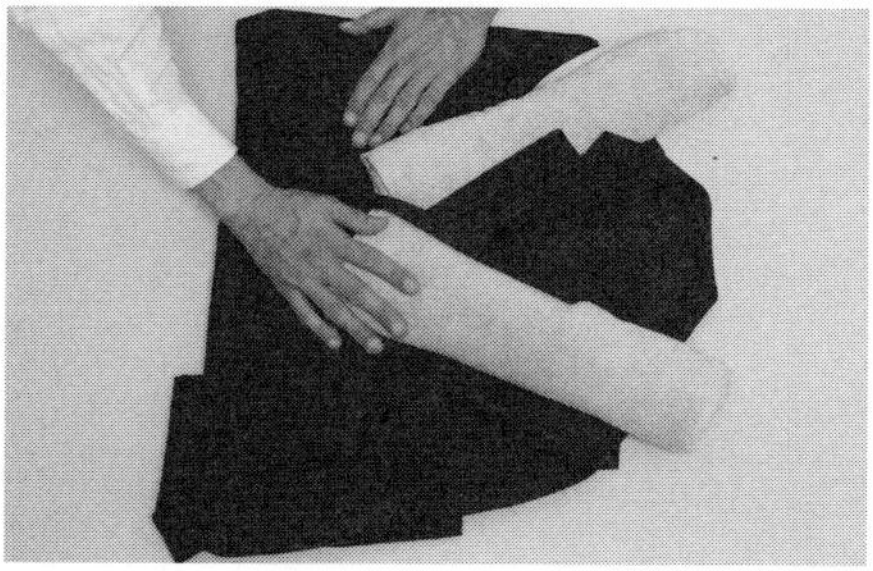

左右の襟の下に挟みます[写真10-15]。

　このタオルは収納時にも外さない点に注意!

bトラウザーズ

①折り目(クリース) に沿って、皺の出ないように平らに置きます。

[写真10-16]

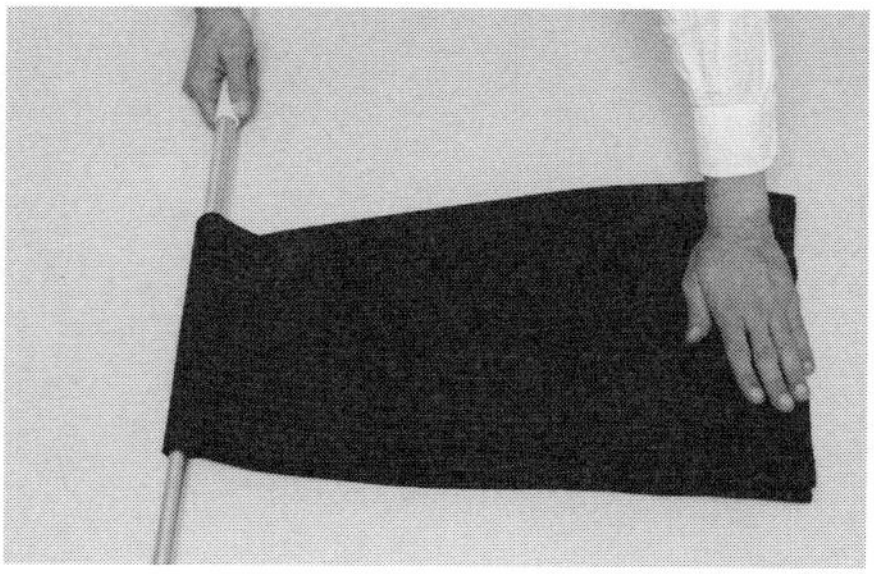

②膝の辺りに、丸棒を裏側から左右方向に差し込み、そのままトラウザーズを持ち上げた状態で2つに折りたたんでから[写真10-16]、丸棒を抜きます。

cウエストコート

①前身頃の下前の上に上前を

重ねます［写真10-17］。

②ひっくり返し背中の部分を平らに広げ、裏地に出た皺を伸ばします［写真10-18］。

③表地が見えるように、背中心線で縦に2つ折りにします。［写真10-19］。

d 衣装ケースへの収納順

①衣装ケースの内側に、あらかじめ防虫シートなどを敷きます。

②たたんだ状態で、下から上にトラウザーズ↓ウエストコート↓ジャケットの順に重ねて収納します。

③防虫剤や防湿剤を入れ、①を上からも包んだ後で、衣装ケースの蓋を被せます。

[写真10-17]

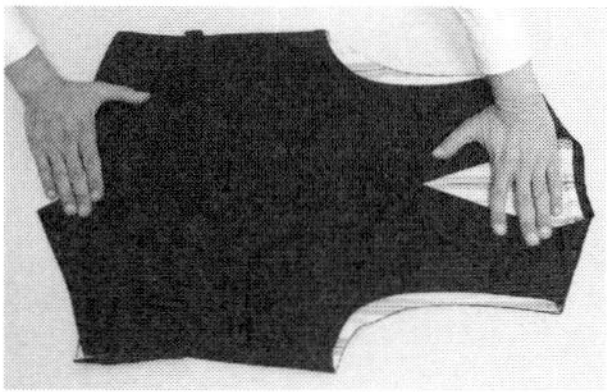

[写真10-18]

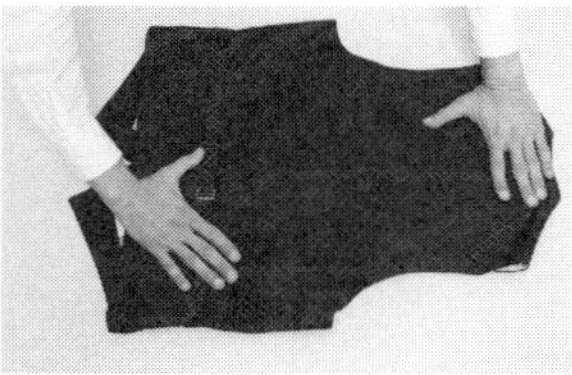

[写真10-19]

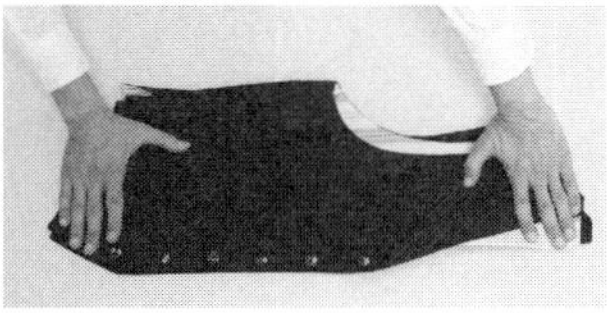

C クリーニング後の注意点

スーツがクリーニング店から戻ってきた後、独特の臭いを飛ばすべく、1~2時間程度陰干しし、その後軽くブラッシングしてから収納しましょう。

また、付属しているハンガーやビニールカバーはあくまで「お渡しする際のもの」です。保管には用いないようにしましょう。

D 外出時にジャケットをたたむ

ジャケットを人前で脱ぐのはあまり好ましい行為ではありませんが、暑い時には仕方がない場合もあります。

以下はそのような際の、皺の付きにくいたたみ方です。

①襟を立てて伸ばします[写真10-20]。

②両肩に手を入れ、表地ではなく裏地が見えるように、袖部分を左右それぞれ背中心線に向けて縦に2つ折りにします。[写真10-21]。

③上前側を下前側に肩から覆い被せます[写真10-22]。

④背中の中央部、ジャケットが最もくびれている辺りで横に2つに折りたたみます[写真10-23]。

[写真10-20]

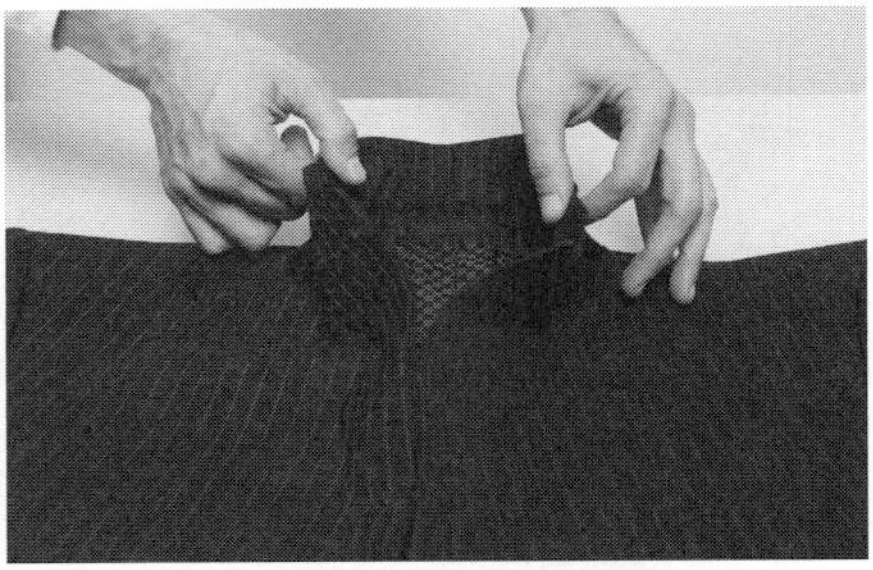

[写真10-21]

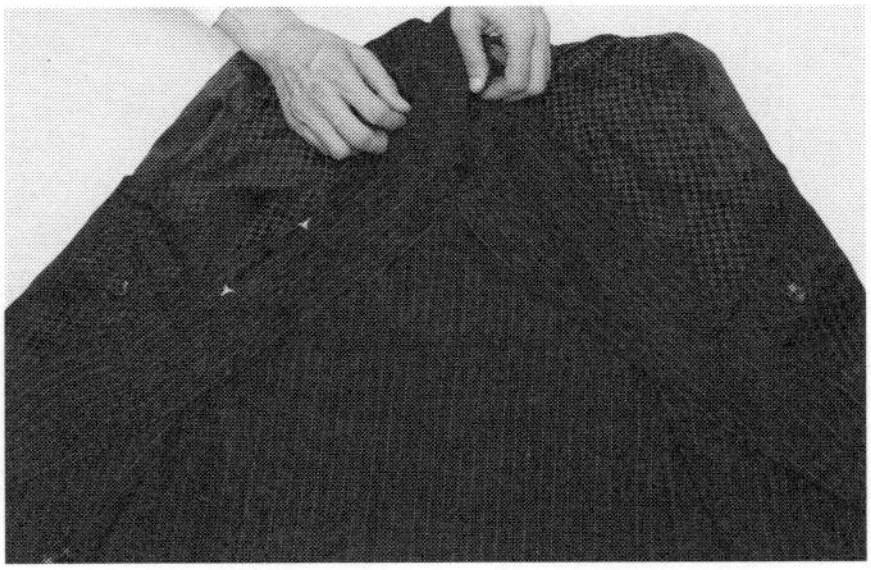

[写真10-22]

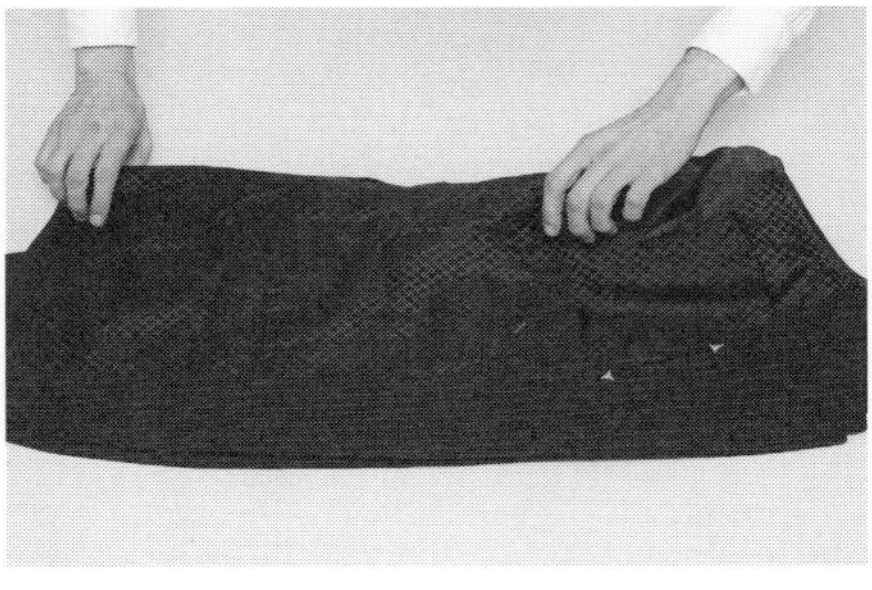

E 海外旅行時などのスーツケースへのパッキング

B以外にスペース効率をより重視したパッキング方法を、Dのアレンジでご紹介します。ただし、あくまで一時的な収納を想定したもので、長期保管には向きません。

a ジャケット

①襟を立てて伸ばします[写真10-20]。

②両肩に手を入れ、表地ではなく裏地が見えるように、背中心線で縦にそれぞれ2つ折りにします。[写真10-21]。

③上前側のみを、袖を含めて全体に裏返しします。

④それを下前側に肩から覆い被せ、下前側の袖は裏返した上前側の袖筒の中に通します[写真10-24]。

⑤上前・下前を見返し部で重ねるとともに、裏地を脇の縫い目に沿って折り込みます。

⑥裏地と前身頃との間にできた隙間の肩パッドの下に、丸めたTシャツや下着を入れます[写真10-25]。

[写真10-23]

[写真10-24]

[写真10-25]

⑦⑥の部分の上に、別の丸めたTシャツや下着を置きます[写真10-26]。
⑧⑦を芯として、袖も折り込みつつ上から下に丁寧に3巻程度に丸めます[写真10-27]。

[写真10-26]

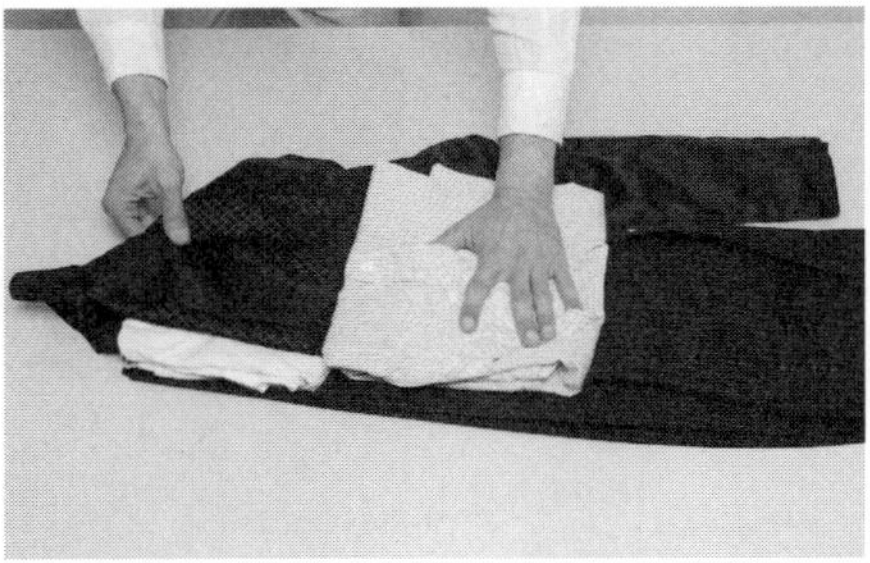

bトラウザーズ

①折り目(クリース)に沿って、皺の出ないように平らに置きます。
②①の上に、下着やTシャツを2、3枚、トラウザーズの上全体に、縦方向に置きます[写真10-28]。

[写真10-27]

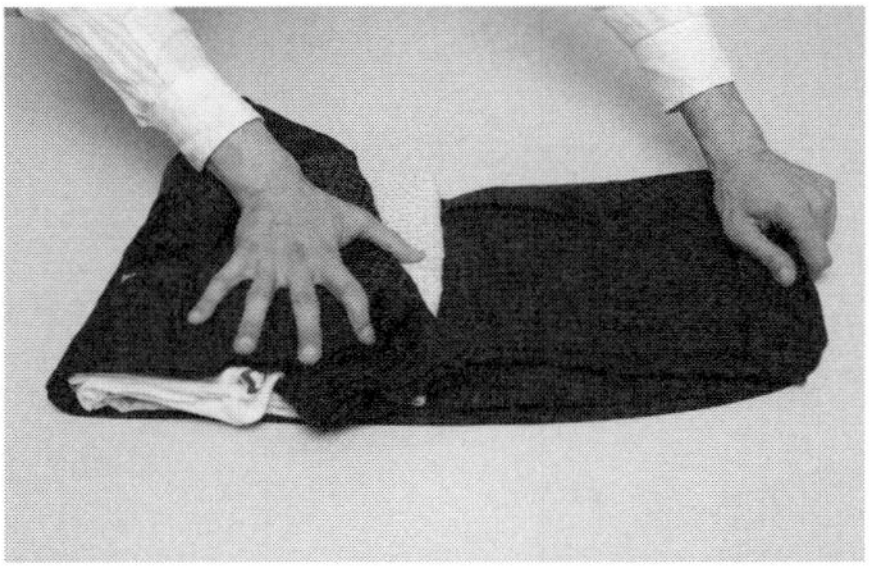

③②を芯として、上から下に丁寧に3巻程度に丸めます[写真10-29]。

cウエストコート

①表地ではなく裏地が見えるように、背中心線で縦折りにします[写真10-30]。
②①の上に、下着やTシャツを

[写真10-28]

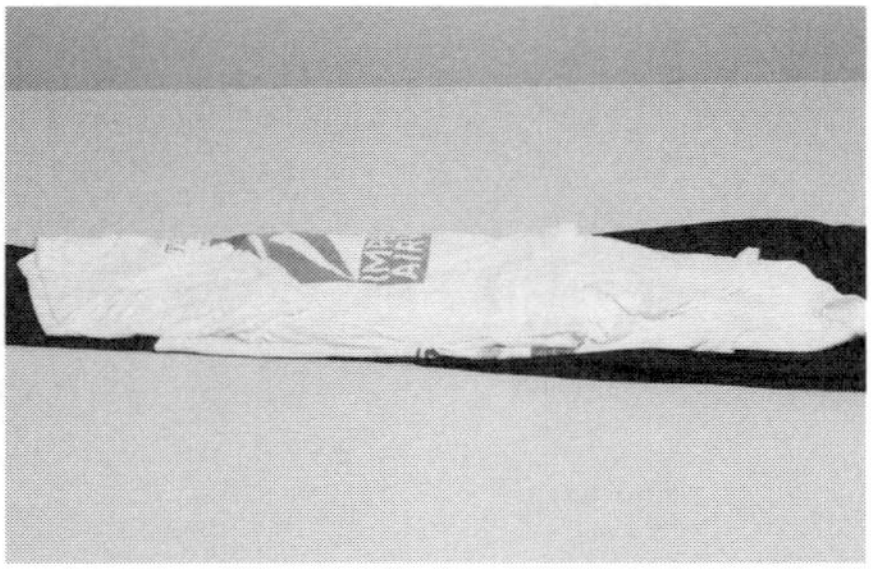

1枚、ウェストコート全体に縦方向に置きます。

③②を芯として、上から下に丁寧に3巻程度に丸めます［写真10-31］。

d 収納

aからcをタオルやコートなどで柔らかく包み込み、スーツケースにパッキングします。

3 異常時の対応

ここではスーツの使用に際して起こりがちなトラブルについてまとめてみました。いずれにしても早めの行動が肝心なのは言うまでもありません。

A 雨でびしょ濡れになった

固く絞った濡れタオルで全体を軽く拭いて、泥はねなどの軽

［写真10-29］

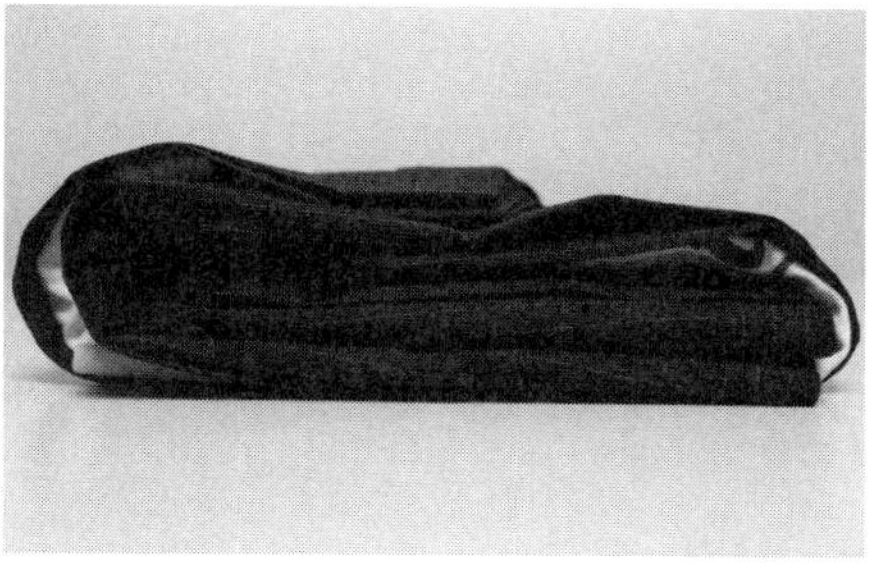

［写真10-30］

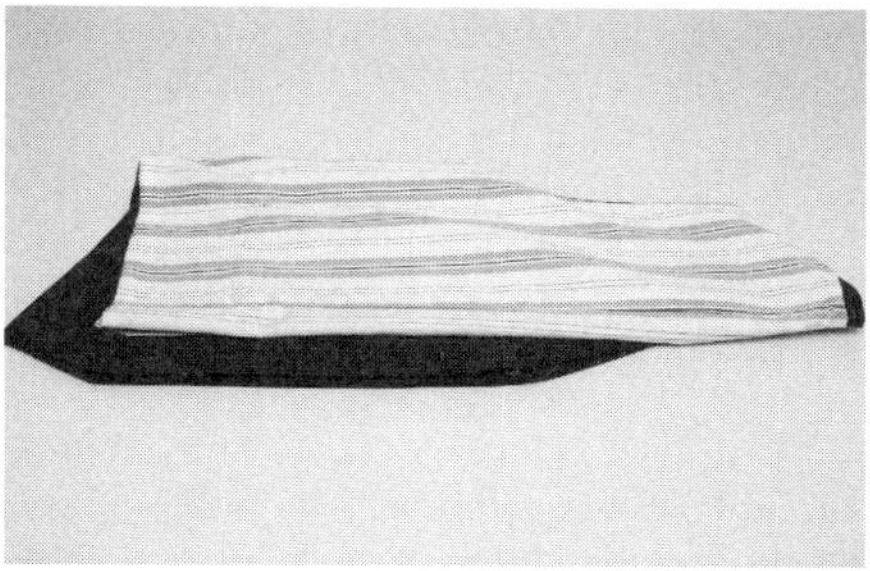

［写真10-31］

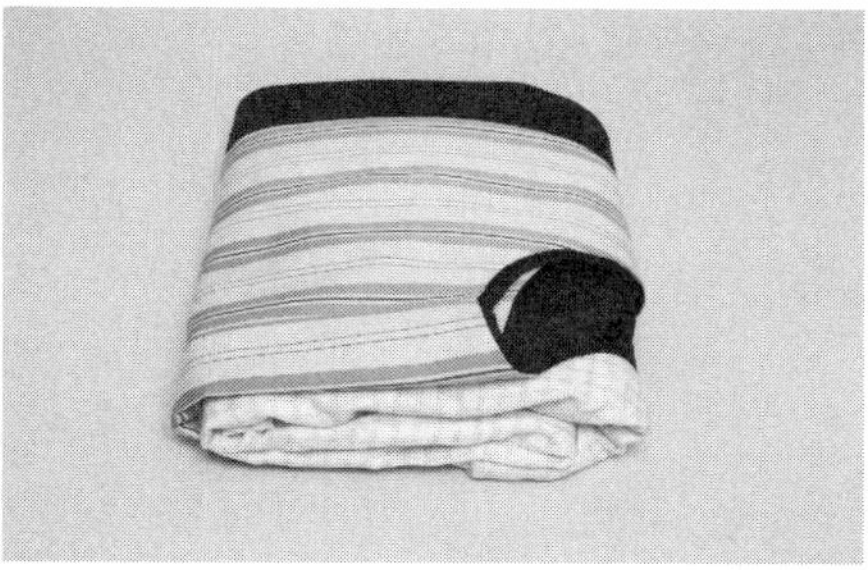

第10章

い汚れは固着する前のこの段階で落としてしまいましょう。その後、風通しの良い場所でしっかり時間をとって陰干しして下さい。ドライヤーの熱風などで急速に乾かすのは、縮みや型崩れを誘発しかねないため避けましょう。

　そして十分に乾いたら、アイロンがけに問題のない生地ならば、それを忘れずに。ただし、雨で自分の手に負えない型崩れや汚れが付着してしまったら、迷わず信頼の置けるクリーニング店に持参すべきです。

B シミができた

　まず大切なのは「何が原因のシミなのか？」をしっかり把握することです。これを認識できるか否かで、取れるはずのシミが取れないどころか悪化してしまう可能性もあるからです。そしてついたシミはできるだけ早急に取り除く、少なくとも応急処置を施すことが肝心です。

　以下、シミの系統別に応急処置の方法を紹介しますが、これら以外でも市販のシミ抜き剤を用いてももちろん大丈夫です。ただし、これらで落とし切れなかったり、処置方法に自信がない場合は、極力早くクリーニング店に持参しシミ抜きの依頼をして下さい。

どんな性質のシミなのかを、まずは確認！

　これは非常に簡単。シミのついた箇所に水を少し垂らすとどうなるか？でチェックします。市販のシミ抜き剤も以下のa・b・cの3種類に分けて用意されているものが主流です。

a シミが溶け込む感覚がある：「水溶性のシミ」と思われます。

b シミが水を弾く感覚がある：「油溶性のシミ」と思われます。

c aともbとも言い切れない：「水溶性・油溶性双方の要素が混じったシミ」と思われます。

d 水を垂らす以前にシミの表面に立体感を覚える：「不溶性のシミ」と思われます。

a 水溶性のシミ

　多くの場合、「水を含ませ固く絞った濡れタオル」が応急処置の主役になります。

①コーヒー・ジュース・一般的な酒類・醤油・ソースなど

　これらはついてすぐならば、水を含ませ固く絞った濡れタオルで周囲から摘まみ叩く程度で、比較的簡単に取り除くことが可能です。食器洗い用中性洗剤を水で薄め、それを綿棒などにつけてシミの上からトントン叩いた後に、濡れタオルで摘まみ叩くとより確実です。

ただしシミを取った周囲が輪ジミにならないよう、処置後に周囲にスチーマーをあてておきましょう。

②赤ワイン

タンニンがアルコール分に凝縮して溶け込んでいるためか、赤ワインは染色力が高くこれがシミになると除去するのは極めて大変です。民間療法的なものも伝わっているようですが、下手に何かをするよりも、ついてしまったら早急に水を含ませ、固く絞った濡れタオルで周囲から摘まみ叩いて下さい。

③血液

ついてすぐならば、水を含ませ固く絞った濡れタオルで周囲から摘まみ叩く程度で、比較的簡単に取り除くことが可能です。コーヒーなどと同様に水で薄めた食器洗い用中性洗剤を用いても大丈夫ですが、ここで注意したいのは水の温度です。あくまで「水」であること。ぬるま湯以上の温度で行ってしまうと、血液の主要成分であるタンパク質が硬化し一気に取りにくくなるので、この点にくれぐれもご注意願います。

b 油溶性のシミ

こちらは「ベンジンを含ませた布」が応急処置の主役です。油汚れは油で取る作戦です。

①食用油・バター・マーガリン・機械油など

これらのような典型的な油溶性のシミは、ベンジンを含ませた布で周囲を軽く摘まみ叩くのを通じ、比較的容易に取り除くことが可能です。

②襟元・袖裾の黒ずみ

これらのような皮脂が積み重なったシミも、実は油溶性のもの。よってベンジンを含ませた布で周囲を軽く摘まみ叩く程度で、意外と簡単に取り除くことができます。

③口紅・ファンデーション・一部の整髪料

この種のシミはまずベンジンを含ませた布で周囲を軽く摘まみ叩き、次にイソプロパノール入りの消毒用エタノール（薬局で簡単に入手可能です）を含ませた布で周囲から摘まみ叩く二段構えの方法を取ります。前者で油分を、後者でこれらの製品がもつ「色素」を取り除きます。

c水溶性・油溶性双方の要素が混じったシミ

①チョコレート、マヨネーズ、カレー、ケチャップ、焼き肉のたれなど

まずベンジンを含ませた布で周囲を軽く摘まみ叩き、次に水を含ませ固く絞った濡れタオルで周囲から摘まみ叩く二段構えの方法を取ります。

油溶性のシミのほうが水溶性のものより比重が軽い＝上の層にあるため、この順番です。濡れタオルを用いる前に、コーヒーなどと同様に食器洗い用の中性洗剤を水で薄め、それを綿棒等につけてシミの上からトントン叩いても構いません。

②筆記具のインク・墨汁

一見簡単に落ちそうに思えて、ついたら実は最も厄介なのがこれです。というのも、今日の筆記具のインクは成分的な違い（水性、油性、両者の複合系）と色出しの原料の違い（染料、顔料、両者の複合系）とが交錯する応用化学の最先端ゾーンであり、処置を間違えると永遠に取れなくなってしまうからです。これは下手に何かをするより、クリーニング店に直行が最善策で、その際原因となった筆記具やインクを必ず持参して下さい。

d不溶性のシミ

①チューインガム

無理に剝がそうとせず、まず氷で冷やすことでガムを固化させ、その後剝がし取るのが有効です。その後、ガムテープの接着面での押し剝がしを繰り返すか、革靴のお手入れの際に用いる液体クリーナー（ただし栄養分＝油分の入っていないものに限ります）を慎重に用いて、細かい残りカスを除去します。

②花粉

掃除機の活用が最も効果的で、吸い込み口の先端にタオルをあてた上でスイッチを入れ、シミの部分を吸い取らせます。なお水拭きはこの場合厳禁です。下手にそうしてしまうと、花粉は落ちないどころか逆に生地の繊維に食い込んでしまうのでご注意願います。

③泥汚れ

完全に乾かした後、まずブラ

ッシングをしっかり行い落とせるだけ落とします。その後で掃除機を活用し、吸い込み口の先端にタオルをあてた上でスイッチを入れ、残ったシミの部分を吸い取らせます。

④鉄錆

　古い安全ピンの使用などでついてしまう場合があるこのシミは、ドライクリーニングでもウエットクリーニングでも落ちそうで落ちず、クリーニング店では劇薬であるシュウ酸の溶液を用いてこれを落とします。

　しかし、実は軽いものならば、薬局で販売しているL-アスコルビン酸＝ビタミンCの粉末を10％程度水に溶かしたもので取り除くことが可能です。いずれも酸化還元反応を応用した方法です。

C カビが生えた

　カビは以下の4つの条件が揃うと見事に生えてきます。

酸素：カビも生き物ですので、これは絶対必要です

温度：20〜30度くらいが、最も好条件となります

湿度：空気中の相対湿度が80％以上で一気に確率が高まります

栄養：スーツについた汚れや埃がカビには格好の栄養です

　スーツの場合は、仮にこれが生えてしまったら、問答無用でただちに信頼の置けるクリーニング店に持っていき、正直に状況を伝えた上でそれに応じた処置を依頼して下さい。

　芯地などへの影響も起こり得るため、自宅での対応はまず不可能と考えていただいて構いません。技術のあるクリーニング店なら、白いカビであればほぼ確実に落とせます。しかし彼らであっても黒や赤の色のついたカビは、残念ながら痕に残ります。そのため、こまめなブラッシングで汚れを早々に取ってしまうとか、風通しの良い場所に保管するなど、カビを生やさないための予防をどうか欠かさないで下さい。

D 不要なテカリが生じた

　特にウールの生地で、ジャケットの肘部やトラウザーズの折り目などで結構多く見られるトラブルです。厳密にいうとこれは、繊維の表面を覆う鱗状のス

ケールが、

・汚れの付着やアイロンのかけ過ぎなどにより圧着した状態

もしくは

・着用時の過度の摩耗により損失した状態

です。前者の「圧着」状態でかつ軽度のものは、

作戦1：ブラッシングやスチームをあてるのを通じ、スケールを回復させる

ことで治ってしまう場合も多々あります。しかしこれでも症状が治らない場合は、以下を試す必要に迫られてきます。

作戦2：ベンジンの使用

①ベンジンを含ませた布でテカりの出た箇所を軽く叩く。

②そこにスチームアイロンやスチーマーで蒸気をたっぷりあて、風通しの良い場所で陰干し、乾燥後ブラッシングする。

ベンジンでスケールを圧着させている汚れ、特に油汚れを取り去ることで、それを再び開閉可能な状態にするのを通じテカりを取り除く作戦です。これでも治まらない場合は、最後の手段が以下になります。

作戦3：アンモニア溶液の使用

①テカりの出た箇所に水で6~7%程度に希釈したアンモニア溶液をスプレー掛けする。

②そこにスチームアイロンやスチーマーで蒸気をたっぷりあて、風通しの良い場所で陰干し、乾燥後ブラッシングする。

アンモニア溶液が繊維に対し膨張を促進させる機能があるのを活用し、スケールを再び開閉可能にするよう働きかけ、それを通じテカりを取り除く作戦です。アンモニア溶液は薬局で簡単に購入が可能で、また最近ではこの目的に特化した製品も売られていますが、原理はそれと同じです。

ただしどちらの作戦も、「摩耗」のレベルになると、もはやテカりを完全に取り除くことは不可能となります。これを防ぐためにも連日の着用を極力控えることが何より大切で、更には着用後のブラッシングを習慣にし、スーツに汚れが留まりにくくすることも肝心となるのです。また、アイロンがけの際の「あ

て布」も忘れないで下さい。なお繊維の表面にスケールが存在しないコットンの場合は、ブラッシングやスチームのみでの対応となります。

E 汗やたばこの臭いが気になる

全体を消臭スプレーや霧吹き掛けした後に風通しの良い場所に一晩陰干しするだけでも、これらの臭いは大分なくなりますが、それでも気になる場合は以下を実施してみて下さい。

作戦1：スチームアイロンやスチーマーをあてた後、風通しの良い場所に陰干しする

蒸気の力で繊維の内側に籠った臭いを放出させます。これは特に表地がウールのスーツで有効です。湿気を吸うと繊維の表面にある鱗状のスケールが開いて、その際に臭いも放出できてしまうからです。

作戦2：清潔な浴室にお湯を張り、ドアを閉めて一晩吊るす

原理は作戦1と同じです。浴室の清潔さを保つとともに換気扇を回し続けること、その後で風通しの良い場所に陰干しし十分乾かすのを忘れずに。なお時間がない場合は、換気扇をあえて回さない代わりに吊るす時間を1~2時間程度に短縮しても大丈夫です。

作戦3：エアコンを点けて、その室外機に1分程度あてる

臭いの中で最も取れにくいのは、実は香水の類です。匂いが長時間定着するように作られているのですから当然なのですが、気になる時は気になります。これを緩和させる最終手段は、熱風にあてその成分を分解・揮発させることで、家にある設備でこれを一気に、しかも広範囲に行えてしまうのがエアコンの室外機です。ヘアドライヤーでも可能ですが、狭い範囲で非常に高温の風が出てしまい、生地を傷めかねないのであまりお薦めできません。いずれにしても、1分程度の短時間限定ですのでご注意願います。

F 虫に食われて穴が開いた。不注意で破けてしまった

この場合は「かけはぎ」（地域

によっては「かけつぎ」と呼ばれる修理を専門店に依頼して下さい。これは、同じ糸もしくは生地を用いて糸のレベルから細かく解して紡ぎ直すのを通じ、穴や傷・破れを目立たなくさせる特殊な修復方法です。手作業でしか不可能な極めて繊細な技術が求められるためか、この修理に関しては、我が国の専門職人が、世界的に見て飛び抜けて高いレベルをもっています。

ただし、この方法は繊維や生地の種類並びにコンディションにより、仕上がりの見栄えに多少差が出てしまうのが避けられないことを、あらかじめご承知置き願います。具体的には、ウールやカシミアの比較的起毛感のある生地についてては、補修跡がほとんど目立たずに済みます。その一方でウールでもモヘアを交織《こうしょく》したものや光沢のある仕上げが施されたもの、またシルクやリネンそれにコットンの生地については、光の乱反射や境界部の凸凹が起こりやすいため、補修跡も目立ちやすいようです。

G トラウザーズの股部が擦り裂けた

体格が良く通常より大腿部が発達している方に集中するトラブルです。この場合はFのかけはぎをしてもすぐに穴が再発する危険が高いため、補修跡が目立つものの「ミシン刺し」と呼ばれる修理を専門店に依頼するしか、現実的な対処方法がありません。これは擦り切れた箇所の内側から補強の布を当てた後に、ミシンでその周辺を細かく縫い叩くことで穴を塞ぐとともに、布面を意図的に硬化させ補強を図る修理です。

なお、このトラブルの経験をお持ちの方は、あらかじめ小股部の裏側に補強布（股シック）を大きめに備え付けておくことを強くお薦めします。完全に防げるというものではありませんが、裂けるタイミングを先送りさせることは可能です。

H 特殊素材の手入れの注意点

ウール以外の繊維を用いたものでは、日頃のお手入れに若干注意を要する場合がありますので、ここでは繊維別にまとめておきます。

a カシミア系

カシミアは虫には最も美味しい繊維です。よって、保管場所に防虫剤を切らさないなど、とにかく虫食い対策をしっかり行って下さい。また、雨や雪のシミが残りやすい繊維でもあるので、悪天候時に着用した際は、その後スーツ全体にスチームを均等にあててシミを拡散させてから、十分に乾燥→ブラッシングの手順を踏んで下さい。

b シルク系

シルクも虫にとっては美味しい繊維です。よって、保管場所に防虫剤を切らさないなど虫食い対策は万全に行って下さい。またこれも雨や雪のシミが残りやすく、しかもその部分がフィブリル化（=毛羽立ち）や硬化・白化を起こしやすい繊維ですので、悪天候時に着用した際は、その後スーツ全体にスチームを軽くかつ均等にあて、シミを拡散させた上でエアコンにあてるなどを通じしっかり乾燥させましょう。

また、前述のフィブリル化を防ぐべく、ブラッシングもごく軽くすることが鉄則です。

c リネン系

リネンは原則的に非常に強靭で洗濯にも強い繊維ですが、フィブリル化を起こす場合もあるため、雨ジミが残った際は濡れタオルで叩くように落とすのが無難で、擦り落としてはいけません。

ブラッシングもなるべく軽く行いましょう。そして色焼けを起こしやすい繊維でもあるため、カバーに掛けた上で暗い場所での保管が鉄則です。

4 スーツをお直しする

スーツを常にカッコ良く着るために侮ってはいけないのがお直しです。ここではお直しが対応可能な部位をご紹介しておきます。なお「ちょうど良い」の感覚の詳細については第3章をご確認願います。

A お直しの理由と依頼先

スーツをお直しする理由は様々なものがありますが、代表的なものは以下の3つでしょう。

a 既製品を新品で購入し、袖丈や股下などの調整を通じ「着用できる」状態にする時。

b 体重の増減などが絡み体型が

購入時から変化し、物理的に着辛くなった時。

c デザインやフィットなどの嗜好が購入時から変化し、心理的に着辛くなった時。

aは余程のことがない限り購入先に依頼するはずです。しかしbの場合は購入先に持っていくか、あるいはお直しの専門業者に持っていくか、状況により判断が分かれるところです。cに関してはそれこそ心理的に購入先には相談し辛く、お直し専門業者に直接という方が多いのではないでしょうか。

ただ実際には、上記のいずれであってもお直しの作業は専門業者が行っている場合が多く、要は間接的に依頼しているか直に頼んでいるかの違いです。お直しにはスーツを製作するのと同等、場合によってはそれ以上の高度な技術と鋭敏な感覚が求められるため、多くの経験や慣れが必要だからでしょう。いずれにしても採寸する人・針を動かす人双方の実力の違いで、何気なくも結果に極めて大きな差が出やすい分野です。お気に入りのスーツを長く着たいなら、クリーニング店と同様に有能なお直し業者も探しておくべきです。

そして既製品に比べ注文服、ことさらビスポークのスーツのほうがお直しには遥かに対応しやすいことも知っておいて損はしません。後々容易にそうできるべく縫い代を多く含めて裁断し縫製するからで、これは寸法を詰めるよりも出す際に極めて大きな効果を発揮します。

B お直し可能な箇所・ジャケット[図10-1]

a 肩

縫製も構造も複雑で、まずお直しそのものがしにくく費用も高額となり、しかもここをお直しするとジャケット全体の印象が大きく変化します。よって肩幅の詰めや肩パッドの増減などは可能ではあるものの、できればここはお直ししないほうが無難で、特に肩幅を出すことは実質不可能と考えて構いません。よってここが体型に合うか否かが、既製品を買う際には極めて重要になります。それでもここを修正したい場合は、技術・感覚ともに優れたお直し業者に任せることを強くお薦めします。

b 首回り

[図10-1] ジャケットのお直し可能な箇所

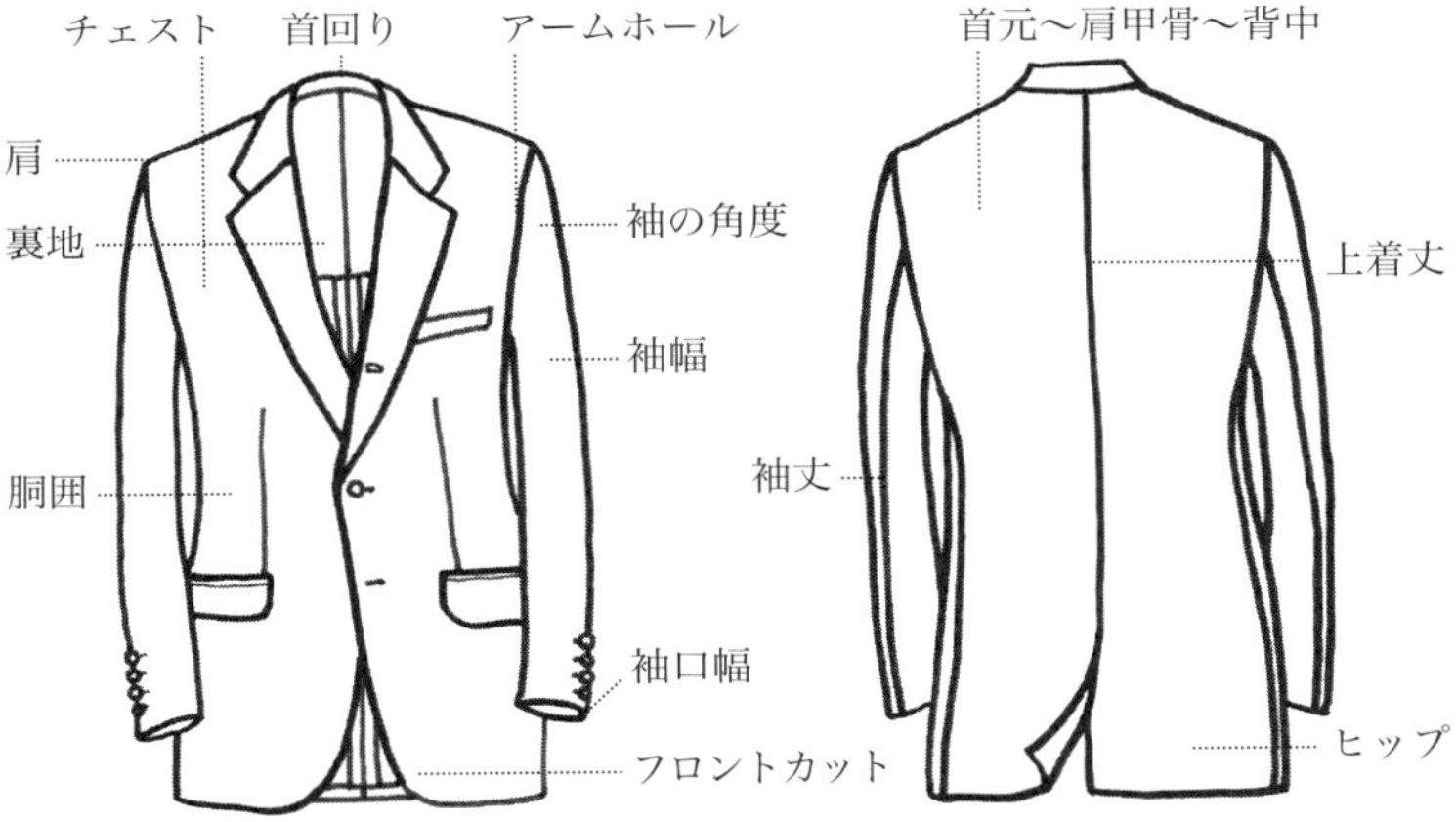

上襟と後身頃との縫製をいったん解くのを通じ、ここは多少の詰め・出しが可能です。ジャケットの重さを支える領域の一つでもあるので、抜き衣紋や猪《い》首《くび》となる場合は直されたほうが良いでしょう。

cチェスト

詰め・出しともに一応ある程度は可能です。しかし、後述するアームホールの位置や形状の変化、それに胴囲の変化も絡み、一見詰めのほうが簡単にできそうで、実際には出しのほうが限度はあるものの無難に仕上がる確率が高い領域でもあります。

d首元〜肩甲骨付近〜背中

着用者本人は気付きにくいのですが、縦横斜めに様々な皺が出やすい領域です。肩甲骨と袖の縫い目の間に上下方向にうっすらと出る皺のように、腕などの動きを良くするために最小限必要な皺も中にはあるものの、不要な皺は極力取り除いたほうが良いでしょう。お直しそのものはそこまで難しいものではないものの、皺の出る原因が色々複合的に考えられるため、ここを修正したい場合は、技術・感覚ともに優れたお直し業者に任せることを強くお薦めします。

e胴囲・ヒップ

実はこの領域は、脇の縫い目線や背中心線の解き・縫いを通じ、意外と容易に詰め、そして限度こそあれど出しも可能です。ただし、チェストやヴェントそれにフロントカットとのバランスには気を付けましょう。

fフロントカット

ここの刳《く》りを浅く＝カーブを緩くするのは実質不可能ですが、深くする＝カーブをキツくすることは可能です。印象を大きく変えたい場合には効果的です。

gアームホール

詰め・出しともに一応可能です。

しかし、前述した肩幅やチェストの変化も絡み、袖や脇の縫い目線だけでなく、場合によっては肩線まで解く必要が高く、肩のお直しと同様の難工事となり、必然費用もかかります。

h袖の角度

腕の動きに意外と影響する領域ですが、袖の縫い直しで多少は修正が可能です。

i袖幅

二の腕の部分は出すことはほとんどできませんが、詰めることは可能です。ただし詰め過ぎると腕の上げ下げに影響を与えるので、後身頃の脇から肩甲骨付近の表地の余裕代の有無などまで考慮する必要があります。

j袖口幅

出すことは不可能ですが、詰めることは可能です。ただし詰め過ぎてしまうとシャツの袖裾が出せないのみならず、手元の動きにも大きな制約が出るので気を付けましょう。

k上着丈

まず、詰めることは物理的にはそれなりに可能です。ただし、フロントカット・胸ポケットや腰ポケットの位置・胸ボタンの位置それに胴囲のくびれの位置など、修正の際にはバランスに気を付けなくてはいけない事柄が多いので、行えても2〜3㎝

が限度です。前身頃のみ・後身頃のみを詰める場合もあり得ます。また、詰め方には、

①素直に裾を切って詰める
②肩線を摘まみ上から詰める

の2通りがあります。①のほうが簡単にできますが、全体のバランス感がより保たれるのは②のほうで、その分費用もかかります。ただし②を行うと、アームホールが小さくなったり、襟のゴージラインが高くなるなどの副作用が生じるのも忘れないで下さい。また出しは、後身頃のみでせいぜい1〜1・5cmが限度となり、出した後にフロントカットと違和感なくつなげられるか否かも肝心になります。

l 袖丈

袖丈も詰め方には、

①素直に袖裾を切って詰める
②肩先の袖付け根（袖山）を摘まんで詰める

の2通りがあります。こちらも①のほうが簡単にできますが、全体のバランス感がより保たれるのは②のほうで、その分費用もかかります。特に袖ボタンが本切羽（本開き）の場合は②でしか事実上対応できません。

ただ、①②いずれにしても、未仕上げ状態になっている既製服の新品以外のお直しの場合は、詰められても3cmが限度です。

また出しに関しては、出せてもせいぜい1・5cm程度で、袖ボタンが本切羽の場合は、肩先から出したほうが断然きれいに仕上がります。

m 裏地

胴裏・袖裏ともに、部分交換・総交換が可能です。ただし費用は相当かかります。型紙をゼロから作製する必要があり、縫う領域も多岐にわたり、さらには前身頃の裏地の交換が絡むと、構造上、内ポケットの作り替えも行うことになるためです。

c お直し可能な箇所・トラウザーズ［図10-2］

a ウエスト

既製品であっても尻部の縫い目の最上部に縫い代が多めに用意されているため、この領域は意外なほど容易に詰め・出しともに対応可能です。

また、プリーツがついているものの場合は、それを取り除く

ことを通じ、さらに出すこともできます。

bヒップ

体格の変化が起こりやすい領域であるにもかかわらず、穿き心地も絡みここには縫い代が多く確保できないため、詰めはともかく、出せる分量はせいぜい1・5㎝程度と非常に限られます。よってここが体型に合うか否かが、既製品を買う際には極めて重要になります。なお、状況によっては単なる詰め・出しではなく、尻部の縫い目のカーブを変えることでお直しに対応可能な場合もあります。

c渡り幅・膝幅・裾幅

この3つの領域については、やはり縫い代が少ないので、詰めるのはともかく、出す場合は1㎝が限度です。

また、詰める際には、椅子に問題なく座れるかなどの実用面を慎重に考えるとともに、全体のシルエットがどう変化するかも考慮すべきです。一見簡単なお直しですが、柄合わせを正確に行ったり、生地の「地の目」をねじれさせずに縫い直す必要があるため、後述のdとともに実力の差が出やすい傾向にあるお直しです。

d小股から膝、並びに膝から裾

要はcのそれぞれの中間領域ですが、O脚やふくらはぎが後方に出っ張っている人はここに不要な歪みや皺が出ます。

技術・感覚ともに優れたお直し業者であれば、インシーム・サイドシームの縫い目で前身頃と後身頃とのバランスを微妙に変化させるのを通じ、それらをcの数値を変化させずに解消・緩和できる場合があります。

e股上

トラウザーズの構造上、まず出しは事実上不可能です。

一方、詰めについては、前立て・脇ポケット・ヒップポケットなどの干渉を考慮しつつ、ある程度は可能です。ただし、ここを詰めて、腸骨（腰骨）にウエストバンドが、上下方向でより近い位置となる場合は、同時にウエストを若干出す必要が生じます。

なお、この領域はヒップや渡り幅とも密接に関連するため、状況次第では前身頃のみ・後身頃のみを詰めたほうが効果を出せる場合もあります。

f股下

新品の状態ではなくても、裾

の処理方法さえ気にならなければ、比較的詰め・出しが容易に行える領域です。
　ダブルのものをダブルの状態で出す場合こそ若干難しいのですが、折り返しを蛇腹状にする（これを「ニセマッキン」と称します）ことで対応できる場合も多くあります。全体のシルエットのバランスを考慮することも大切です。

g 膝裏

　この脚部に付く裏地も交換できます。穿く途中で意外と破けやすく、そうなるとトラウザーズ自体の着用感に悪い影響を与えるとともに見栄えも悪化するため、破けたら早めに修理すべきです。

D お直し可能な箇所・ウェストコート

　ウェストコートに関しては、さすがに前丈の詰め・出しは不可能ですが、後丈の詰め・出しや左右方向の幅に関しては、比較的容易にお直しが可能です。
　理由は簡単で、ほとんどの場合、後身頃には表地が用いられていないから。つまり大がかりなお直しに関しては、「後身頃の総交換」で対応できるからです。

[図10-2] トラウザーズのお直し可能な箇所

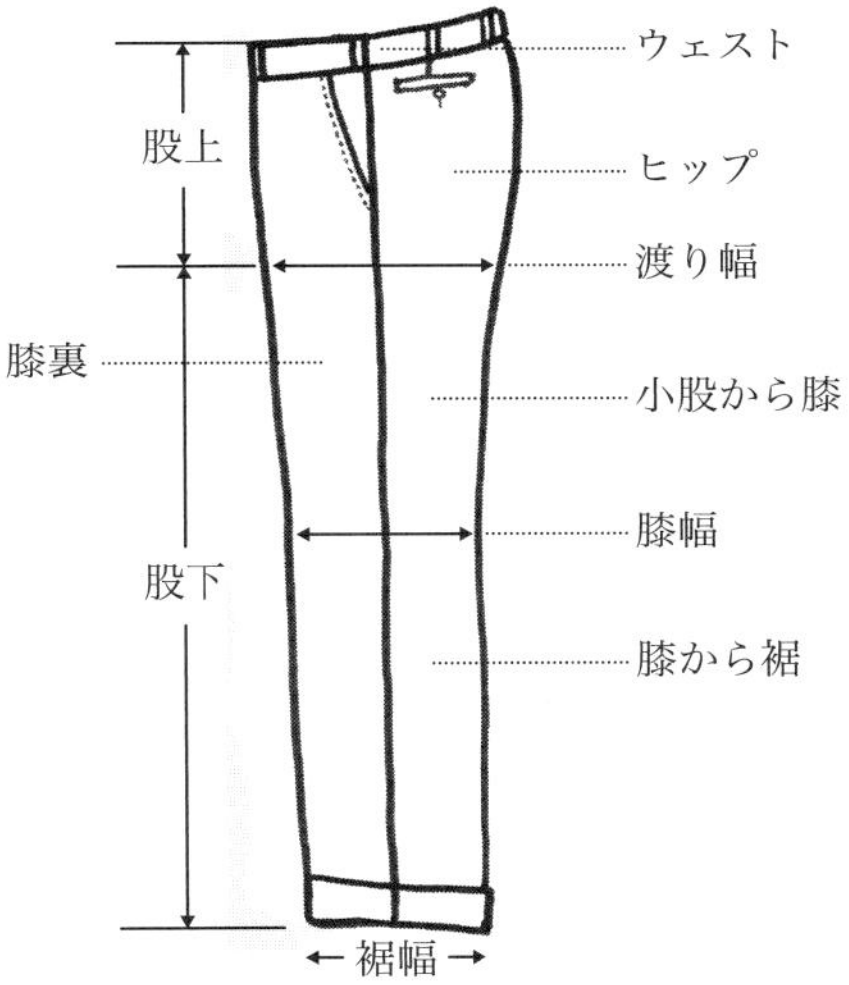

第10章

第11章

スーツの未来は、これからどうなる？

最終章では、これまで出てきたスーツに関する知識を横断的にとらえた上で、より現実的な視点でスーツの「あり方」を考えていきたいと思います。次に買うべきスーツはどのようなものが良いのか？　価格を軸に据えるとどのような選択肢があるのか？　さらには20世紀までとは素材も、着方も、そして社会的な意味合いも確実に変化しつつあるスーツと、今後どのように付き合っていけば良いのか？　各人なりの答えを導き出せるための一助になりましたら幸いです。

1 どんなスーツを どう揃える？

一過性のファッションではなく身嗜みとしてスーツを揃えようとする時、どのようなものをどの順に揃えるのが理想的か？　これまでの章でお話しした内容を踏まえた上で、その一例を以下に示します。巻頭の口絵01もご参照願います。

1着目：ミディアム〜チャコールグレイの無地

ベーシックカラーでかつ無彩色であるグレイのスーツ［口絵1ページ・Style1］は、中立で落ち着いた印象をもつがゆえに、着用者の体型や肌の色などを選びません。また、合わせるシャツやタイの色に関しても許容度が高く、正に装いを無難にまとめ上げてくれます。特にある程度以上濃い無地のものは、一種の風格も感じられ、着ていて問題になる場面を探すほうがむしろ困難なほどです。没個性的に思えるかもしれませんが、スーツがもつ社会的な機能や役割まで深く理解した上で身に着けたい人にとって、これは間違いなく一生の友になります。様々な場で用いることを考慮し、できればウェストコート付きのものを購入するのがお薦めです。

2着目：紺〜濃紺の無地

紺は多少なりとも有彩色である分、実はこのスーツはシャツやタイ、それに着用者の肌の色をグレイ無地のものより選びます［口絵1ページ・Style2］。よって、ここでは「2着目」としました。その一方で、各人が様になる配色パターンを認識しやすいスーツでもあり、精悍で若々しい印象も前面に出せるため、我が国で就職活動の際や新入社員の「最初の1着」に選ばれがちなのも当然でしょう。また、知的で冷静なイメージも兼ね備えており、年齢を重ねると「似合い方」が変化する点も魅力です。グレイ無地のスーツと一緒に、いつも傍らにいる存在として両者の微妙な違いを楽しんでほしいと思います。

3着目：紺系のストライプ

柄物のスーツ入門はストライプ、とりわけ地の色が紺系で、グレイ系のペンシルストライプが中庸な間隔で入るような、落ち着いた印象のものからがよいでしょう［口絵2ページ・Style3］。不快さや傲慢さを他人に与えにくく、遠目には紺無地のように見えるだけあり、最初の段階ではそれとの差を大して意識せずに着用できるからです。ところが慣れて来ると、最も着用頻度の高いスーツになることも多く、秘めたパワーをもつ存在といえます。

4着目：グレイ系のストライプ

グレイ系のスーツは総じて落ち着いた印象の割に、紺系のもの以上に柄のバリエーションが豊富です［口絵2ページ・Style4］。よって、一応ストライプと書きはしましたが、それ以外にもお好みのものや、より似合うものを選んでいただいて構いません。また、1着目の無地と明度を同じにするも良し、変えても良しで、この辺りから着こなしの個性がいよいよ揺るぎないものになり始めます。ただし、必要以上に柄が目立ち過ぎるものはビジネスの場では相応しくありませんので、その点だけ気を付けて下さい。

ちなみに4着は全て、ジャケットがシングルブレステッドのものとします。これらのスーツが春夏物と秋冬物でそれぞれ1セット、つまり合計で2セット＝8着揃えば、ビジネスシーンを始めとする日常のほぼ全ての場に対応できるはずです。

何も一気にまとめて揃える必要はありません。例えば最初は、就職活動の際に買ったグレイと紺の無地の2着からで大丈夫。ボーナスのようなある程度まとまった収入がある時に、1着ずつ買い足していけば良いのです。後は数年おきに似た色柄のスーツを購入し、傷んだものと交代を繰り返せば大丈夫で、決して難しい話ではないはずです。

クールビズの浸透に伴い、両者を統合し盛夏以外の3シーズン対応とみなして1セット＝4着のみで済ますほうが、ひょっとすると今日的なのかもしれません。しかし、春夏物と秋冬物とは生地の質感を変えたほうが、日本では遥かに快適に過ごせ、しかもスーツ1着の寿命も確実に延びるので、個人的には両者を分けることをお薦めします。
さて、ここまでがいわば必修のスーツだとしたら、以下の2着は状況が許されるのなら是非とも挑戦していただきたいものです。これらがあると結果的に、前述した4種類のスーツの着こなしも、より洗練されたものになります。

＋α1着目：ミッドナイトブルー無地のダブルブレステッド

これはチャコールグレイ無地でも構いません。1着目と2着目の無地のスーツでは役不足、しかし第7章で記したフォーマルウェアや黒無地の略礼装では明らかに大げさな場面も、人生無さそうで案外あるものです。例えば会社での表彰式とか、ご子息の入学式とか、そんな少しだけかしこまった場に役に立つのがこの種のスーツです［口絵3ページ・Style5］。「ダブルは威圧感があって……」と仰る方は、下襟をピークドラペルとしたシングルブレステッドのものでも大丈夫です。普段とは少しだけ違うスーツが1着あると、視野も行動範囲も広がります。

＋α2着目：紺無地のブレザー

これは明らかに「スーツ」ではないので、お堅い職種の方はビジネスの場での活用はまだ難しいかもしれません［口絵3ページ・Style6］。しかし、例えばこれにチャコールグレイ無地のトラウザーズを合わせると、それと同様の使い方ができることを知っておいて損はしません。いい加減なスーツ姿より活動的かつ誠実な印象を与えることも可能です。合わせるトラウザーズやシャツ、それにタイ次第で意味合いを自在に変えられるのが、この紺無地のブレザーの醍醐味。汎用性の高いものを慎重に選ぶ価値は、十二分にある服です。

2 で、どうすればいいのか、クールビズ

ここまでほとんど取り上げてこなかった、日本における近年の紳士服変化の最大要因＝クールビズについて考察してみます。どうしてだらしない格好になりがちなのか、まずはそこから探求するのを通じ、具体案にまでつなげていきます。

結局「ルール」でしかなかった、我が国のスーツ

2005年の夏から始まり、今や我が国で完全に定着した「クールビズ」。本来は他の分野での取り組みもたくさんあったのですが、最も影響を受けたのはやはり、オフィスでの男性の装いでしょう。つまりノータイ、さらにはノージャケット化の推奨を通じ、冷房を弱くしても暑さに耐え得るような装いへの変化です。「冷房の廃棄熱削減による温暖化抑制」という地球レベルでの大義名分だけでなく、職業の多様化（スーツ・タイ姿でなくても高収入と社会的信用の双方を得られる職種の増加）を伴う日本の社会構造の変化、オフィス内での過冷房が原因の夏場の冷え性に悩む女性からの支持など、それを下支えした要素は様々です。そして決定打になったのが、東日本大震災以降の節電意識の徹底であることは、もはや疑う余地はありません。

しかし定着した真の理由は、「国家」からお墨付きを得たことで、誰もが他人の目を気にせず軽装ができるようになったからでしょう。「上司や取引先に文句を言われるのが怖くて真夏でも無理矢理スーツ・タイ姿だったけど、『さらに上』がルールとして許してくれた」と、多くの方が安直にとらえ、特段考えることもなく喜んでノータイ・ノージャケットの装いを受容したのではないでしょうか。つまり、多くの日本人男性にとってビジネスでのスーツ・タイの装いは、あくまでルールや管理ツールでしかなく、実はマナーとしては全く熟成していなかったからこそ、瞬く間に簡略化していったのです。こっちのほうが楽だからと他人への配慮に欠いた、全くクールではなく怠惰でむしろ暑苦しくさえ見える装いが以後蔓延し続けているのは、その何よりもの証拠でしょう。英語の「クール」には涼しいだけでなく、カッコいいの意味もあることを、すっかり忘れているのです。

ここで改めて、ルールとマナーの違いを確認しておきます。「ルール」とは上方の他者から一方的かつ支配的に降ってくる「規則」であって、答えは唯一絶対のもの。それに従ってさえい

れば損害や衝突は起こりません。交通ルールやスポーツのルールを思い出せば、それはご理解いただけるはずです。一方「マナー」とは、自律的かつ他者と双方向的なものであり、最適解が変化し得るあくまで一応の「指針」や「作法」。各自が都度その場に応じ考え抜く必要があるものです。スマホのマナーモードやテーブルマナーなどをご想像いただければと思います。クールビズは、夏場に限らず我が国のスーツとタイの装いが、着る側・売る側双方でお仕着せの「ルール」でしかなかったことを、悲しいまでに見事に暴いてしまったわけです。そこには自律的な「作法」も、そして「嗜み」もまるで存在していなかった……。

とは言え、真夏に35度を軽く超えるのに冷房が抑制され、しかも熱帯地域と同様のゲリラ豪雨にたびたび遭遇する現状を考えると、さすがに上下揃いのウールのスーツとタイ姿を誰にも薦めるのはあまりに酷です。ということで、クールビズ本来の目的だったはずの「見た目にも実際にもさっぱりと涼しく装う」ために不可欠な発想を、複数解のあり得るマナーとして話を進めます。

トラウザーズ選びが重要

クールビズでの着る側・見る側双方に快適な装いで忘れてはならないのは、ジャケットやタイがなくなるのを通じ、「残りのまだ身に着けているものだけで、清潔感や信頼感を的確に伝えなくてはならない」ことでしょう。スーツ・タイの装いと同様の「ことば」を、今までより少ないアイテムで発しなくてはならないため、一見簡単なようで、こちらのほうが実は遥かに難しいのです。

また、装いの上下方向のバランスが、色彩的にもシルエット的にも大幅に変化する点にも気を付けなくてはなりません。具体的には見た目の重心が一気に下がります。となると意識を高めるべきは、必然的にトラウザーズへとなるのです。対照的にシャツは変に凝る必要もなく、白無地かブルー無地の定番の上質なものを数枚用意しておけば、清潔感は十分に演出できます。

重責を担うクールビズ用のトラウザーズについて、大切なの

はまず何といっても、

①スーツのものとは必ず「別のもの」を用いる

ことです。つまりこれは、クールビズの装いがスーツ姿の延長線ではなく、全く別の装いだと頭を完全に切り替える覚悟が必要なことを意味します。実際、スーツのトラウザーズをこれに併用してしまうと、ジャケットよりもこちらが確実に先に傷み、結果スーツとして着用できる年数が減り大損します。

　一見無駄に感じますが、暑い季節に着用する以上洗濯の頻度が必然的に増えますので、その点からも完全に別モノととらえましょう。

　次に、

②購入時のサイズ合わせを、スーツの時以上に精緻に行う

ことです。サイズの「ちょうど良い」については第3章をご参照願います。サイズの合っていないトラウザーズはジャケットを着れば誤魔化せますが、それ単体では問題点が露出することになり、だらしなさに直結します。ウェスト以上にヒップの合ったものを選び、各所のお直しに妥協しないでいただきたいです。いや、お直しのエリアが多くなるくらいなら、この種のトラウザーズこそあえてイージーオーダーで仕立ててしまいましょう。中国や東南アジアで縫製したものであれば1万円台前半から注文できる割に、既製品より確実にフィット感に優れた商品を入手できるからです。注文服への入門として、まずはクールビズ用のトラウザーズから始めるというのは、なかなか合理的な作戦だと思います。

③色については、

・ミディアムグレイの無地

　結局はこれに尽きてしまいます。中学・高校の男子学生の夏服にこの色のものが多いのは当然で、何せ無彩色中の無彩色ですので、上に着るシャツも含め、全身をすっきりと見せることが可能だからです。チャコールグレイの無地でも構いませんが、少々下半身が重過ぎる印象に映りますし、ライトグレイ無地では汚れが気になります。柄物は細かな格子柄なら許容範囲ですが、スーツのジャケットを省いたかのように見えがちなもの、特にストライプ柄はジャケットがなくなった途端に締まりのない印象に転じるので避けるべきです。また、

・カーキやベージュの無地

もあると、チノーズと同様の色調なので、シャツとの色合わせが比較的簡単で、汚れも目立ちにくいので何かと便利でしょう。

素材は例えば、

④ポリエステルとウールの混紡トロピカル、もしくはポリエステルとコットンの混紡もしくは交撚《こうねん》のポプリン

あたりがお薦めです。涼しいだけでなく、ウール100%やコットン100%のものに比べゲリラ豪雨に見舞われても折り目が消えにくく、耐久性が高く取り扱いも簡単だからです。

また、すっきり快活に見せるためには、

⑤前身頃はできればフラットフロント(ノータック)

が望ましいところです。既製品で適格なサイズが見つからない方でもイージーオーダーでならこれをきれいに仕立てられる場合も多く、その点でも注文服の入り口になり得ます。装い次第ではベルトですら暑苦しく見えてしまうこともあるので、思い切ってベルト不要のサイドアジャスター付きに挑戦してみるのも良いかもしれません。そして、あくまでビジネスの場の装いですので、当たり前ですが、

⑥シャツはトラウザーズの中に入れて着用する

ことを忘れてはなりません。

最後に、

⑦紺無地の「置きジャケット」をオフィスに用意しておく

ことも得策でしょう。ただでさえ混みまくって蒸し暑い通勤時に着たり持ち運ぶ必要もなく、ジャケットがどうしても必要な場でのみ、それを着用すれば良いわけです。新たに購入しても構いませんが、例えば金ボタンのブレザーやトラウザーズが傷んで使えなくなってしまった紺無地のスーツのジャケットのボタンを、ベージュ色のホーン(水牛)やナットのものに交換して用いるのも妙案です。

理性をもって、各自が考える

なお、ノータイの場合はスー

［図11-1］ a・b・cの中で、最もだらしなく見えるのは誰でしょう？

ツ姿よりも、ジャケットとトラウザーズが別色柄の装いのほうが、明らかに清潔かつバランス良く見えることは、ぜひとも覚えておいて下さい［図11-1-a］。第6章で触れたベースカラー・アソートカラー・アクセントカラーの役割分担が、タイがなくなると一気に崩壊してしまうスーツ［図11-1-b］とは対照的に、ジャケットとトラウザーズが別色柄の場合は、タイの代役をシャツが明確に果たしてくれるからです。上下揃ったスーツ姿ならタイもきちんと締め［図11-1-c］、本気でノータイとしたいなら上下はキッパリ別々として中途半端にスーツは着ない。そこまで考え抜いた上でしっかりメリハリをつけて装うことが、

「見た目にも実際にもさっぱりと涼しく」するための何よりもの配慮であることに、もっと多くの男性に気付いていただきたいものです。好むと好まざるとに関係なく装いの指針となってしまう、企業や団体の上層部の方々には、ことさらそれを願うばかりです。

　クールビズの装いを今よりも清潔でかつ信頼のおけるものにするためには、服を身に着けることがルールではなくマナーだと気付けた理性ある方々が、より進んで知的に最適解を導き、それに基づき行動すること、これが一番確実な道となります。具体的な方法はそれこそ「マナー」ですから、上記で提案した以外にも各自の置かれた環境で変化するでしょう。胸元が塞がらないので真夏に身に着けてもそこまで暑さを覚えない蝶タイ（気障《きざ》な印象をお持ちの方も多いでしょうが、欧米では一定の支持があります）の活用など、ノージャケット・ノータイばかりが最適解ではない場合もあるはずです。そしてそんな方々の姿勢が、さざ波のように少しずつ多くの方々に伝われば、クールビズに限らず日本の服飾文化、さらにはそれを包括する倫理観が、もう少し、高い次元のものになるのではないでしょうか。

3 生地最新情報

　ここではスーツの生地に関する最新情報をご紹介します。スーツに関する価値観や嗜好の変化が、生地の激変をも生み出していることに、もっと目を向けるべきではないでしょうか。

A 軽量化

　近年のスーツの生地、特にウールを主体としたものに関しては、全体的に軽量化が進んでいる点をまず強調しなくてはなりません。第4章でもお話ししましたが、少し前までは３００ｇ／ｍ周辺の目付がスーツの春夏向けと秋冬向けとを大まかに分ける境界線でした。しかし今日ではそれが２４０～２５０ｇ／ｍ前後に軽くなり、盛夏物に至っては２００ｇ／ｍ以下のものまで登場しています。温暖化や空調の進化などが影響し、スーツの嗜好がより薄く軽いものへと移っているのです。生地が軽くなることはほぼ自動的に、より細い糸を作りかつ使いこなす技術の革新も進んでいることを意味し、この辺りはイタリアの生地メーカーが一歩先んじている印象を受けます。ただし、仕立て映えの安定感や耐久性など、その副作用で失ってしまったもののもあるのですが。

B 高機能化

ウールという繊維が本来もつ機能をさらに上回ったものも、随分増えてきています。撥水・撥油であるとか、花粉を落としやすいとか、「自宅で洗える」などはその典型例です。しかし時代はさらに突き進みます。例えば唐辛子に含まれる辛みの主成分・カプサイシンを繊維に練り込むことで保温機能を発揮したり、翡翠《ひすい》に似た石を微粉末にしたものを繊維に練り込むのを通じて冷却機能を獲得したりと、ナノテクノロジーを応用した生地が次々と開発されているのです。ガラパゴス的進化を遂げている感もあるこの辺りの生地は、日本の量販店が大学の研究所や大手合成繊維メーカーと共同開発するケースも数多くあり、今後も面白いチャレンジが色々起こりそうです。また最近では、バッグ類に多用されていた高強度ナイロンを混紡・交撚させるのを通じ、耐久性、特に耐摩耗性を飛躍的に向上させた生地も登場し、例えばバックパックを背負って自転車通勤する層から早くも人気を集めています。

C ジャケットとトラウザーズで、織り方だけ変える

生地自体の進化ではなく、スーツとしての発想の転換を図ったものがこちらです。同じ色・同じ番手の糸を用いているにもかかわらず、求められる機能の違いを重視し、例えばシルエットや風合いを重視するジャケットには斜子織、ヒップや膝の追随性と皺の出にくさを重視するトラウザーズには綾織と、織り方を変えたスーツがイージーオーダーの分野で登場し始めています。ジャケットとトラウザーズ(とウェストコート)が「同じ色柄の同じ素材で作られた一揃いの組み合わせ」というスーツの定義からは、いわばギリギリセーフの存在です。ただ、それ

らが全て異なっていたのがより本格的な装いだった19世紀への、一種の先祖返り状態ともいえます。クールビズ以降の、ジャケットとトラウザーズが別々の装いの浸透に対する別角度からのアプローチでもあり、この試みの今後の展開には興味が尽きません。柄物になると質感の違いが顕著になるので、今のところ無地のもののみのようですが、果たしてどう進展するでしょうか。

D ニットの本格進出

１９７０年代に少々ブームになったものの、今日まで主流にはなり得なかったニット、つまり織物ではなく編物でできたスーツが、いよいよメンズでも支持を広げつつあります。

多くの経糸《たていと》と緯糸《よこいと》とを交差させて生地面を完成させる織物とは対照的に、編物は原理的には1本もしくは数本の糸が「ループ」を構成し、そこに次の糸を引っ掛け新たなループを作るのを連続させて生地面を構成します。そのため編物は織物に比べ、耐久性には劣るものの伸縮性には富み、皺になりにくく通気性も高くなるのです。

ニット製になるとスーツは従来のものに比べ、動きやすさがセーターやスポーツウェア並みに向上するのは確かです。

しかしこれは同時に、従来のスーツの着心地の鍵を握っていた型紙上の工夫やクセ取りの際のアイロンワーク、それにイセ込みなどの様々な技術を、全て生地のみに負わせることも意味します。

サイズ感の圧倒的な寛容さまで含めると、これは一歩間違えると紳士服の仕立てに壊滅的な影響を与える採用になるかもしれません。ジャケット単体ではメンズでも大分定着しましたが、ニットがスーツにまで一気に踏み込んでくるのか、この数年の動きにぜひとも注目したいところです。

なお、この種のスーツは、婦人服ではかのシャネルが１９２０年代に既にしっかりと開拓しています。男性に比べ身体の起伏が激しい女性にとっては、ニットで仕立てたほうが快適であると早々に気付いていたのです。それから約1世紀、この時間差が意味するものは、一体何なのでしょうか？

4 スーツの「価格」を深く考えてみる

ここではスーツの「適正な価格」について探ります。各人各様と言ってしまえばそれまでなのですが、それでもまだ、一応の目安は提示できそうです。

スーツの品質と、着用者の感覚

「スーツ」と称する衣服が売られている場所を覗くと、その価格に相当なバラツキがあるのに改めて驚かされます。2016年秋の段階で、実質1万円でお釣りがきてしまうものもあれば、3万円台のオーダースーツが存在する一方、既製品であるにもかかわらず20万円以上するものもあるのです。まずこの差の主な要素を、第9章に準じて改めてまとめてみましょう。他の条件を全て同じにすると、以下のような感じになります。

・**嗜好や体型への対応度**：総じて価格は、既製品↓パターンオーダー↓イージーオーダー↓ビスポークの順に高くなります。一品一様の度合いの高さが価格に正比例しがちです。

・**縫製方法**：これは素直に、工業用ミシンより手で縫われる割合の高いほうが、価格も高くなる傾向にあります。またライン生産による多人数の分業制より、1人〜若干名による製造のほうが高額になりがちです。製作時間の差が価格の差に出るわけです。

・**生地や付属品**：まず生地はより高額なものを用いると、当然スーツの価格も高くなるのですが、それが全ての着用者にとって「より高品質になる」とは限らないのが実は厄介なところです。またジャケットの芯地は、接着芯↓半毛芯↓出来合いの本毛芯↓一品一様に作られた本毛芯（用いられるのは事実上ビスポークのみ）の順に、価格が上昇します。ボタンのような付属品は、天然素材を用いたもののほうが高額になりがちです。

・**生産国**：中国や東南アジア製↓日本製↓北米もしくはイタ

リアを始めとする西ヨーロッパ諸国製の順に、総じて価格が高くなります。この辺りは人件費や輸送コストの差が反映されたものです。

・**販売ルート**：これは一概に何とも言えません。ただし、スーツの製造業者ではない著名なブランドの商品は、この「ブランド」の名前そのもののコスト、具体的には世界規模での広告宣伝費や直営店の賃貸料、それにデザイナーの監修費などが価格に相当上乗せされているのも事実でしょう。

その一方でスーツを買う側、つまり着用者の側にとって「良いスーツ」か否かを見極めるために不可欠な要素もあるでしょう。それについても以下、いくつか例示してみます。

・**身体との相性**：最優先すべき要素です。どんなに素晴らしい出来のスーツであっても、またどんなに有名なブランドの高価なものであっても、身体に合っていないと快適さを全く実感できず、逆に価値を損ねてしまいます。

・**作りの確かさ**：着心地の良さと耐久性の高さの双方を満たすスーツは、長持ちもするのですが、いざ探そうとするとなかなか見付けられないのも事実です。将来のお直しへの許容度の高さまで考えると、これは「手縫い」以上の縫製を採用したビスポークが、最強の選択と言わざるを得ません。

・**手入れや保管の容易さ**：例えば目付のしっかり入ったウール生地の紺やグレイ系の濃色のものは、帰宅後のブラッシングを欠かさなければ、そこまで頻繁にクリーニングに出さなくても大丈夫です。一方カシミアやシルクが入ったものは、手入れや保管に気を遣わざるを得ません。また、トラウザーズの折り目が消えにくいという点では、比較的安価なポリエステルを含んだものにも案外分があるといえます。

・**汎用性の高さ**：例えば1シーズンで3〜4着のスーツを着回し、状況次第では臨時出場もあり得ることまで想定すれば、主張が強過ぎるデザインや生地感をもつスーツは、できれば避けるべきでしょう。

価格帯別に考える！

これらの要素を突き合わせた上で、2016年秋の時点でのスーツの価格帯（税別）を以下に大まかに分類し、それぞれどのような感覚で購入するのがお薦めで健全なのかを記します。

3万円以下

この価格帯はスーパーマーケットや各種量販店による既製品の主戦場で、生地の製造から縫製までほぼ全て中国や東南アジアで行われているものです。3万円以下と書きましたが、実勢価格的には2万円以下のケースも目立ちます。耐久性や見栄えの良さ、そして肝心の着心地はといえば、正直あまり満足度の高いものではありませんが、とりあえず「スーツ」として最低限度の品質は保たれています。デザインそのものに関しては一応、流行も意識しているので、例えば汚れる場に頻繁に行きがちで、スーツを消耗品と割り切って考えざるを得ない職種の方が、短期間に頻繁に買い替えていくのが前提であれば、それはそれで選択肢としては有効です。

3万～5万円

自宅洗い可能など新たな機能が付加された各種量販店のもの、大手セレクトショップのセカンド・サードラインのもの、それに廉価版のパターンオーダーやイージーオーダーのように、この価格帯は選択肢が案外多いです。こちらも大方は中国などでの海外縫製品ですが、イタリア製やイギリス製の生地を用いたり、生地や副資材を中国製とした上で縫製は日本で行うものも出てきています。ジャケットの芯地は概して接着芯ですが、中には半毛芯を用いたもの、すなわち下襟の裏側に「ハ刺し」の縫い目が見えるものも登場します。着心地や流行の取り入れ方のセンスもこれより安いゾーンのものより格段に良くなり、さすがに「高品質を堪能できる」とまではいえませんが、価格と質感との釣り合いがそれなりに取れているものが多く見られます。よって、例えば普段使いのスーツとして必要十分なものを探されている方や、初めてスーツを買われ天候に関係なく酷使することが確実な就職活動中の学生さんなどは、どこに重点を置くか・どこに目をつぶるか次第で、ある程度満足の得られるものが入手できるはずです。

5万〜10万円

百貨店のオリジナル商品や国内アパレル企業のナショナルブランド、大手セレクトショップのメインライン、国内縫製のイージーオーダー品など、目下スーツの最大激戦区は、恐らくこの中価格帯でしょう。この辺りから日本国内で機械縫製された商品が目立つようになり、「こちらは日本で縫製されたものです」のようなセールストークを多く耳にします。ただしこれは、この価格帯のスーツであっても中国縫製のものが大分増えている何よりの証拠で、もはや「中国製＝安価だが品質には劣る」は過去の常識です。実際、縫製や芯地のグレードを上げたり、イタリアやイギリスの著名な生地を用いたりするのを通じ、同じブランドの商品であっても中国縫製のほうが高価格になる一種の逆転現象も、この価格帯では起こりがちです。さらにブランドの枠を取っ払ってしまうと、ジャケットに接着芯を用いたもののほうが本毛芯のものより高かったり、既製品のほうがイージーオーダーのものより高かったり、このゾーンではメーカーやブランドの間での意識や実力の差が、同種の逆転現象を通じ露出しています。意識次第で満足度が大きく変わる価格帯とも言えるので、購入時には何らかの事前調査を行い、自らの優先順位をつけた上で臨むべきです。

10万〜20万円

海外ブランドの国内ライセンス生産品、大手セレクトショップの高級ラインやイタリア縫製の既製品、国内縫製のイージーオーダーの上級品など、この価格帯になるとさすがにどれも高品質を売りにするものが主体になります。具体的には機械ではなく手による縫製の割合が増え始め、ジャケットの芯地も出来合いではあるものの、本毛芯のものが当たり前です。とは言え、だったらお手入れが容易で耐久性も高いのか？というと、そうはいかない傾向にあります。イタリアの一部のスーツのように柔らかな着心地を理想としがちな今日のスーツ、特にこの価格帯の既製品のスーツでは、それを過度に演出すべく生地に軽めで撚りの甘い繊細なもの（それはそれで製造が難しいため、生地代はそれなりに高めです。生地代の高さは、必ずしも耐久性の高さを意味しません）が好まれがちで、その結果耐久性が犠牲になってしまうケースも多々あるからです。「長い間着られる」まで考えると、例えば糸の密度の高いしっかりした生地も自由に選べるとともに、完成後のお直しではなく製造段階から体型補正も行えるイージーオーダーのものが、店舗さえ選べばこれらの中ではお買い得感・満足感ともに最も高いかもしれません。

20万円以上

海外のラグジュアリーブランドの既製品やパターンオーダー、それに国内外でのビスポークなど、もうこの価格帯になれば、ブランドの価値観を身にまとうのであれ逆に自らの価値観をオンリーワンのスーツに落とし込むのであれ、各自の理想型は思うがままに追求可能です。ただし、「飽きずに長い間着られる」ことまで考えれば、個人的にはやはりビスポークがベストだと思います。ブランドネームがついたスーツに比べ、まず身体へのフィット感が遥かに上だからです。機械縫製の箇所が大幅に減り、ものによっては手縫い（総手縫い）や丸縫いとなるため、全体のシルエットも各段に立体的に仕上がります。また、お直しも容易で、経年による体型の変化にも柔軟に対応できるからでもあります。

注文服への回帰

21世紀に入って、百貨店での既製品のスーツ売り場が年を追って縮小して行くのとは対照的に、郊外が主体だった量販店が都心部でも目立つようになってきました。長年のデフレやクールビズの影響もあるのでしょうが、これはスーツへの投資金額が相対的に低くなったことを意味します。その一方で、スーツのイージーオーダーの製造業者の経営が最悪期を脱し、一部のメーカーではほんの少し前まで存在した「閑散期」がもはやない所もあるそうです。一見矛盾する双方の動きですが、「ある程度以上の金額のスーツは、既製品から何らかの注文服に需要がシフトしている」と考えれば納得がいきます。

恐らくこの傾向は今後、より低価格帯のものにも波及していくと思われます。実際、大手の量販店チェーンでは、3万円台前半でのパターンオーダーに次の活路を見出そうとしているところもあるほどです。第9章でもお話しした通り、パターンオーダーは要は既製品の個別発注ですので、顧客の体型にはともかく、嗜好には今まで以上に対応できます。型紙の大幅な修正や体型補正を伴うイージーオーダーに比べ製造も容易で、何より製品在庫の圧縮につなげられるので、経営面でもそれなりに理があるからでしょう。

そして、スーツとして頂点に立つビスポークはどうかと言えば、日本の東京は、今世界で最もこれが濃密に楽しめる都市となっています。職人、特に型紙を引くカッターの探究心が皆ずば抜けて高く、世界各地のスーツがもつトップクラスの様式美を味わえてしまうからです。

縫う人の高齢化による激減で、目下各所で進行中のイージーオーダーとの併用が今後はますます加速し、高額でもあるので、一種の嗜好品化が避けられない情勢も、決して忘れてはいけない問題です。とはいえ、究極の個別対応であるビスポークは、装いの文化の成熟度そのもの。自らの価値観と相性の合うビスポークテーラーと長く付き合えることは、一生付き合える名医と付き合えることと同義でもあり、スーツ好きならぜひともトライし、継続的な付き合いを通じ、技術と文化を守るのに貢献していただきたいと願うばかりです。

最後に、この本で写真撮影等に応じていただいたBespoke Tailor Dittos.の水落卓宏さんの一言から、ビスポークのスケールの大きさを感じ取っていただけましたら幸いです。「お客様と私との作品の本領がいよいよ発揮されるのは、10年着込んでいただけてからです」

あとがき

紳士靴と同様に紳士服、つまりスーツに興味を持ったきっかけもやはり、亡き父でした。ただし時期は靴より早くて幼稚園の頃、確か父の日の参観日だったはずです。

「このカッコで来て！」

父にそう指定したのを今でもはっきり覚えています。紺が地色で結構派手なストライプ柄の入ったスーツに白のシャツ、それに赤のタイのパワースーツ的コーディネートでした。もちろんそれを私が考えついたわけではありません。参観日の数日前、父がたまたまそう着こなしていたのを見て、思わず口にしてしまっただけのことです。6月とはいっても1972―73年頃の東京は今ほど暑くはなく（山手線に冷房車両が本格的に導入され始めたのがこの頃です）、スーツ姿の男性も別段珍しくなかったですし。

しかし当日、父はちゃんとその装いで来てくれました。日曜日だったこともあり、他のお父さんたちはセーターだのポロシャツだのカジュアルな装いだった中、父のスーツ姿の印象は一層強烈でした。父、というより大人の男はスーツをしっかり身に着ける。そんな一種の刷り込みが、わずか4歳か5歳で行われてしまったのです。父は典型的な肥満体型でしたので、少なくとも1970年代まではスーツを注文服、この本での表現に則すと「ビスポーク」で誂《あつら》えざるを得ませんでした。前述のストライプのスーツも、恐らくそうです。

中身はともかく、当時までは日本でもビスポークのスーツは特段高嶺の花ではなく、裕福とは無縁の我が家の父でもそこまで無理せず入手可能だったようです。実際、父がお世話になったテーラーに、小学生の頃何度かお邪魔させていただいた記憶が残っています。場所は近年富裕層の住むイメージと化した、今の白金台駅周辺でした。当時は典型的な庶民の街で、そのテーラーも店舗ではなく、路地を入った奥にある自宅を兼ねた建物の中でのんびりやられていました。様々な生地を見せていただいたのですが、時代が時代だったからか、色柄ともに派手なものばかりだった覚えがあります。

そんな父は49歳の晩秋、私が大学浪人期間中に脳内出血を患い、後遺症で一人ではスーツを着られない身になってしまいました。何とか定年まで会社を勤め上げたものの、不自由な身体でのスーツ姿にどこかしら無念な思いもあったのでしょう。だからこそ数年後、私の就職活動が始まりスーツ姿を見せると、家族の中で一番喜んでくれたのは、他ならぬ父でした。スーツを着る大人に自分がいよいよなってしまうことを覚悟し、そして、装いに「ことば」が確実に宿ることを、その時改めて気づかせてくれたのです。

私は今年、つまり2016年で49歳になりました。そうです、あれこれ語らずとも私に紳士服＝スーツの根本を教えてくれた父が倒れたのと、私がこの本に取り組んだのは正に同じ年齢の同じ季節であり、何か運命めいたものを感じずにはいられません。自らのスーツとの付き合い方が絶対とは思いませんが、結果的にこの本は、これまでの経験や感覚も振り返ったものにもなっているのでしょう。さらにはスーツ姿が仕事をはじめ日常生活の場から少しずつ姿を消しつつある現状を踏まえ、「ここで意味を一度総まとめしておかないと……」という一種の義務感や、はなはだ僭越な表現でしょうが、まるでスーツの側からの遺言のような感覚まで意識し、この本を書き進めました。

著した以上に深く掘り下げていた項目も、実はいくつかありました。しかし、限られた紙面では割愛せざるを得なかったのを、読者の皆さんに深くお詫び申し上げます。それらはまた、別の機会のお楽しみとさせて下さい。また、当初はもっと簡単に書けると臨んだものの、いざ色々調べるにつれ、スーツに関してこれまで日本で言われていた多くの事柄に疑問や矛盾が見つかり、その探求と整理に膨大な時間を費やすことになってしまいました。まるで樹海に飛び込んでしまったかのような状況だったにもかかわらず、いつもニコニコ（でも明らかに涙目で）待ち続けてくれた、前著に引き続き編集を担当していただいた朝日新聞出版の二階堂さやかさんには、もう本当にお礼の言いようがありません。

また、想像を絶する数のイラストを笑いながら（でも頬は引きつりつつ）こなしてくれたイラストレーターの香川理馨子さん、イラストや図版作成、色付けのフォローなどをしていただいた二階堂ちはるさん、装丁・デザインを丁寧にご担当いただいたフォルマー・デザインのアンスガー・フォルマーさんと田嶋佳子さん、ならびに武島成子さん、撮影をお願いした朝日新聞出版・写真部の小原雄輝さん、第1章の体の部位についてアドバイスをいただいた水天宮メディカル整骨院の杉崎功尭先生、日頃お世話になっているOLD HATの石田真一さん、数多くの生地の撮影をご許可いただいたマルキシ株式会社様、ジャケットの解剖図をご提供いただいたミユキソーイング株式会社様、そして神聖さまで感じるアトリエでの作業風景を撮影させていただいたBespoke Tailor Dittos.の水落卓宏さんにも、この場を借りて深く御礼を申し上げます。皆さんの絶大なご協力があってこその、この本です。

あと、いつまでも元気でいて欲しい母といつも無謀な私を許してくれる弟に、そして最後に、紳士服＝スーツの嗜《たしな》み方を最初に、身をもって教えてくれた亡き父にも、感謝の言葉を記してこの本の結びとさせていただきます。

２０１６年11月

飯野高広

飯野高広（いいの・たかひろ）
服飾ジャーナリスト。1967年東京生まれ。大学卒業後某大手鉄鋼メーカーに11年あまり勤務し、2002年に独立。紳士服、紳士靴、コート、傘、鞄、メガネ、万年筆など、男性の服飾品全般を執筆領域とし、歴史的背景を絡めつつビジネスマン経験を生かした視点で論じるのが特徴。様々な男性服飾誌への寄稿をはじめ、インターネットガイドサイト「All About」の紳士靴ガイドとしても活躍中。また専門学校で近現代ファッション史の講師も務める。著書に『紳士靴を嗜む』（朝日新聞出版）がある。

紳士服《しんしふく》を嗜《たしな》む

身体と心に合う一着を選ぶ

2016年12月30日　第1刷発行
2023年12月30日　第3刷発行

著　　者　飯野高広《いいのたかひろ》
発 行 者　宇都宮健太朗
発 行 所　朝日新聞出版
〒104-8011　東京都中央区築地5-3-2
電話　03-5541-8832（編集）
03-5540-7793（販売）

印刷製本　TOPPAN株式会社

ISBN978-4-02-251242-0
定価はカバーに表示してあります。

落丁・乱丁の場合は弊社業務部（電話03-5540-7800）へご連絡ください。
送料弊社負担にてお取り替えいたします。